Kein Feind, kein Ehr

Elmar Schmähling

Kein Feind, kein Ehr

Wozu brauchen wir noch die Bundeswehr?

Kiepenheuer & Witsch

Umschlaggestaltung Kalle Giese, Overath
Umschlagfoto dpa
Satz Fotosatz Froitzheim, Bonn
Druck und Bindearbeiten Mohndruck
ISBN 3-462-02368-3

Inhalt

Vorbemerkung

Dieses Buch ist mein persönlicher Beitrag zum Streit um den besseren außen- und sicherheitspolitischen Weg unseres Landes nach der Erlangung der vollen Souveränität.

Mit dem Zusammenbruch des Ost-West-Konfliktes, der über Dekaden menschliche Schaffenskraft, gewaltige Ressourcen und wissenschaftliche Kreativität zum Nachteil der gesamten Menschheit verschlungen hat, eröffnen sich neue Chancen.

Werden die neuen Chancen genutzt? Oder werden vor allem neue Risiken beschworen und dramatisiert?

Die handlungsfähigen, weil wirtschaftlich und politisch starken Nationen, sind dabei, die neuen Chancen zu verspielen.

Die historischen Erfahrungen der Deutschen mit militärischer Gewaltanwendung, die daraus gewachsene deutsche Kultur der Zurückhaltung: all das will man abstreifen, davon will sich die derzeitige Regierung Deutschlands freimachen zugunsten einer neuen-alten Vision:

Deutsche Soldaten sollen wieder überall in der Welt zu allen denkbaren politischen und militärischen Zwecken auch unter deutschem Kommando einsetzbar sein.

Wenn dieses grundgesetzlich verankert wird, endet die Bundeswehr des »Staatsbürgers in Uniform«, endet die Bundeswehr der »inneren Führung«, geht ihre ethisch-moralische Bindung an die Landesverteidigung als reine »staatliche Notwehr« verloren.

Ich hoffe, daß die Deutschen mit deutlicher Mehrheit dazu nein sagen werden.

Die Bundeswehr, die Helmut Kohl und Klaus Kinkel wollen, muß einen neuen Namen erhalten. Der Name »Bundeswehr« steht wie der der *Reichswehr* und der *Wehrmacht* für Programm, Tradition und Geschichte.

Die Bundeswehr steht (noch) für den einmaligen Versuch, Streitkräfte mit einer demokratischen Gesellschaft zu versöhnen. Voraussetzung dafür ist die weitgehende Übernahme demokratischer Regeln und die Beschränkung auf »Nur-Verteidigung«.

Ich habe als Berufssoldat unter den Bedingungen der scheinbar nicht auflösbaren Ost-West-Verkrampfung in *dieser* Bundeswehr gedient.

Mit einer »Krisenreaktionsarmee« nach den Vorstellungen von Volker Rühe und Klaus Naumann will ich nichts zu tun haben.

Ich will mich nicht nachträglich mit einer Institution in Zusammenhang bringen lassen, die künftig in erster Linie Instrument staatlicher Machtausübung sein soll.

Ich müßte mich schämen, als Soldat im Reservestatus einer Armee anzugehören, von der gefordert und angenommen wird, daß sie ohne Not, d. h. ohne Gefahr für das »Recht und die Freiheit des deutschen Volkes«, auch Unschuldige zu töten oder ihre Lebensgrundlagen zu vernichten bereit sein soll.

Wenn das deutsche Volk letztlich das Ende der »*Bundeswehr*« und den Unterhalt einer deutschen *Interventionsarmee* will, müssen alle Bundeswehrsoldaten gefragt werden, ob sie diese neuen Vertragsbedingungen akzeptieren.

Wer nein sagt, muß wie jeder Angehörige einer anderen Einrichtung, die geschlossen wird, sozial abgesichert entlassen werden.

Die Bundeswehr muß wie alle Armeen dieser Welt
einer besseren Alternative weichen.
(In Anlehnung an ein bekanntes Wort
von Bundespräsident Gustav Heinemann)

Einleitung

Wir schreiben das Jahr vier nach dem Ende des Kalten Krieges.
Der Kalte Krieg, die Fortsetzung des Zweiten Weltkrieges mit anderen Mitteln, anderem Frontverlauf und anderen Kriegsschauplätzen, war eine Epoche simpler politischer Koordinaten. Oben, unten, wir, ihr, gut und böse waren eindeutig zugeordnet.
Die Periode des Kalten Krieges war auch die Zeit der Kindheit, des Heranwachsens und des Erwachsenwerdens der Bundesrepublik Deutschland – vielmehr hätte sie in dieser Periode erwachsen werden sollen.
Die heutige Außen- und Sicherheitspolitik dieses Staates erinnert in vielem an den schwierigen Prozeß des endlich Selbständigwerdens eines jungen Menschen, der sich viel zu lange vom Elternhaus hat behüten lassen. »Overprotection« nennen die Psychologen die Ursache für die Unfähigkeit, auf die eigenen Beine zu kommen.
Nicht nur die Fähigkeit des ganzen Volkes, seine Ziele, Wünsche, Vorstellungen selbständig und selbstbewußt zu benennen und zu verfolgen, scheint in der Geborgenheit der Westallianz verkommen zu sein. Unterentwickelt sind auch die politischen Fähigkeiten des einzelnen: es fehlen Männer und Frauen, die, zu verantwortungsbewußten Persönlichkeiten gereift, den Mut und die Bereitschaft zur souveränen politischen Gestaltung mitbringen.
Diese politische Unmündigkeit der Deutschen offenbart sich ausgerechnet in einer Zeit, in der große Herausforderungen anstehen, wie die Gestaltung einer Weltordnung, die diesen Namen verdient. Politikverdrossenheit offenbart ein seuchenartig verbreitetes undemokratisches Desinteresse an Politik.
Heute erleben wir dramatisch den gleichzeitigen Ausfall der Politik-Gestalter und der Politik-Kontrolleure, der Schiffsführung und der Besatzung auf dem Staats-Schiff in unruhiger See.

Die Gefahr, daß den Deutschen unter diesen Umständen wieder das passiert, was sie selbst und die halbe Welt schon zweimal in diesem Jahrhundert ins Verderben gestürzt hat, ist groß.

Erinnerung tut not

Vor 61 Jahren haben unsere Eltern und Großeltern Politikern zugestimmt, die im Banne einer menschenverachtenden Ideologie bald die ganze Welt mit Mord und Vernichtung überzogen.

Unsere Eltern und Großeltern haben dabei mitgemacht oder tatenlos zugesehen.

Viele glauben heute oder wollen glauben, daß diese düstere Periode deutscher Geschichte mit Kriegsende und Zusammenbruch des Dritten Reiches abgeschlossen sei.

Diese Annahme ist falsch.

Der Kalte Krieg auf der Nordhalbkugel, mehr als 150 Kriege in der »Zweidrittelwelt« und die heutige Weltunordnung sind direkte oder indirekte Folgen dieser Epoche. Deutscher Größenwahn und das daraus entstandene Weltchaos haben den ruinösen Titanenkampf der USA und der Sowjetunion um die Weltvorherrschaft erst möglich gemacht.

Immerhin stehen heute, nach der deutsch-deutschen Vereinigung und der Erlangung der vollen Souveränität Reste der schmerzvollen Lektionen des Dritten Reiches und seiner apokalyptischen Triade Chauvinismus, Rassismus und Militarismus einer neuen deutschen Großmannssucht im Wege.

Die deutschen Möchtegern-Staatsmänner von rechtsaußen bis halblinks wollen sich endlich vom Mief einer vierzigjährigen Provinzpolitik und damit von der Vormundschaft der USA befreien.

Sie träumen von einer neuen Wirtschafts- *und* Militärmacht Großdeutschland.

Als 1993 der tausendste Geburtstag von Potsdam gefeiert wurde, erwachte auch die Erinnerung an den 21. März 1933, den Tag von Potsdam – von offizieller Seite höchst unerwünscht.

An diesem Tag hatten sich all die Kräfte mit Hitler verbündet, die mit dem Scheitern des ersten Anlaufs zur Weltmachtstellung Deutschlands sich nicht hatten abfinden können, das Militär an vorderster Front.

An jenem Tag von Potsdam, von Reichspropagandaminister Dr. Joseph Goebbels wirkungsvoll und geschichtsschwanger inszeniert, begann die entschlossene Umsetzung der imperialen Ideen vom Wiederaufstieg Deutschlands zur Groß- und Weltmacht.

Den Gewaltideologien, die lange vor Hitler in Deutschland gepredigt wurden und im Volk einen fruchtbaren Boden für das Dritte Reich bereitet hatten, folgte nun die Tat, die praktische Organisation von Gewalt. Der Militarismus wurde wieder zur Staatsideologie.

Die Vorbereitung des Zweiten Weltkrieges hatte begonnen.

Dieser von Deutschland auf den Wogen einer Renaissance des »neudeutschen Nationalismus« entfesselte schlimmste aller Kriege hat fast die ganze Welt mit Tod, Vernichtung und Elend überzogen. Deutsche Soldaten, allen voran die Handlanger Hitlers in Generals- und Admiralsuniformen, haben in diesem Krieg schreckliche Verbrechen begangen oder an Verbrechen mitgewirkt, die in der Geschichte der Menschheit nichts Vergleichbares finden.

Deutsche Soldaten waren Mörder und Schänder von Millionen von Menschen.

Mord und Vergewaltigung im Bosnien der Jahre 93/94 stehen in ungebrochener Tradition der »kriegsüblichen« Greueltaten, auch der deutschen, im Gefolge des zweiten totalen Krieges, in dem alle menschlichen Werte unter den Knobelbechern zertrampelt wurden.

In unglaublicher Verfälschung der Geschichte haben die überlebenden Militärführer die Legende vom *mißbrauchten* deutschen Soldaten aufgebracht und verbreitet. Sie unterstellen, unbefleckt hätten die ewigen preußischen Militärtugenden den Morast nationalsozialistischer Barbarei überstanden.

Diese Nachkriegslüge, die wie andere Unwahrheiten über Schuld und Verstrickung unserer Eltern und Großeltern der Verdrängung diente, war der Bazillus, der die neuen deutschen Streitkräfte, die Bundeswehr, von Anfang an mit verhängnisvollem Geist infiziert hat. Er findet jetzt einen neuen Nährboden.

Für die Deutschen ist der Zweite Weltkrieg erst mit Erlangung der vollen Souveränität nach Auflösung des Ost-West-Konflikts und der Wiedervereinigung zu Ende gegangen.

Renaissance von Nationalismus und Militarismus

Vergleicht man die Aufbruchstimmung nach der ersten deutschen Vereinigung von 1871 und den »neudeutschen Nationalismus«, der aus ihr hervorging, mit der Lage Deutschlands nach der zweiten Vereinigung der Deutschen von 1990, so drängen sich erstaunliche Parallelen auf.

Kaum ist mit der Wiedervereinigung und der Erlangung der vollen Souveränität der Zweite Weltkrieg auch für die Deutschen zu Ende gegangen, da wird deutsche Außenpolitik wiederum zu Macht- und Militärpolitik.

Der Freiburger Militärhistoriker Wolfram Wette spricht von »neuer militärischer Normalität« der Deutschen.

Und tatsächlich ist es wieder ein deutscher General, der die Außen- und Sicherheitspolitik vor sich hertreibt. Indem die Generäle und Admiräle die deutschen »Sicherheitsinteressen« militärisch definieren (dürfen), füllen sie das Vakuum des lange ausgehöhlten und zum Popanz gewordenen »Primats der Politik«.

Admiral Tirpitz, zum Staatssekretär des Reichsmarineamts berufen, begründete vor der Jahrhundertwende sein wahnwitziges Flottenbauprogramm u. a. damit, daß »das Zusammenballen von Riesen-Nationen ... Deutschland im kommenden Jahrhundert vernichten oder doch ganz zurückdrängen (wird), wenn Deutschland nicht eine Macht auch über die Grenzen des europäischen Kontinents hinaus wird«.

Heute warnen die Militärspitzen vor dem geballten »islamischen Fundamentalismus« und den aus ihm drohenden »Staatsterrorismus«, um mit dieser angeblichen Bedrohung »Krisenreaktionskräfte« der Bundeswehr zu begründen.

In den im Führungsstab der Streitkräfte ersonnenen *Verteidigungspolitischen Richtlinien* vom 26. 11. 92 wird ganz offen ausgesprochen, was der künftige »Platz an der Sonne«, den der spätere Reichskanzler Fürst von Bülow als Staatssekretär des Auswärtigen Amtes 1897 für die Deutschen verlangt hatte, sein soll: »Die Aufrechterhaltung des freien Welthandels, und des ungehinderten Zugangs zu Märkten und Rohstoffen in aller Welt ...«.

Klar auch, wie die von Bülowsche Scheinalternative als Zukunftsperspektive Deutschlands, »Hammer oder Amboß« zu sein, heute gesehen wird: nach den möglichen »Amboßdekaden« des Kalten

Krieges – Deutschland wäre der Kriegsschauplatz gewesen – sollen Deutschland nun »herrliche Zeiten« einer neuen »Hammerepoche« bevorstehen.

Damals hieß es:»Bitter Not ist uns eine Flotte« (Wilhelm II. Okt. 1899), als Trumpf gegenüber England. Heute heißt es:»Krisenmanagement wird als künftige Schwerpunktaufgabe an die Stelle der Ausrichtung« (Nr. 48 VPR*) auf Abwehr eines Angriffs treten. Und:»Planerischer Schwerpunkt sind ... die Krisenreaktionskräfte« (Nr. 50 VPR), als Vorsorge gegen mögliche Störenfriede deutscher Interessen aus dem Süden. Damals, vor der Jahrhundertwende, sollte die Einigung Deutschlands der Ausgangspunkt einer deutschen Weltmachtpolitik sein. Heute ist wiederum die Vereinigung der nach dem verlorenen Krieg entstandenen deutschen Teilstaaten der Ausgangspunkt für deutsches Weltmachtstreben. Diesmal im Rahmen Westeuropas, wo »Deutschland eine maßgebliche Bezugsgröße für die Politik seiner Partner« (Nr. 17 VPR) sein will. »Dabei«, so heißt es wörtlich, »decken sich unsere Einflußmöglichkeiten mit den wichtigsten Gestaltungsaufgaben und Chancen im Europa der Zukunft: ... Entwicklung Europas zum globalen Akteur« (Nr. 17 VPR).

Krieg in Europa nach den bitteren Erfahrungen zweier Weltkriege und angesichts der Gefahr eines nuklearen Holocausts für vier Jahrzehnte weggedacht, soll heute mit dem beschönigenden Begriff des »Friedenschaffens« wieder ein legitimes Mittel der Politik werden. Zwar fehlt heute noch die öffentliche Verherrlichung des Krieges als »Glied einer göttlichen Weltordnung« (Berliner Neueste Nachrichten, Weihnachten 1912). Aber die Klagen des Generalinspekteurs Naumann über die Larmoyanz deutscher Soldaten angesichts künftiger Kampfeinsätze erinnern doch sehr an den Kampf, den der nationalistische Frontsoldatenverband »Stahlhelm« 1927 jeder Weichlichkeit und Feigheit, die das Ehrbewußtsein des deutschen Volkes ... schwächen und zerstören wollen«, angesagt hat. Bundeskanzler Kohl verknüpfte auf der internationalen Sicherheitstagung 1993 in München wiederum die

---

* VPR steht für »Verteidigungspolitische Richtlinien«, die am 26. November 1992 vom Bundesministerium für Verteidigung erlassen worden sind.

»Würde« der Deutschen mit ihrer Bereitschaft, künftig an Militärinterventionen teilzunehmen.

Die deutsche »Kultur der Zurückhaltung«

Nach dem Zweiten Weltkrieg wurde Deutschland total demilitarisiert.

Die Wiederbewaffnung der Westdeutschen Mitte der 50er Jahre war dann nach einem schwierigen innenpolitischen Prozeß nur möglich, weil die Existenz neuer deutscher Streitkräfte fest in einem Bündnis westlicher Demokratien verankert und eine Beschränkung deutscher Militäreinsätze auf Selbstverteidigung im Sinne von *nur* Landesverteidigung (gem. Art. 51 UN-Charta) festgeschrieben wurde. Die Bundeswehr verzichtete auf einen eigenen Generalstab und eine eigene nationale Militärstrategie.

Die Gründe für die damalige und bis heute als Tugend, als Lehre aus der Geschichte gepriesene Zurückhaltung waren massiv. Sie haben bis heute ihr Gewicht nicht verloren, auch wenn mancher meint, das wiedervereinte und voll souveräne Deutschland könne nun so »normal« sein wie Frankreich, Großbritannien oder die Vereinigten Staaten von Amerika.

Eine solche Haltung ist nicht nur politisch unklug, sondern ganz und gar geschichtsvergessen.

Der Hinweis auf die im Nachkriegsdeutschland gewachsene »Kultur der Zurückhaltung« gilt nur noch im Ausland als lahme Entschuldigung dafür, daß den Deutschen die »Instinkte« für eine aggressive Militärpolitik abhanden gekommen seien, die – so der Verteidigungsminister Rühe kurz nach seinem Amtsantritt in einem Interview mit der Süddeutschen Zeitung – (leider) nicht herbeibefohlen werden könnten.

In der Bundeswehr findet der alte Bazillus »Militarismus« jetzt wieder fruchtbaren Boden. Mit der geplanten Verlegung des Militärgeschichtlichen Forschungsamtes von Freiburg nach Potsdam, die sachlich-fachlich nicht begründet werden kann, soll nicht nur sichtbar und demonstrativ die Nähe der Wiege des preußisch-deutschen Militarismus gesucht werden. In einem Aufwasch soll damit eine progressive und offene Militärgeschichtsforschung liquidiert werden. Der frühere Stellvertreter des Generalinspek-

teurs, Generalleutnant Storbeck, ging sogar so weit, es als »un-
deutsch« zu bezeichnen, wenn die militärgeschichtliche Forschung
nicht nach Potsdam verlegt würde.

Hier, wie beim hemdsärmeligen Hineindrängen der Bundeswehrführung in die Feierlichkeiten zur Überführung des Preußen-
königs nach Potsdam, wird beklemmend sichtbar, daß die militaristischen Instinkte in der Armee hinter der Maske der »Inneren
Führung« überlebt und das »Konzept des Staatsbürgers in Uniform« heil überstanden haben.

Erinnerung tut not an die unsägliche Rolle, die deutscher Nationalismus, deutscher Größenwahn, deutscher Imperialismus und
deutscher Militarismus in der Geschichte dieses Jahrhunderts ge-
spielt haben.

Deutsche Soldaten und deutscher Militarismus haben wie sonst
keiner Tod und Schrecken über die Welt gebracht.

Pastor i. R. Ulrich Finckh, Leiter der Zentralstelle der Kriegsdienstverweigerer in Bremen, hat eine eindrucksvolle Liste der
Untaten zusammengestellt:

- Deutschland ist verantwortlich für den Völkermord an den
  Herero und Nama-Hottentotten vor dem Ersten Weltkrieg.
- Deutschland hat besondere Schuld am Ersten Weltkrieg, hat
  diese aber stets geleugnet und den Friedensvertrag von Ver-
  sailles nicht eingehalten.
- Deutschland hat im Spanischen Bürgerkrieg putschende
  rechtsradikale Truppen gegen die gewählte demokratische Regierung unterstützt und damit geholfen, die Francodiktatur zu
  errichten.
- Deutschland hat mit dem Ultimatum für die Sudetendeutschen
  1938 den Frieden aufgekündigt, der dann durch das Münchner
  Abkommen nur mühsam gerettet wurde.
- Deutschland hat alsbald das Münchner Abkommen wieder gebrochen, die ČSFR zerschlagen und deren tschechischen Teil als
  Protektorat vereinnahmt.
- Deutschland hat den Zweiten Weltkrieg als Angriffs- und Er-
  oberungskrieg durch den Überfall auf Polen angefangen und
  ständig ausgeweitet durch völkerrechtswidrige Überfälle auf
  neutrale Staaten (Dänemark, Norwegen, Niederlande, Belgien,
  Luxemburg, Jugoslawien, Sowjetunion) und durch Kriegs-

erklärungen an Kriegsgegner seiner Verbündeten Italien und Japan, die ihrerseits Griechenland (Italien), die USA und weite Teile Ostasiens (Japan) überfallen hatten.

– Deutsche haben im Ersten Weltkrieg durch Krieg gegen die Zivilbevölkerung (U-Bootblockade, verbrannte Erde beim Rückzug aus Flandern) schwere Kriegsverbrechen begangen, die der Hauptgrund für die Reparationen waren, die im Versailler Vertrag vereinbart wurden. Deutschland hat auch den Völkermord des verbündeten osmanischen Reiches an den Armeniern stillschweigend geduldet.

– Deutsche haben im Zweiten Weltkrieg wieder Krieg gegen die Zivilbevölkerung geführt, aber darüber hinaus mit dem Völkermord an den Menschen mit jüdischem Glauben oder mit jüdischen Vorfahren und dem Völkermord an den Sinti und Roma Verbrechen begangen, die selbst die schrecklichsten Verbrechen der Geschichte übertreffen. Das deutsche Militär hat mit Geiselerschießungen, dem Mord an Kriegsgefangenen bei der Gefangennahme (Kommissarbefehl, Emigrantenbefehl) und in den Gefangenenlagern der Wehrmacht für östliche Kriegsgefangene (zwei Millionen verhungerte Sowjetsoldaten) ebenfalls bisher alle »kriegsüblichen« Greueltaten überboten. Über zehn Millionen Menschen sind so im Zweiten Weltkrieg von deutschem Militär und der Waffen-SS ermordet worden. Die vom Internationalen Militärtribunal in Nürnberg angewandten Prinzipien hat zwar die UNO als Völkerrecht übernommen, aber in dem UNO-Mitgliedstaat Deutschland gelten sie weiterhin als »Siegerjustiz« und sind deshalb zum Beispiel in den Sammelbänden »Völkerrechtliche Verträge« und »Menschenrechte« der Beck-Texte im dtv nicht aufgenommen.

Auf dem Weg zu einer funktionierenden Weltordnung im Rahmen der reformierten UNO, in der nationale Streitkräfte einer internationalen Weltpolizei weichen müssen, braucht die Welt weder deutsche Soldaten noch deutsche Waffen.

Die Welt braucht vielmehr deutsche Technik, deutsches Handwerk und deutsches Ingenieurwissen als Beitrag zur friedlichen Entwicklung der Völker.

Und die Welt braucht Gerechtigkeit, die allein wahren Frieden schafft.

Da können wir Deutschen uns hervortun und unserer geschichtlichen Verantwortung gerecht werden.

Neuer deutscher Pazifismus?

Die Deutschen seien nach den zwei verheerenden Kriegen dieses Jahrhunderts, bei denen sie zuerst Täter und dann Täter und Opfer waren, pazifistischer geworden, heißt es. In der Tat gab und gibt es immer wieder Indizien dafür, daß unsere Landsleute weniger leicht für das Militärische und damit für die »bestimmungsgemäße Verwendung« von Streitkräften zu begeistern sind.

Daß beim Beginn des brutalen Bombardements irakischer Städte sechzehnjährige Schülerinnen und Schüler spontan aus dem Unterricht auf die Straße gelaufen sind, um ihre Abscheu gegen jede Art von Krieg auszudrücken, macht zwar Mut. Daß gegen Ende des letzten Golf-Krieges immer mehr Deutsche das erbarmungslose Morden zigtausend Unschuldiger und die Vernichtung ihrer Lebensgrundlagen zumindest billigend in Kauf genommen haben, muß dagegen Angst machen. Es mag dahinstehen, ob letztlich die verlogene Kriegspropaganda der USA den Ausschlag für die emotionale Wende selbst bei notorischen Alt-Linken gab.

Fest steht, daß seit dem Ende des sogenannten Kalten Krieges, der kalt bleiben mußte, weil ein heißer Krieg in Europa unsere Existenz weggebrannt hätte, ein Umdenken beginnt. »Krieg in Europa ist wieder möglich.« Diese Äußerung schien weniger nach einem verzweifelten Seufzer eines betroffenen Verteidigungsministers Gerhard Stoltenberg zu klingen: In dieser lapidaren Feststellung aus dem Mund des früheren Oberbefehlshabers der deutschen Streitkräfte klang vielmehr etwas Rechthaberisches, Triumphierendes mit: Hurra, endlich ein neues Feindbild für die Öffentlichkeit und eine Zukunftsperspektive für das deutsche Militär!

Der Krieg der Vereinigten Staaten von Amerika und ihrer Helfer gegen das in der Geiselhaft Saddam Husseins gefangene irakische Volk war tatsächlich eine Art Befreiung der NATO-Militärs aus der von ihnen als beschämend empfundenen Ost-West-Paralyse. Wie sollten die Militärprofis unter den Bedingungen der Unmöglichkeit von Krieg beweisen, daß sie keine Papiertiger, Memmen oder Waschlappen sind?

Nach dem letzten Feldzug gegen den Irak hat die Generalität erkannt, daß all ihre »schönen« Waffen doch nicht ungebraucht im Armeemuseum oder auf dem Schrottplatz landen müssen und all die mühsame Ausbildung und die militärischen Übungen doch nicht ganz umsonst waren.

Wenn hinter dem Vorwand des heuchlerischen Euphemismus »Friedenschaffen« künftig deutsche Soldaten wieder blutige Interventionskriege in entlegenen Regionen führen sollen, von wo weder Bomben und Granaten das eigene Land treffen können, noch die Kriegsgründe und -ziele in der Gesellschaft klargemacht und begriffen werden, ist natürlich Krieg wieder möglich.

Die dann fälligen Zinksärge, feierlicher Bestandteil einer geschickten Kriegspropaganda, können dann eher die Wut und Entschlossenheit der Bürgerinnen und Bürger zum »Endsieg« noch steigern.

Die verheerende Ideologie von der »Bewährung im Krieg«, früher als die höchste Erfüllung für den deutschen Soldaten gepriesen, kann dann endlich das weichliche »Zivilistengeschwätz« von »Frieden ist der Ernstfall« wieder ablösen.

Und tatsächlich klingen die Meldungen aus der Bundeswehrführung wieder militaristisch-preußisch: »deutscher Generalstab«, »kriegsnahe Ausbildung«, die »NATO-Kameraden bei der ›Drecksarbeit‹ nicht allein lassen« usw.

Die zarten Keime eines deutschen Pazifismus, der immer wieder von zynischen Macht- und »Realpolitikern« verhöhnt und verleumdet wurde, sind jetzt wieder einmal in Gefahr, unter die deutschen Knobelbecher zu geraten.

Wie lange wird es dauern, bis der jetzt lauter werdende Ruf »Deutschland den Deutschen« von ». . . und morgen die ganze Welt« übertönt wird?

Wachsamkeit und Argwohn gegenüber der Staatsmacht sind gewiß keine urdeutschen Tugenden. Werden die Deutschen rechtzeitig aus ihrem Wohlstandsnickerchen aufwachen, bevor die Dreieinigkeit »Regierung-Militär-(Rüstungs-)Wirtschaft« die vollendete Tatsache eines neuen aggressiven militaristischen Deutschlands geschaffen haben?

Werden sie nach der nächsten Katastrophe sich wieder die Augen reiben und fassungslos fragen: Wie konnte das nur passieren?

Die Rolle des Golfkrieges für die neue Weltordnung

Der Golfkrieg war der erste »Nord-Süd-Krieg« neuer Prägung. Er war in der neuen Machtkonstruktion der unipolaren Welt, die von der Supermacht USA und der NATO beherrscht wird, ein Modellfall dafür, wie künftig im Namen der Vereinten Nationen die nationalen Interessen der mächtigen Industriestaaten durchgesetzt und verteidigt werden sollen. Daher ist es notwendig, diesen Krieg, seine Besonderheiten und Folgen zu analysieren.

Der Golfkrieg – eine Bilanz

Der Golfkrieg vom Januar bis März 1991 ist – nach den katastrophalen militärischen Mißerfolgen der beiden Supermächte in Vietnam bzw. Afghanistan – der jüngste Beweis dafür, daß militärische Gewaltanwendung als Mittel der Durchsetzung politischer Ziele völlig ungeeignet ist. Krieg löst keine Probleme. Im Gegenteil: Er schafft neue. Die Golfregion ist nach diesem verheerenden Krieg noch weiter von Frieden und Stabilität entfernt als vorher. Mit einer beispiellosen Aufrüstungskampagne der Golfstaaten und Israels wird das Gewaltpotential im Mittleren Osten noch verstärkt. Dieser Krieg war der wirksamste Vernichtungsfeldzug in der Geschichte. Der überwältigende militärische »Sieg« der Anti-Bagdad-Koalition wurde bereits als der Beginn einer neuen Ära gefeiert, in der intelligente Bomben, Marschflugkörper, Tarnkappenbomber und elektronische Waffen die Streitkräfte des Feindes mit einem Minimum an eigenen Opfern ausschalten. Dies wurde inzwischen als reine Propaganda entlarvt.

Allein die in dieser zeitlichen und örtlichen Konzentration nie dagewesene Masse an Bomben und Sprengstoff, die im Golfkrieg eingesetzt wurde, und das Fehlen einer ernsthaften Gegenwehr auf demselben technischen Niveau erklären diesen Kriegsverlauf.

Dieser Krieg war keine strategisch-operative Meisterleistung, die in den Kriegsakademien der Welt als *die* Militärkunst der Moderne bewundert werden wird.

Diese völlig einseitige und blinde Zerstörungs- und Strafaktion gegen das irakische Volk wurde nach Art der bekannten angelsächsischen Kriegführung ausgeführt: mit Masse, mit Technik und auf Abstand.

Der Golfkrieg sollte die technische Perfektion moderner westlicher Waffensysteme demonstrieren. »Chirurgische Eingriffe« in die militärischen Potentiale des Feindes schonen dessen Zivilbevölkerung bei minimalen eigenen Verlusten, so lautete die Fernsehlektion für die Welt: ein humaner Krieg.

Doch die Wahrheit ist anders: Ein solch moderner Krieg ist – in subtiler Weise – weitaus grausamer. Die lasergelenkten Bomben wurden gegen die Schlüsselinfrastruktur der zivilen lebenswichtigen Versorgung eingesetzt: Sie trafen Elektrizitäts- und Wasserwerke, Heizungsanlagen und medizinische Hilfseinrichtungen (mit neuartigen Spezialwaffen wurden Millionen von Kurzschlüssen hervorgerufen, die die Stromversorgungsanlagen des Landes bis in das Mark zerstörten).

Es waren gerade die sogenannten intelligenten Waffen mit ihrer großen Zielgenauigkeit, die in nie gekannter Weise die Lebensversorgung der Zivilbevölkerung unterbrochen haben.

Epidemien und Hungersnot waren die unmittelbaren Folgen, die über den Bombenterror hinaus wirkten.

Der Golfkrieg: der politische, moralische und militärische »Fall-out« für die Deutschen

Die schlimmen Folgen des Golfkrieges sind unvorstellbar vielfältig.

In Deutschland hat dieser brutale Straf- und Vernichtungsfeldzug gegen die Menschen im Irak, von den USA den Mitgliedern des Sicherheitsrats der Vereinten Nationen abgekauft oder abgepreßt, eine Flutwelle hilfloser Emotionen in der Politik ausgelöst.

War dieser Golfkonflikt doch die erste wirkliche Herausforderung der Regierung des gerade neu vereinten Deutschlands. Platzte er doch mitten in den Rausch des Gefühls neuer Größe und neuer weltpolitischer Bedeutung der Deutschen.

Dementsprechend fiel die erste Reaktion der Bundesregierung aus: Ratlosigkeit und Lähmung. Danach griff sie zum scheinbar bewährten Rezept bundesdeutscher Nachkriegspolitik: Vorauseilender Gehorsam gegenüber der Führungsmacht USA, d. h. eifriges Nicken und Zahlen.

Natürlich schmerzte die bisher dafür stets gelobten deutschen Politiker, diesmal nichts als Spott und Hohn für ihre »Scheckbuchdiplomatie« zu ernten.

Tief sitzt seitdem in Bonn der Schmerz über den Vorwurf, die Deutschen seien ein Volk von Feiglingen. Die deutschen Soldaten, ob ihrer früheren Tüchtigkeit in der ganzen Welt berühmt und berüchtigt, sehen sich seit den Golf-Jubelfeiern ihrer NATO-Kameraden diskriminiert und mißachtet. Die militärische Führung der Bundeswehr stimmt in die Parolen der Boulevard-Presse mit ein und diagnostiziert selbst Weinerlichkeit und mangelnden Kampfgeist in der Truppe.

Durch die öffentliche Meinung in den USA und Großbritannien wurde auf die Bundesrepublik massiver Druck ausgeübt, sich im Golfkrieg stärker zu engagieren.

Die Deutschen seien Feiglinge und Drückeberger. Von den deutschen Boulevardblättern wurden solche Vorhaltungen willig aufgenommen und verstärkt.

Immense politische Pression und öffentliche Ehrabschneidung kochten schließlich die Bundesregierung weich: Nach dem altbewährten militärischen Grundsatz, lieber eine falsche Entscheidung als keine, stolperte die Bundesregierung in unübersehbare politische Abenteuer und militärische Risiken.

Am 29. Januar 1991 ordnete der Bundeskanzler an, daß ca. 600 weitere deutsche Soldaten in die Türkei verlegt werden. Begründung: Mit den zu installierenden Flugabwehrsystemen Hawk und Roland sollten die schon früher dorthin entsandten Alpha-Jets gegen Luftangriffe geschützt werden.

Damit beging die Regierung einen schwerwiegenden Folgefehler. Die erste Fehlentscheidung war, die deutschen Flugzeuge nicht sofort nach Hause zu holen, nachdem die Abschreckung des Saddam Hussein versagt hatte.

Als der Krieg begonnen hatte, an dem mit den ersten Einsätzen amerikanischer Kampfflugzeuge von türkischen Stützpunkten auf irakische Ziele die Türkei beteiligt war, hatten deutsche Soldaten dort nichts mehr verloren.

Die NATO-Trumpfkarte »Bündnisfall«, die formal-rechtliche Voraussetzung für einen militärischen Einsatz deutscher Streitkräfte außerhalb der Bundesrepublik, war damit von Präsident Özal verspielt.

Kriegshandlungen des Irak gegen die Türkei konnten nun auf gar keinen Fall mehr als »Angriff« auf ein Bündnisland im Sinne des NATO-Vertrags ausgelegt werden.

Die Bundesregierung wußte dies sehr genau. Dennoch meinte sie mit der Verstärkung des deutschen Kontingents in der Südtürkei und Beteuerungen, sie werde zu ihren Bündnisverpflichtungen stehen, die kritischen Freunde besänftigen zu können.

Mit ihrem kopflosen Aktionismus trieb die deutsche Politik ein gefährliches Spiel. Immerhin hätten alle 16 NATO-Staaten den Bündnisfall einstimmig beschließen müssen. Erst dann hätte die NATO-Kriegsorganisation aktiviert und deutschen Soldaten der Einsatzbefehl gegeben werden können.

Wenn auch nur ein NATO-Partner dem Einsatz nicht zugestimmt hätte, wären die deutschen Soldaten im möglichen erweiterten Golfkriegsgebiet zur Passivität verurteilt, sie wären nur »Kanonenfutter« gewesen.

Die Regierung war auch schlecht beraten, durch ihr wohlgesonnene Experten verbreiten zu lassen, sie könne ihre Zustimmung zur Feststellung des Bündnisfalles ohne Einschaltung des Parlaments geben.

Es mag dahingestellt sein, ob die »Gegenexperten« mit ihrer Meinung recht hatten, daß vor jedem Kampfeinsatz deutscher Soldaten – gleichgültig ob auf dem Territorium der Bundesrepublik oder dem eines Bündnisstaates – der Bundestag mit mindestens Zweidrittelmehrheit den Verteidigungsfall gemäß Artikel 115a Grundgesetz feststellen muß. Sie haben jedenfalls die Verfassungslogik auf ihrer Seite, wonach es nicht einfacher sein darf, die Bundesrepublik in den Kriegszustand zu versetzen, wenn »nur« ein anderer Staat angegriffen wird. Die Regierungsexperten stellen nämlich nicht in Abrede, daß im Fall eines Angriffs auf die Bundesrepublik Deutschland nur das Parlament den Verteidigungsfall und damit den »Kriegszustand« feststellen darf.

In der Existenzfrage unseres Staates »Krieg oder Frieden« die Verantwortung allein übernehmen zu wollen, war seitens der Regierung jedenfalls politisch höchst unklug.

Regierungsvertreter, die in entscheidenden Fragen die Opposition ausschalten, scheinen zu übersehen, daß sie selbst bald deren harte Bänke drücken könnten.

Mit der Formel »Wir stehen zu unserer Bündnisverpflichtung« legte sich die Regierung auf nichts fest. Denn der NATO-Vertrag verpflichtet die Mitgliedländer nur, einen Angriff auf ein Partnerland als einen auf das eigene zu betrachten. Welche konkreten Entscheidungen jeder Staat in einem solchen Fall souverän für sich trifft, ist allein seine Angelegenheit.

Der Blankoscheck »Treueschwur plus Truppenentsendung«, ausgestellt an die Adresse NATO und Türkei, war jedenfalls ungedeckt. Ein schwammiges und politisch falsches Signal weckte nur unberechtigte Hoffnungen bei den Partnern. Die eigene Bevölkerung wurde aufs gröbste verunsichert.

Die Bundesregierung ließ sich zudem ausgerechnet zu einem Zeitpunkt an der deutschen Ehre packen, wo eine politische Wende im Golfkrieg schon spürbar wurde.

Mit der letzten UNO-Resolution vor dem Krieg wurden die Mitgliedstaaten ermächtigt, »alle notwendigen Mittel« einzusetzen, um die Wiederherstellung der Integrität Kuwaits zu erreichen.

Die Anwendung von militärischer Gewalt dafür war nach der UNO-Charta ein mögliches, aber kein zwingendes und nicht das erste Mittel.

Die Mitgliedstaaten der UNO waren also ausschließlich auf das Ziel der Befreiung Kuwaits festgelegt.

Bereits nach zwei Wochen Krieg war dieses Ziel aus dem Visier geraten. Da beherrschte wieder die militärische Logik die Politik: Bombenterror gegen die Bevölkerung und Zerstörung ihrer Lebensgrundlagen, um die Widerstandskraft der irakischen Streitkräfte zu brechen. Auch die feierliche Erklärung von George Bush, er wolle nicht den Irak vernichten, wurde durch die Bilder verwüsteter Wohngebiete in Basra Lügen gestraft.

Der französische Verteidigungsminister Chevenement, der über die Kriegspläne der Anti-Irak-Koalition und die Wirkungen des Massenbombardements mehr als der gewöhnliche Fernsehzuschauer wußte, hatte seinerzeit seinen Rücktritt damit begründet, daß die tatsächliche Kriegsführung nicht mehr durch den UNO-Auftrag gedeckt war.

Die Bundesregierung verstärkte ihre Waffen- und Munitionslieferungen, ihre finanzielle Unterstützung und ihre verbale Zustimmung zum Kriegsverlauf noch, als greifbar war, daß mit dem menschenverachtenden brutalen Vernichtungskrieg allenfalls die Menschen in der Region, nicht aber Saddam Hussein getroffen wurden.

Dieser Krieg hat wiederum das Gebot der Verhältnismäßigkeit der Mittel mißachtet. Die deutsche Regierung begab sich in das moralische Abseits, indem sie einen Krieg unterstützte, der im Namen der Integrität des Völkerrechts die Lebensgrundlagen von Millionen unschuldiger Menschen vernichtete.

Die Deutschen hätten sich von der oberflächlichen Kriegsbegeisterung ihrer Freunde nicht irre machen lassen dürfen.

Es war einfach eine falsch verstande Loyalität, den Freunden bei ihren Fehlern und Irrtümern zu helfen.

Ihnen zu widersprechen, fehlte der Regierung, die selbst in beschämender Weise in die Aufrüstung des damaligen Erzfeindes Irak verstrickt war, aber die moralische Kraft.

Schließlich gebar »der Fluch der bösen Tat« sogar noch Waffenlieferungen an Israel. Die arabischen Freunde konnten danach mit ihren langen Wunschlisten nicht abgewiesen werden. Seit dem Ende des Golfkrieges wird die Region in nie gekannter Weise aufgerüstet. Und auch der Irak soll heute über nahezu ähnlich starke Streitkräfte verfügen wie vor dem Krieg. Ist das der Beitrag für die nach dem Krieg fällige Friedensordnung im Nahen Osten?

Die Deutschen haben es schwer, am meisten mit sich selbst.

Der Golfkrieg: Lehren der Militärführung

Aus dem Golfkrieg haben die deutschen Militärexperten mehrere – wie ich meine – gefährliche Lehren gezogen:

1. Kriegsführung, die zwischen den beiden mächtigen übergerüsteten Militärblöcken wegen der Gefahr der nuklearen Eskalation keine reale Option mehr war, ist wieder möglich, wenn
   - die eigene Partei militärisch haushoch überlegen ist,
   - der Kriegsschauplatz so weit entfernt ist, daß Kriegswirkungen und Kriegsfolgen von der eigenen (immer weniger belastbaren) Gesellschaft ferngehalten werden können und

– die Nuklearmächte gemeinsam auf einer Seite stehen bzw. sich ausdrücklich neutral verhalten.

2. Konflikte in anderen Teilen der Welt können »westliche« Macht- und Wirtschaftsinteressen berühren. Mit dem Einsatz von militärischer Gewalt können Konflikte (scheinbar) wieder beherrscht oder beendet werden.

3. Die Verbündeten erwarten, daß das vereinigte und uneingeschränkt souveräne Deutschland größere internationale Verantwortung übernimmt, einschließlich der Beteiligung an VN-Missionen mit deutschem Militär.

Die neue deutsche Rolle in der Weltpolitik

Nach dem Kalten Krieg: Gewalt wieder Mittel der Politik

Mit der Auflösung des Ost-West-Konflikts ist der östliche Gegenpol zur Militärmacht des Westens verschwunden.

Das ist das eigentlich Neue an der »Nach-Kalter-Krieg-Ära«: Die Fesseln globaler militärischer Gewaltanwendung sind abgefallen. Krieg hat – nach dem Testfall Golfkrieg – seine Rolle als Mittel der Politik scheinbar wiedererlangt. Verständigungsbemühungen und friedlicher Interessenausgleich an runden Tischen haben ausgedient. Wozu verhandeln, wenn man militärisch drohen oder zuschlagen kann, heißt die neue Devise.

Natürlich wird die neue Gewaltorientierung der Militärmächte nicht offen zugegeben.

Die Bundesregierung betont, daß das nun souveräne Deutschland seine volle Verantwortung gegenüber der Völkergemeinschaft wahrnehmen müsse. In der praktischen deutschen Politik verkürzt sich die »deutsche Verantwortung« indes auf eine neue offensive Militärrolle des neuen Deutschlands. Euphemistisch verbrämt heißt es, die Bundeswehr müsse in der Lage sein, an »friedenschaffenden«, »friedenstiftenden« oder gar »friedenerzwingenden« Militärmissionen teilzunehmen.

Im Eifer, rasch die politischen und militärischen Voraussetzungen für künftige Kampfeinsätze der Bundeswehr außerhalb von Verteidigung zu schaffen, wird die eigentliche Frage, ob militärische Gewalt überhaupt geeignet ist, Konflikte zu lösen oder politische Ziele durchzusetzen, überhaupt nicht gestellt.

Dabei belegen die Militärinterventionen der jüngeren Geschichte eindrucksvoll das Gegenteil. Insofern geht die Frage, ob sich die Deutschen auf Dauer in einer Nische machtpolitischer Abstinenz verstecken dürften, am Problem vorbei. Auch für unsere Verbündeten muß Gewalt als Mittel der Politik abgelehnt werden.

Bereits die Vorbereitung auf militärische Intervention, wie die Aufstellung von internationalen »raschen Eingreifverbänden« und deutschen »Krisenreaktionskräften«, schüren Angst und Mißtrauen bei den Menschen, die in der Vergangenheit unter deutscher Militärgewalt gelitten haben oder die heute offen als potentielle Gegner benannt werden.

Die neuen Instabilitäten, Krisen und kriegerischen Konflikte inner-
halb und außerhalb Europas sind keine militärische Bedrohung für
Westeuropa. Sie sind aber eine Gefahr für die soziale und politische
Stabilität bei uns, und damit für den inneren und äußeren Frieden.
Militär und militärische Gewalt helfen weder vorbeugend noch
heilend gegen die neuen Gefahren.

Die Instrumente der friedlichen Konfliktverhinderung und -beile-
gung für eine »vorbeugende Diplomatie« der UNO zu entwickeln,
ist daher das Gebot der Stunde.

Der neuen Gewaltbereitschaft in der deutschen Politik nach außen
und innen dürfen deshalb keine Schleusen der Legalisierung ge-
öffnet werden.

Die Behauptung, daß mit militärischer Gewalt »Krisen bewältigt«,
»Konflikte gelöst« oder gar »Frieden geschaffen« werden könnte,
wird von der Praxis der militärischen Gewaltanwendung durch die
großen Militärmächte in der jüngeren Vergangenheit widerlegt.

Ganz im Gegenteil: Unter den Bedingungen moderner, komplexer
und dadurch besonders verwundbarer Gesellschaftsstrukturen und
angesichts der Wirkung moderner Waffen ist weder die politisch
und moralisch gebotene Verhältnismäßigkeit zwischen Zielsetzung
und Kriegsschäden, noch der völkerrechtlich garantierte Schutz
von zivilen Opfern zu gewährleisten. Mit jedem Krieg wird die
Saat für neue Gewaltanwendung gelegt.

Vor diesem Hintergrund ist die neuentdeckte deutsche »Verantwortung für den Weltfrieden« nichts anderes als die Absicht, im
Zuge der europäischen Vereinigung deutsche Macht- und Wirtschaftsinteressen durch die Androhung militärischer Gewalt abzusichern oder durchzusetzen.

Die Vorbereitungen in Westeuropa, außerhalb und ohne Einschaltung der Vereinten Nationen, eigene global verwendbare In-
terventionstruppen einsetzen zu können, richtet sich darüber hinaus gegen die Zielsetzung einer Reform der VN.

Die Wiederentdeckung militärischer Gewalt als Mittel national-
staatlicher oder multinationaler Interessenpolitik ist ein Schlag gegen die Hoffnung der Völkergemeinschaft, nach dem Ende der
politischen Ost-West-Blockade die friedlichen Mittel und Methoden der Konfliktverhinderung und -beilegung endlich entwik-
keln zu können.

Die neue staatliche Gewaltbereitschaft nach innen und nach außen und ein beginnender Interventionismus des neuen größeren Deutschland kennzeichnet den Abschied von der Kultur eines zarten westdeutschen Nachkriegspazifismus.

Mißtrauen und Angst waren aber bereits im Ost-West-Verhältnis der Nährboden für den ruinösen Wettlauf von Rüstung und Gegenrüstung.

Die jetzt im Aufbau befindlichen hochoffensiven und hochmobilen »raschen Eingreiftruppen« von NATO und WEU sowie die deutschen »Krisenreaktionskräfte« unter nationaler Führung werden die Rüstungsanstrengungen der Staaten in den sogenannten »Krisenregionen« als Gegenreaktion verstärken.

Damit wird die heute dort fälschlich behauptete militärische Bedrohung im Wege der sich selbst erfüllenden Prophezeiung in Zukunft schließlich wahr.

Die entscheidende politische Fragestellung, die vor einer Entscheidung für die Ausweitung des Auftrags der Bundeswehr öffentlich diskutiert werden muß, ist: Wollen oder sollen wir Deutschen vor dem Hintergrund unserer Geschichte und im Lichte der zahlreichen schlimmen Folgen, die mit dem Einsatz militärischer Gewalt verbunden sind, diese Änderung vollziehen?

Um dieser Frage nachzugehen, sollen fünf Aspekte des Einsatzes militärischer Gewaltmittel zur Durchsetzung politischer Ziele beleuchtet werden:

1 – der politische Aspekt
2 – der rechtliche Aspekt
3 – der wirtschaftliche Aspekt
4 – der ökologische Aspekt
5 – der ethisch-moralische Aspekt.

Der politische Aspekt
Hier wäre die Frage zu beantworten, ob es in der Vergangenheit (bei Überprüfung der Militäreinsätze großer Militärmächte seit dem Zweiten Weltkrieg) gelungen ist, politische Ziele mit dem Einsatz militärischer Zwangsmittel auch wirklich durchzusetzen. Von den bedeutendsten Militärmissionen seit dem Zweiten Weltkrieg, den Kriegen in Vietnam und in Afghanistan, muß dies auf jeden Fall verneint werden.

Auch im Golfkrieg wurde die wesentliche Zielsetzung für die Ermächtigung der Verwendung »aller notwendigen Mittel« nicht erreicht, nämlich die Wiederherstellung des Friedens in der Region (UNO-Resolution 678). Wenn aber die Erfahrung lehrt, daß selbst mit dem massiven Einsatz von militärischer Gewalt politische Ziele nicht oder nur unter unverhältnismäßigen »Kosten« (z. B. Opfern) erreicht werden, muß dieses Machtmittel Militär als politisches Instrument in Frage gestellt werden.

Der rechtliche Aspekt

Der Einsatz militärischer Zwangsmaßnahmen außer zur Selbstverteidigung (gem. Art. 51 UN-Charta) ist einzelnen Staaten verwehrt, es sei denn, sie haben ein Mandat des Sicherheitsrats der Vereinten Nationen (gem. Kap. VII UN-Charta).

Wenn – wie von Karl Lamers (außenpolitischer Sprecher der CDU/CSU-Fraktion) verlangt – der »out-of-area«-Einsatz der Bundeswehr ausdrücklich ohne rechtliches Mandat der UNO möglich gemacht werden soll, so ist dies die Absicht, Völkerrecht zu brechen.

Der moderne Krieg ist spätestens seit dem Bombenterror gegen die Einwohner von Städten wie London oder Dresden mit dem Kriegsvölkerrecht nicht mehr vereinbar. Die Genfer Konvention von 1949, die den Schutz von Unbeteiligten an internationalen bewaffneten Konflikten völkerrechtlich absichern soll (durch Beschluß des Deutschen Bundestages sind die Konvention und die dazu erlassenen Zusatzprotokolle nationales Recht), wird seither von Militärplanern systematisch und vorsätzlich gebrochen. Komplexe und vernetzte moderne Gesellschaftstrukturen lassen eine Aufteilung in militärische und zivile Komponenten nicht mehr zu. Außerdem verspricht die Bekämpfung der Bevölkerung (als psychologische Stütze der kämpfenden Streitkräfte) und der zivilen Infrastruktur (als Teil der materiellen Voraussetzungen für die Kriegführung) einen viel größeren Effekt als die Abnutzung von Militärkapazität.

Seit dem Zweiten Weltkrieg ist daher die Zahl der getöteten Zivilpersonen gegenüber der der getöteten Soldaten von Krieg zu Krieg gestiegen. Der Golfkrieg ist nur scheinbar eine Ausnahme davon. In diesem Krieg war die Bevölkerung aus den bombardierten Siedlungen rechtzeitig geflohen, und die meisten getöteten irakischen Soldaten wurden auf der chaotischen Flucht aus Kuwait (wie ungeschützte »Zivilisten«) umgebracht.

Ein Bundeswehrsoldat, der an einem »out-of-area«-Einsatz à la Lamers, also ohne UNO-Mandat, und an Kriegshandlungen wie im Golfkrieg (z.B. gegen die elektrische Energieversorgung der Bevölkerung) teilnähme, würde gegen § 11 Soldatengesetz verstoßen. Er müßte strafrechtlich verfolgt werden.

Der wirtschaftliche Aspekt

Die enormen Kosten für den Unterhalt von Streitkräften und für den Kriegseinsatz müssen im Zusammenhang mit der politischen Erfolglosigkeit des Militäreinsatzes beurteilt werden. Das ist aber nur die eine Seite. Die andere betrifft die wirtschaftlichen Folgen von Kriegen für Dritte. Lebenswichtige Handelsbeziehungen werden als Folge von Kriegen unterbrochen, Rohstoffe unerschwinglich teuer. Die wirtschaftlichen Konsequenzen treffen vor allem schwache Gesellschaften. Der Ersatz von verbrauchtem Kriegsmaterial und verschossener Munition ist zwar einerseits ein Geschäft für die beteiligte Industrie, aber zugleich volkswirtschaftlich eine Verschwendung wertvoller Ressourcen. Auch das geht in erster Linie zu Lasten der armen Länder. Insgesamt fehlen die für den Unterhalt von politisch nutzlosen Streitkräften und für deren Kriegseinsatz verbrauchten wirtschaftlichen Ressourcen der friedlichen Entwicklung der Gesellschaften.

Der ökologische Aspekt

Die Produktion von Waffen und Munition und das »Betreiben« von Streitkräften schädigt wegen der rücksichtslosen Methoden (für die angebliche Erhaltung der äußeren Sicherheit scheint einfach alles erlaubt) bereits im Frieden die Umwelt außerordentlich, wie z.B. der Zustand von Kasernen und militärischen Übungsplätzen beweist.

Beim Einsatz der Waffen gegen moderne Infrastruktur, d.h. technische Anlagen und Bauwerke, die bei Zerstörung oder Brand giftige Substanzen an Boden, Wasser und Atmosphäre abgeben, werden die natürlichen Lebensgrundlagen der Menschen auf Dauer zerstört. Selbst ohne absichtliche Veränderung der Natur durch Krieg, im übrigen nach der Genfer Konvention verboten, sind dauerhafte Schäden der Umwelt unvermeidbar. Auch sie stehen in keinem vertretbaren Verhältnis zum angeblich gerechtfertigten Kriegsgrund.

Der ethisch-moralische Aspekt

Wie beim Einsatz von Nuklearwaffen und anderen Massenvernichtungswaffen, bei dem Tod und Vernichtung unterschiedslos Kombattanten und Nicht-Kombattanten treffen, sind auch in jedem sogenannten konventionellen Krieg Unschuldige die ersten und häufigsten Opfer.

Soll Waffengewalt gar zur Durchsetzung von Wirtschaftsinteressen eingesetzt werden (siehe »Strategiepapier« der Bundeswehr vom Januar 1992), dient das Töten und Zerstören der Aufrechterhaltung einer ungerechten Verteilung von Macht und Gütern.

Anders als bei der Verteidigung von Leib und Leben im Falle eines Angriffs auf die eigene Gesellschaft (eine Art überstaatlicher Notwehr) muß sich der an solchen Gewaltmaßnahmen Beteiligte die Frage nach der ethisch-moralischen Vertretbarkeit seines Tuns stellen. Es ist zu erwarten, daß viele junge Männer dabei in Gewissensnot kommen und den Kriegsdienst mit der Waffe verweigern werden.

Die Absicht, künftig Gewaltanwendung mit Gegengewalt zu beenden, hat viele gefährliche Wirkungen und Folgen:

1. Gewalttätiges Niederringen von Konfliktparteien behebt nicht die Ursachen der Konflikte. Moderne Waffen gegen moderne, das heißt besonders verwundbare Gesellschaften (dies trifft auch für Ballungszentren in Entwicklungsstaaten zu) bedeutet stets, daß die Anwendung militärischer Gewalt unverhältnismäßig ist, daß sie sehr viele zivile Opfer und die Vernichtung der Lebensgrundlagen von Unschuldigen zur Folge hat.

Gewalttätige Interventionen haben stets Haß, Angst und die Entwicklung von Rachegedanken bei den betroffenen Menschen zur Folge. So wird mit jedem Gewaltakt, auch wenn er zunächst Ruhe schafft, die Saat für neue Gewalt gelegt.

2. Die Absicht, mit militärischer Gewalt zu intervenieren, verfolgt eine Scheinlösung, die andere (gewaltlose) Konfliktlösungs- oder Vermeidungsstrategien verhindert. Während auf repressive Instrumente als reguläre und legitime Mittel der Politik gesetzt wird, versäumt die Politik die Entwicklung präventiver Mittel und Methoden. Ursachen für Krisen und Konflikte werden dadurch weiterhin nicht behoben.

3. Wenn erst einmal in einem Konflikt militärisch interveniert wird, besteht die Gefahr, daß dies künftig immer häufiger notwendig erscheint und schließlich unkontrollierbar ausufert. Einzelne Brandherde, in denen nach dem Löschen die Glut der Konfliktursachen weiterglimmt, können sich zu einem Flächenbrand entwickeln, der am Ende auch die westeuropäische »Insel der Seligen« erfaßt.

4. Eine neue Politik des Interventionismus braucht auch künftig ein starkes offensivfähiges Militärpotential. Diese Politik fördert militärisches Denken in der Gesellschaft, ist auf Konfrontation gerichtet und bewirkt über Gegenrüstung der bedrohten Staaten und Regionen einen neuen Rüstungswettlauf. Diese Politik verschlingt somit weiterhin große Ressourcen, die aber dringend für eine Politik der Umgestaltung der Weltwirtschaftsordnung und der Umwelterhaltung gebraucht würden. Während also Ressourcen für die Mittel zur Gewaltanwendung verschwendet werden, werden die Probleme, zu deren Lösung wir keine Mittel einzusetzen haben, immer komplizierter.

5. Eine neue Gewaltbereitschaft in der Außenpolitik der Staaten weckt auch eine neue Gewaltbereitschaft im Inneren der Gesellschaften und beim Austragen gesellschaftlicher Konflikte. Dafür gibt es in der jüngsten Vergangenheit leider bereits einige praktische Beweise.

Bedrohungswahrnehmung
Der militärische Reflex, die militärischen Fähigkeiten eines anderen Staates, mit dem man nicht verbündet ist, als Bedrohung wahrzunehmen, hat bisher den Rüstungswettlauf in Gang gehalten.

Erst als die Volkswirtschaften in Ost und West erschöpft waren, wurde der Versuch gestartet, die »Bedrohung« »wegzuverhandeln«, statt gegen sie anzurüsten.

Dieser Wandel in der Ost-West-Beziehung war somit zwar nicht Ausdruck einer neuen Überzeugung oder eines neuen Denkens, hat aber wirkliche Abrüstung erst möglich gemacht. Gegenüber den angeblichen neuen Bedrohungen oder Risiken aus dem »Süden« schlägt nun die alte Logik wieder durch: Gegenrüstung. Wir müssen immer mehr und bessere Waffen besitzen als die anderen, heißt diese militärische Logik, auf eine Kurzformel gebracht.

Auch dieser Teufelskreis muß durchbrochen werden.

Künftig muß der Abbau einer potentiellen Bedrohung absoluten Vorrang vor dem Aufbau einer Gegendrohung haben.

Zum Abbau oder zur Verhinderung des Entstehens gefährlicher Rüstungspotentiale müssen politische und wirtschaftliche Instrumente entwickelt und benutzt werden.

Dem Militär darf in diesen Fragen kein Mitspracherecht mehr eingeräumt werden.

Europa als Plattform für deutsche Militärmacht

Was die Deutschen heute erleben, ist der Griff der Bundesregierung nach der Teilhabe an einer eigenständigen europäischen Ordnungsmacht, die sich aufgrund der neuen Verhältnisse zutraut, selbst als Weltpolizist die eigenen westeuropäischen Interessen in die Hand zu nehmen, und das ohne die Amerikaner und ohne die VN.

Die von Verteidigungsminister Volker Rühe am 26. November 1992 erlassenen »Verteidigungspolitischen Richtlinien« (VPR) sind ein überdeutliches Dokument für diese eurozentristische und euroegoistische Haltung, überall dort in der Welt mit Militär eingreifen zu wollen, wo deutsche oder westeuropäische Interessen gefährdet sein könnten. Nicht der neue Anti-Amerikanismus einer selbstbewußten deutschen Politik ist das Gefährliche, sondern die sich darin ausdrückende neu entdeckte Eigenständigkeit einer auf Militär gestützten Machtpolitik.

Dabei wird die NATO nur deshalb noch geduldet, weil sie für die USA die unverzichtbare Militärpräsenz in Westeuropa zu den alten äußerst vorteilhaften Nachkriegsbedingungen sichert. Längst entwickelt sich innerhalb und aus der NATO heraus das neue westeuropäische Militärbündnis, Westeuropäische Union (WEU), das als die geeignete Militärkomponente eines politisch vereinten Westeuropas gilt. Die WEU, die so lange neben der NATO an Bedeutungslosigkeit gelitten hatte, erscheint den Westeuropäern auch deshalb als das geeignete militärische Machtinstrument der Zukunft, weil dieses Bündnis angeblich nicht den Nachteil der NATO besitzt, nämlich nicht außerhalb der Grenzen des Bündnisses tätig werden zu dürfen. Eine solche Behauptung muß allerdings als eine Verfälschung der Realität zurückgewiesen werden. Auch der »Brüsseler Vertrag«, die Geschäftsgrundlage für die WEU, erlaubt ein Tätigwerden der Streitkräfte der Mitgliedstaaten nur im Falle eines Angriffs auf einen der Bündnisstaaten in Europa. Im übrigen würde, da sich auch die WEU wie die NATO auf Artikel 51 der UN-Charta stützt, jeder offensive Einsatz von Militär (d. h. außer zur Abwehr einer militärischen Aggression) gegen die Charta der Vereinten Nationen verstoßen.

An der gegenwärtigen deutschen Politik ist besonders zu verurteilen, daß solche falschen Behauptungen ohne laut vernehmbaren Widerspruch der Opposition aufgestellt werden können.

Die Westeuropäische Union wird jetzt als der militärische Arm der künftigen europäischen politischen Union gesehen. Sie scheint die geeignete Organisationsplattform für eine künftige Militärmacht Westeuropa zu sein, eine Militärmacht ohne die USA. Am 16. Juni 1992 hat der WEU-Rat unter der Präsidentschaft der Bundesrepublik Deutschland auf dem Petersberg bei Bonn beschlossen, eine 50 000 Mann starke Interventionstruppe aufzustellen. Dieser Beschluß, der auch vorsieht, bereits im Oktober desselben Jahres mit der Aufstellung einer Organisationszelle zu beginnen, verstößt eindeutig gegen das Grundgesetz, das einen Einsatz von deutschen Soldaten außerhalb von Verteidigung nicht zuläßt. Dieser Verfassungsverstoß wird auch nicht dadurch wettgemacht, daß in einer Fußnote dieses Beschlusses aufgenommen wurde, daß die WEU-Staaten an konkreten Aktionen nach Maßgabe der nationalen Rechtslage teilnehmen. Allein die Tatsache, daß ab Oktober '92 auch deutsche Soldaten und deutsche Haushaltsmittel an einer zukünftigen Interventionstruppe beteiligt sind, ist bereits Verfassungsbruch.

Die Beteiligung an Planung, Organisation, Ausbildung, Ausrüstung, Infrastruktur und natürlich an den Kosten des WEU-Militärverbands, der nicht ausschließlich auf Selbstverteidigung im Sinne des Art. 51 VN-Charta beschränkt ist, kollidiert mit dem Verfassungsgebot, »außer zur Verteidigung dürfen die Streitkräfte nur eingesetzt werden, soweit dieses Gesetz es ausdrücklich zuläßt« (Art. 87 [2]). Das Grundgesetz enthält aber keinen Passus, der militärische Intervention erlaubte. Diese Auffassung ist prinzipiell auch in Regierungskreisen unumstritten. Ungeachtet dessen aber haben Kinkel und Rühe auf dem Petersberg bei Bonn mit der deutschen Verpflichtung, am Aufbau einer Interventionstruppe teilzunehmen, einen politisch ungedeckten Scheck ausgestellt.

Die deutsche Regierung, die mit dieser neuen Interventionsaufgabe der Westeuropäischen Union ebenso wie mit einer neuen Rolle, die der NATO durch das »Rapid Reaction Corps« zugewiesen wird, außerhalb des Vertragsrahmens der beiden Bündnisse agiert, beweist ihre Entschlossenheit, um jeden Preis deutsche Soldaten an einem künftigen westeuropäischen Interventionismus zu beteiligen.

Beide Verträge, der NATO-Vertrag und der WEU-Vertrag, wurden durch die Parlamente der Mitgliedstaaten ratifiziert. Die Regierungen können daher nicht die wesentlichen Bestimmungen dieser Verträge, die die Bündnisse allein auf gemeinsame Verteidigung von Staatsgebiet verpflichten, einseitig revidieren. Auch das deutsch-französische Corps, das entgegen offizieller Behauptung keine Stärkung von NATO und WEU bedeutet, kann nur als der Versuch begriffen werden, deutsche Soldaten durch die organisatorischen Einbindungen in einen binationalen Großverband leichter die Hemmschwelle hin zum offensiven Interventionseinsatz überwinden zu lassen.

Schließlich hat Frankreich durch seine jüngere Kolonialvergangenheit wiederholt solche Einsätze in Afrika durchgeführt.

WEU: Emanzipation Westeuropas von den USA

Eine weitere Erkenntnis bestimmt heute die Lage in Westeuropa: Die westeuropäischen Verbündeten der USA sind heute nicht mehr auf deren »Nuklearschirm« angewiesen.

Obwohl dieser Schirm bereits mit Erreichen des nuklearen Patts in den sechziger Jahren nichts mehr wert war, da die gegenseitige gesicherte Vernichtung im Falle eines Atomkriegs – wir nannten es bezeichnenderweise »MAD« (Mutual Assured Destruction) – den Einsatz von Nuklearwaffen unmöglich gemacht hatte, bestand bis zum Ende des Kalten Krieges zumindest die Fiktion des von den USA den Europäern gewährten Nuklearschutzes. Mit dem Hinweis auf diese Abhängigkeit konnte in der Bundesrepublik Deutschland immer wieder Druck auf die Bereitschaft der Bevölkerung ausgeübt werden, mehr für die Verteidigung zu tun.

Die Regierung des wiedervereinten Deutschland hat sich von dieser Fiktion befreit. Ein neues Selbstbewußtsein gegenüber den USA äußert sich in gegen Amerika gerichtete politische Entscheidungen. Eine neue Amerikaferne in der deutschen Politik kann auch nicht durch die verbale und auffällig gekünstelt klingende Überhöhung der alten NATO als das zentrale, angeblich unentbehrliche Bindeglied zwischen Westeuropa und den USA übertüncht werden. Der Beschluß der deutschen und französischen Regierung, das sogenannte Eurocorps ohne vorherige Konsultation der Vereinigten Staaten aufzustellen, ist ein beredtes Beispiel für diese neue selbstbewußte deutsche Politik.

Zwar bin ich auch nicht der Meinung, daß die Vereinigten Staaten weiterhin eine militärische Rolle in Europa zu spielen hätten. Ganz im Gegenteil, die vorgeschobenen Militärstützpunkte der Vereinigten Staaten ebenso wie die Großbritanniens und Frankreichs sind mit der postkonfrontativen Ära nicht mehr in Einklang zu bringen. Sie können nur noch als Ausdruck eines rückwärtsgerichteten Denkens in militärischen Kategorien der »Machtprojektion« und möglichen Kriegführung zur Durchsetzung nationaler Sicherheitsinteressen verstanden werden. Bei den Plänen für den Aufbau europäischer und deutscher »Schneller Eingreiftruppen« wird – entgegen der Rechtslage – stillschweigend davon ausgegangen, daß diese außerhalb eines UNO-Mandats eingesetzt werden dürften.

Es wird plump behauptet, im Rahmen der WEU könnten europäische Streitkräfte – da sie nicht an die geographische Begrenzung der NATO gebunden wären – für alle denkbaren Kampfeinsätze rund um den Globus verwendet werden, und zwar nicht nur zur Verteidigung.

Die WEU wird geradezu als das künftige »Schwert« der auf »Schildfunktion« beschränkten NATO angepriesen.

Dies ist aber dreiste politische »Falschmünzerei« und eine doppelte Mißachtung der Rechtslage: Die Westeuropäische Union ist – wie die NATO – ein reines Verteidigungsbündnis. Zum einen tritt eine Beistandsverpflichtung gemäß Artikel V des WEU-Vertrags nur dann in Kraft, wenn einer der Mitgliedstaaten »Ziel eines bewaffneten Angriffs in *Europa*« wird.

Zum anderen steht auch der WEU als kollektivem Verteidigungsbündnis – wie der NATO – nur das Recht auf kollektive Selbstverteidigung gemäß Artikel 51 der UN-Charta im Falle eines Angriffs zu.

Alle Vorbereitungen auf selbständige europäische Interventionseinsätze und sogenannte »Friedensmissionen« außerhalb eines Mandats der Vereinten Nationen sind daher die Planung von Völkerrechtsbruch.

Seitdem der Regierung klar ist, daß sie die SPD für eine Verfassungsänderung zugunsten von künftigen »out-of-area«-Kampfeinsätzen der Bundeswehr nicht gewinnen kann, verfolgt sie eine andere Taktik.

Durch das Einbinden von Bundeswehreinheiten in den WEU-Eingreifverband sollen die Maastricher Beschlüsse letztlich eine Grundgesetzänderung überflüssig machen.

Wer gegen die Maastricht-Vereinbarungen ist, ist gegen Europa, so soll die Diffamierung derer lauten, die gegen die neue aggressive deutsche Militärrolle in einem Europa sind, das auf militärische Gewalt statt auf eine Politik der Verständigung und des Ausgleichs setzt. Militärisch ist die Zuweisung völlig gegensätzlicher Aufgaben, wie »Blauhelmmissionen« und Kampfeinsätze, an die WEU-Truppe völliger Unsinn.

Soll dieser Verband für Kampfeinsätze unter allen denkbaren geographischen, topographischen und klimatischen Gegebenheiten zudem in einer feindlichen Umwelt geeignet sein, muß er eine hochtechnisierte Profi-Truppe sein. Nur militärische Laien (oder leichtgläubige Politiker) können das Märchen glauben, daß die teuer ausgebildeten »High-Tech-Soldaten« ihre »High-Tech-Waffensysteme« zu Hause stehen lassen, um mit einer Pistole zur Selbstverteidigung bewaffnet irgendwo Friedensdienst zu leisten.

Lassen wir uns also nichts vormachen: Wie bei den national organisierten deutschen »Krisenreaktionskräften« ist der mögliche »Blauhelmeinsatzauftrag« der Versuch, das mit dem Nobelpreis ausgezeichnete Aushängeschild »Blauhelm« zu benutzen, besser: zu mißbrauchen, um die eigentliche Zielsetzung der Möglichkeit der »militärischen Krisenbewältigung«, d. h. des »Friedenschaffens mit Angriffswaffen« zu verbrämen.

Am Ende könnte das »neue Gesicht« der WEU (Kinkel) den Menschen bei uns eher als häßliche Militärfratze erscheinen und der Rühesche »Meilenstein« sich urplötzlich als Stolperstein für eine Regierung erweisen, die sich hinter Europa versteckt, um einer öffentlichen Diskussion über die Aufgabe der deutschen Selbstbeschränkung auf Verteidigung auszuweichen.

Bankrott der militärischen Gewalt als Mittel der Politik

Die neuerliche generelle Befürwortung militärischer Gewalt als Mittel der Politik bei Militärpolitikern hierzulande steht in einem merkwürdigen Kontrast zu ihrer mehrheitlichen Einschätzung, daß eine Militärintervention im ehemaligen Jugoslawien falsch wäre.

Unübersehbare Widersprüche in der aktuellen deutschen Militärpolitik sind offenbar eine Folge der vernichtenden Erkenntnis, daß all das »schöne« und teure Militär am Ende zu nichts nutze ist.

Auch der Generalinspekteur der Bundeswehr, General Klaus Naumann, hat sich verschiedentlich massiv gegen jedes militärische Engagement des Westens gewandt, da nach seiner festen Überzeugung der Bürgerkrieg nicht mit militärischen Mitteln beendet werden kann.

Was treibt dennoch Politiker, ja inzwischen selbst notorische Pazifisten und – wie im März 1994 – eine Gruppe renommierter Künstler dazu, dennoch militärische Gewaltanwendung zu fordern?

Nach Auflösung der militarisierten Ost-West-Verkrampfung in eine tiefe Legitimationskrise gestürzt und in ihrem Selbstbewußtsein stark angekratzt, beeilten sich die Militärlobbyisten mit und ohne Uniform, die Streitkräfte zu ihrer Zukunftssicherung als das neue Allheilmittel für die Verhinderung und Lösung aller möglichen Krisen und Konflikte anzupreisen. Und was passiert?

Auf dem Balkan erleben wir geradezu den Modellfall eines modernen Konflikts, wo ungelöste politische, ethnische und religiöse Probleme, kaum durchschaubar ineinander verwoben und deren Ursprünge zum Teile viele Jahrhunderte zurückreichen, in einer Eruption von Haß und Blindwütigkeit aufbrechen.

Und da erweist sich militärische Gewalt gegenüber einem solchen Problemknäuel als völlig ungeeignet. Wo und wer ist der Feind? Wer sind die »Guten«, wer die »Bösen«? Wen schlagen, wem beistehen? Militärisches Eingreifen in dieser Lage wäre tatsächlich wie der Einsatz des Holzhammers zum Kurieren eines Kranken.

Die Hilflosigkeit der Weltgemeinschaft, die allzu lange auf Militär gesetzt hat, gegenüber dem Bürgerkrieg im ehemaligen Jugoslawien legt schonungslos offen, daß der Kaiser »Militärgewalt« ohne Kleider dasteht. Diese Ohnmacht besiegelt den endgültigen Bankrott militärischer Gewalt als Mittel der Politik.

Die Gewaltideologen haben ausgedient. Neben den Waffen müssen nun auch die falschen Glaubenssätze von der politischen Heilkraft militärischer Gewalt verschrottet werden.

Die neue deutsche Militärrolle

Streit um die Neuorientierung

Mit der Erlangung der vollen Souveränität nach der Wiedervereinigung trägt das wirtschaftlich mächtige Deutschland nach allgemeiner Auffassung eine größere weltpolitische Verantwortung.

Gewiß muß Deutschland nach Erlangung der Einheit und der vollen Souveränität in Europa und für die Welt die Rolle wahrnehmen, die ihm aufgrund seiner Geschichte, seiner Kultur und seiner Wirtschaft zukommt.

Ob aber die gewachsene Verantwortung Deutschlands auch eine neue Rolle des deutschen Militärs selbstverständlich nach sich zieht, ist überhaupt nicht ausgemacht.

Zwar wird von der Bundesregierung behauptet, Deutschland müsse seine Verantwortung gegenüber der Völkergemeinschaft im vollen Umfang der Verpflichtungen aus der UN-Charta wahrnehmen. In der deutschen Politik verkürzt sich aber die Diskussion um die neue deutsche Verantwortung seit langem auf die Frage nach dem weltweiten Kampfeinsatz der Bundeswehr.

Dabei wird die eigentlich zentrale Frage gar nicht gestellt, ob militärische Gewalt, egal ob durch deutsche oder andere Soldaten angewendet, überhaupt für die Lösung von Problemen geeignet ist, die in kriegerische Konflikte münden.

Gegenüber dem Prototyp moderner Konflikte, dem Bürgerkrieg im ehemaligen Jugoslawien, versagt jedenfalls dieses Instrument.

Die Geschichte der gewaltsamen Beendigung von Konflikten lehrt, daß mit Gewaltanwendung stets die Saat für künftige Kriege gelegt wird.

Gewalt schafft neue Gewalt. Am Ende erweisen sich Androhung oder Gebrauch militärischer Gewalt, so rechtlich abgesichert sie auch sein und so moralisch akzeptabel sie erscheinen mag, als das Glied, das den Teufelskreis von Gewalt und Gegengewalt immer wieder schließt.

Schon deshalb ist es eine falsche politische Zielsetzung, Deutschland jetzt darauf vorzubereiten, künftig mit militärischer Gewalt in Konflikte eingreifen zu können, ohne diese Zusammenhänge ausführlich zu diskutieren.

Bereits die Absichtserklärung und Vorbereitung darauf, wie die Aufstellung von Krisenreaktionskräften, schüren Angst und Mißtrauen bei den Menschen, die in der Vergangenheit unter deutscher Militärgewalt gelitten haben oder die heute offen als Bedrohung, gegen die es sich zu rüsten gilt, benannt werden.

Für eine künftig wirksame Politik der Friedensbewahrung und des friedlichen Zusammenlebens der Völker gibt es keine Alternative zu einer Politik des Ausgleichs, der Vermittlung und der Überwindung von Konfliktursachen, einer Politik der Beseitigung von Willkür, Zwang und Ungerechtigkeit, innerstaatlich und zwischen den Völkern.

Friedenspolitik darf sich nicht auf das Niederknüppeln von Menschen reduzieren, die meinen, ihr vermeintliches Recht mit Gewalt erzwingen zu können.

Eine solche Politik wäre nichts als Zudecken, kurzfristiges Ruheschaffen um der Ruhe willen. Frieden als dauerhafter Zustand von Freiheit und Gerechtigkeit für alle wird so nicht geschaffen.

Insofern sind die Begriffe »friedenschaffende«, »friedenstiftende« oder gar »friedenerzwingende« Missionen für brutale militärische Gewaltanwendung nichts als platter Euphemismus. Friedliche Wortschöpfungen, in denen das freundliche Wort »Frieden« nicht fehlen darf, sollen das dahintersteckende Übel verdecken. Aber wie beim »arbeitsplatzschaffenden« Rausschmiß, der »wohnraumschaffenden« Entmietung und der »liebeerzwingenden« Vergewaltigung ist der »friedenschaffende« Krieg alles andere als eine Wohltat für die Objekte des »Schaffens«.

Diese Art von Demagogie setzt ganz bewußt das Ziel oder besser: die Hoffnung »Frieden« mit dem Mittel »Krieg« gleich. Während nämlich der Friede als Ergebnis militärischer Gewaltanwendung eine höchst vage Hoffnung bleibt, ist der Krieg als Mittel sicher: Grausamer Tod und Verstümmelung Unschuldiger, Zerstörung und Verseuchung der Lebensgrundlagen der Überlebenden, Vertreibung, Elend, Not und Haß sind die wahren Elemente des »Friedenschaffens« mit militärischer Gewalt. Soll daraus jemals Frieden erwachsen?

Da die Bundesregierung international im Wort steht und bald über die Zukunftsplanung für die Bundeswehr entschieden werden muß (Naumann: Die Bundeswehr hat gegenwärtig keine politische

Legitimation), wird es bald zu einer politischen Weichenstellung kommen, die in ihrer militärpolitischen Bedeutung die Entscheidung zur deutschen Wiederbewaffnung in den Schatten stellt.

Vordergründig geht es nur um die Möglichkeit, Bundeswehreinheiten künftig an internationalen Militäreinsätzen beteiligen zu können (Stichwort: VN-Verpflichtungen).

In Wirklichkeit würde mit der angestrebten Verfassungsänderung, d. h. der Befreiung von der Selbstbeschränkung auf Nur-Verteidigung, jeder beliebige Einsatz deutscher Streitkräfte legalisiert und damit an die Wehrmacht des Deutschen Reiches angeknüpft.

Die Deutschen würden zu einer Politik zurückkehren, bei der Krieg wieder ein politisches Machtmittel darstellen soll.

Der Einsatz militärischer Gewalt zur Durchsetzung politischer Ziele und wirtschaftlicher Interessen, d. h. außer zur reinen Selbstverteidigung (Art. 51 UN-Charta) wirft aber schwerwiegende politische, rechtliche, wirtschaftliche, ökologische und ethisch-moralische Fragen auf.

Konzeption, Struktur, Ausbildung (Naumann: Wir müssen kriegsnah ausbilden), Ausrüstung und der Geist der Bundeswehr müßten entscheidend geändert werden. Die bisherige »Geschäftsgrundlage« der Soldaten würde entfallen (ohne daß diese gefragt werden).

Mit dem Ende des Ost-West-Konflikts hat die Bundeswehr ihre Existenzgrundlage verloren. Seit dem Verlust ihres Feindes dümpelt die Bundeswehr wie ein führerloses Schiff auf den unruhigen Wellen der globalen Veränderungen. Unsicherheit und Streit unter der Führungsmannschaft darüber, wohin die Reise der deutschen Sicherheits- und Verteidigungspolitik gehen soll, beherrschen die Tagespolitik. In dieser Lage sucht die Bundeswehrführung einen neuen Auftrag für die deutschen Streitkräfte und in dessen Folge neue Legitimation.

Der Streit darüber, ob deutsche Soldaten in AWACS-Flugzeugen zur Durchsetzung eines Flugverbots für serbische Kampfflugzeuge über Bosnien vor einer Verfassungsänderung mitfliegen dürfen, hat fast zur Spaltung der Koalition geführt.

Warum sind führende Politiker der CDU und CSU bereit, ein so großes Risiko einzugehen? Die CDU/CSU will seit dem zweiten Golfkrieg eine völlige Befreiung des deutschen Militärs (Verteidigungsminister Rühe: »Entfesselung«) von der Beschränkung auf reine Verteidigung zur Abwehr einer militärischen Aggression. Waren es zunächst einige prominente Stimmen innerhalb der christlichen Parteien, die unter »Normalität« einer deutschen Militärrolle keineswegs nur den Einsatz deutscher Soldaten unter dem Dach der UNO verstanden, so wandelte sich diese Haltung spätestens seit dem Düsseldorfer Parteitag der CDU 1992 zur Parteilinie. »Europafähig« könne Deutschland nur werden, so der außenpolitische Sprecher der CDU/CSU, Karl Lamers, wenn Deutschland auch außerhalb des legalen Rahmens, das heißt ohne Auftrag und ohne Zustimmung der Vereinten Nationen, an europäischen Kampfeinsätzen teilnehmen könne. Hatte zunächst Bundeskanzler Kohl von einer *Verfassungsänderung* als Voraussetzung des Einsatzes deutscher Soldaten außerhalb der NATO gesprochen, so änderte sich in der Partei die Haltung zunehmend in Richtung auf eine bloße »ergänzende Klarstellung« oder »klarstellende Ergänzung«, was auf keinen Fall eine materielle Veränderung des Grundgesetztextes bedeuten sollte. Immer wieder wurde darauf hingewiesen, daß maßgebliche Verfassungsrechtler zu diesem Zeitpunkt schon jeden Einsatz der Bundeswehr im Rahmen der UNO für verfassungskonform hielten.

Die FDP hatte bereits im August 1992 durch einstimmigen Präsidiumsbeschluß klargestellt, daß sie eine materielle Verfassungsänderung anstrebe, die jeden Einsatz der Bundeswehr »unter dem Dach der VN« erlaubt. Damit ist gemeint, daß Bundeswehreinheiten entweder im Rahmen eines durch die Vereinten Nationen aufgestellten VN-Kommandos (gem. Art. 43 UN-Charta) verwendet werden könnten oder aber im Auftrag eines Sicherheitsratsbeschlusses, so wie es im zweiten Golfkrieg der Fall war. Im zweiten Fall wäre eine nationale Führung der Kampfeinsätze notwendig. Aus diesen beiden Positionen wurde nach dem Schock des Buttros Ghali-Besuches – Ghali hatte sehr entschieden den militärischen Einsatz der Bundesrepublik bei VN-Aktionen gefordert – im Januar 1993 in Bonn eine Gesetzesvorlage der Koalition zur Änderung des Artikel 24 GG (13. Januar 1993) entworfen. Diese Änderung umfaßt die bereits erwähnten Möglichkeiten des Einsatzes der Bundeswehr für sogenannte friedenserhaltende und friedenschaffende Maßnahmen im Rahmen der UNO. Es war gewissermaßen eine Überraschung: Jetzt ging es auch um die Möglichkeit, deutsche Soldaten im Rahmen sogenannter »Nothilfe« außerhalb von Verteidigung und ohne Auftrag oder Zustimmung der VN dann einzusetzen, wenn dies zur Unterstützung eines anderen Staates notwendig werden sollte. Ein solcher »Nothilfe-Einsatz« soll stets mit mindestens einem weiteren Partnerstaat erfolgen. Außerdem müßte die Zustimmung von zwei Dritteln der Abgeordneten des Deutschen Bundestages vorher gegeben sein.

Dieser Kompromiß innerhalb der Regierungskoalition war nur möglich geworden, weil die FDP ihre bisherige Haltung geändert hatte. Bisher hatte sie in der Öffentlichkeit die Meinung vertreten, daß jeder Einsatz deutscher Soldaten außerhalb des legalen Rahmens der UNO mit der UN-Charta nicht vereinbar sei.

Diese Gesetzesvorlage der Koalition hat allerdings auch einen positiven Effekt: CDU und CSU haben sich nun bereit erklärt, die Linie einer *materiellen* Ergänzung des Grundgesetzes zu verfolgen.

Die SPD, festgelegt auf einen Beschluß des Sonderparteitags vom Herbst 1992, befürwortet eine Änderung des Grundgesetzes, die Blauhelmeinsätze von Bundeswehrsoldaten möglich macht. Sie ist bereit, so weit zu gehen, auch die bewaffnete Abwehr von Angriffen auf humanitäre Missionen und Blauhelm-Einsätze von Bundeswehrsoldaten zu gestatten. Während die offzielle Parteilinie nach wie vor jeden Kampfeinsatz deutscher Soldaten ablehnt, haben führende SPD-Politiker wie der Parteivorsitzende Rudolf Scharping, der Fraktionsvorsitzende Ulrich Klose, Verheugen, Vogt und andere bereits weitergehende Positionen eingenommen. Sie sind inzwischen auf dem Wege, auch Kampfeinsätze im Rahmen eines UN-Kommandos zu tolerieren. Nur der Bundeswehreinsatz lediglich aufgrund eines Mandats des Weltsicherheitsrats soll auch künftig ausgeschlossen bleiben.

Warum erzeugen die Bundesregierung und in ihr besonders die Regierungspolitiker der CDU/CSU einen so massiven Druck, um endlich die Voraussetzungen zu schaffen, deutsche Soldaten an militärischen Kampfeinsätzen in aller Welt teilnehmen zu lassen? Deutschland mache sich lächerlich, Deutschland könne nicht nur immer Geld bezahlen, die Würde Deutschlands hänge am »Mitmachen«, so lauten die Parolen aus dem Regierungslager, um auch öffentlichen Druck in dieser Richtung zu erzeugen. Was steckt wohl hinter diesem fanatischen Eifer, Deutschland zu einer »normalen« Militärmacht zu machen?

Hier einige Punkte zum Verständnis der Zusammenhänge:

1. Der Auslöser für die Suche nach einer neuen Identität der Bundeswehr ist der Zusammenbruch des Warschauer Paktes und damit der bisherigen militärischen Bedrohung. Dies räumen Verteidigungsminister und Generalinspekteur freimütig ein. In den »Verteidigungspolitischen Richtlinien« vom 26. 11. 1992 heißt es unter Nr. 18: »Für Deutschland ist die existentielle Bedrohung des kalten Krieges irreversibel überwunden. Der bedrohlichste Fall einer groß angelegten Aggression ist höchst unwahrscheinlich geworden.«

Und weiter in Nr. 25: »Militärische Konflikte, die Deutschlands Existenz gefährden könnten, sind unwahrscheinlich geworden.«

Und in der Nr. 9: »Deutschland liegt nicht mehr in unmittelbarer Reichweite eines zur strategischen Offensive und Landnahme befähigten Staates ... Deutschland ist nicht länger Frontstaat. Statt dessen ist es heute ausschließlich von verbündeten und befreundeten Partnern umgeben.«

2. Der Existenzsicherung der Bundeswehr nach Verlust einer glaubhaften militärischen Bedrohung dient der Versuch, Streitkräfte als selbstverständlichen Ausdruck des Selbstbehauptungswillens eines freien und souveränen Volkes darzustellen. Streitkräfte habe nun einmal jeder Staat. Nur mit Streitkräften sei ein Staat politik- und bündnisfähig.

3. Eine weitere Argumentationslinie, der Bundeswehr neue Legitimation zu verschaffen, geht wie folgt: Nach dem Zusammenbruch des Ost-West-Konflikts und dem Ende des kalten Krieges ist die Welt eher unsicherer geworden. Neue Risiken, Krisen und Instabilitäten bedrohen die Sicherheit Westeuropas. Obwohl aus diesen neuen Sicherheitsgefährdungen in keiner Weise militärische Risiken für die Bundesrepublik Deutschland und ihre verbündeten Staaten erwachsen können, schüren Regierung und Bundeswehrführung eine dumpfe Angst vor den »neuen Gefahren« und erwecken so leichtfertig oder vorsätzlich den Eindruck, als ob die Bundeswehr gegen diese Gefahren etwas ausrichten könnte. Dabei kommt der Verteidigungsminister in den »Verteidigungspolitischen Richtlinien« selbst zu dem folgenden Schluß: »Nach Auf-

lösung der bipolaren Ordnungsstruktur gewinnen regionale Krisen und Konflikte und nichtmilitärische Risiken an Virulenz und Brisanz. Ihr Spektrum reicht von der innerstaatlichen Dimension sozialer, ethnischer, religiöser und ökonomischer Krisen über die regionale Dimension, die auch machtpolitische Faktoren, territoriale Ansprüche und Verteilungskämpfe umfaßt, bis hin zu globalen Dimensionen des Wohlstands- und Entwicklungsgefälles, sowie demokratischer, ökonomischer und ökologischer Fehlentwicklung. Diese Risiken sind aufgrund ihres Ursachencharakters nicht militärisch lösbar. Sie können auch nicht mit militärischen Potentialen ausbalanciert werden.« (VPR Nr. 18)
Dieses Textungetüm impliziert sämtliche denkbaren negativen Entwicklungen in dieser Welt.

4. Wenn also »Krisen« und »Konflikte« mit militärischer Gewalt nicht lösbar sind, wozu dann die Aufstellung der internationalen Eingreiftruppen und nationalen »Krisenreaktionskräfte«?

Offenbar steckt hinter diesen offenkundigen Widersprüchen die folgende Einsicht: Die Zerstörung weiter Teile dieses Globus mit der Vernichtung von Lebenschancen der dort lebenden Menschen geht beschleunigt weiter. Armutsflucht, Aufruhr und Widerstand gegen die örtlichen Potentaten und gegen die reichen Staaten werden immer gefährlicher. Nicht zur Lösung der Konflikte oder nicht zu ihrer Verhinderung, aber zur Eindämmung solcher krisenhaften Entwicklungen, die deutsche und europäische Sicherheitsinteressen stören könnten, ist militärische Gewalt geplant.

Frieden schaffen – Welchen Frieden?
Deutschland dürfe nicht im Abseits stehen, wenn es darum geht, den Frieden in der Welt zu bewahren oder wiederherzustellen. Und dafür müßten auch deutsche Soldaten militärische Gewalt anwenden dürfen. So die Bundesregierung.
Aber welcher Frieden ist eigentlich gemeint?
Freiheit von Not, Zwang, Unterdrückung und Zukunftsangst, wie wir Frieden für unser Volk verstehen?
Und: Frieden für wen?
Frieden für uns im Norden? Oder Frieden für andere, in deren Ländern Krieg für »Frieden« geführt wird?

Wir müssen uns doch fragen, was eigentlich den Frieden in dieser Welt stört, gefährdet oder gar beseitigt.

Sind es nicht Armut, Rechtlosigkeit, Gewalt, Zerstörung der Lebensgrundlagen, noch vor einer militärischen Aggression von außen?

Wie es scheint, soll wieder einmal im Namen eines hehren, abstrakten Zieles, nämlich »Frieden«, wie früher im Namen der Gerechtigkeit oder im Namen eines Gottes, militärische Gewalt erlaubt sein.

»Frieden« ist in der Geschichte der Menschen eines der am meisten strapazierten Wörter. Wenn im Zusammenhang mit der Beendigung von bewaffneten Konflikten von »Frieden schaffen« gesprochen wird, wird deutlich, daß unter »Frieden« nur die Beendigung von Gewalt gemeint ist.

Ohne auf den »Frieden in Freiheit«-Streit zwischen SPD und CDU in den 70er Jahren zurückkommen zu wollen, muß aber nach diesem »Frieden«, der mit Waffengewalt geschaffen werden soll, gefragt werden. Welcher Friede für wen? Da stellt sich sofort die Gewaltfrage. Gewalt existiert ja nicht nur in physischer, äußerer Gewalt, sondern auch in innerer und struktureller Gewalt. Würde bereits das Ende oder die Abwesenheit von physischer Gewalt zwischen Menschen als »Frieden« bezeichnet, wäre das zu wenig. Menschen können nämlich nicht in Frieden leben, wenn ihre berechtigten Bedürfnisse nicht »befriedigt« werden. Oder wenn sie nicht »zufrieden« sind mit ihrem Zustand, weil sie in ihren berechtigten Wünschen, Hoffnungen und Sehnsüchten unterdrückt, betrogen oder entrechtet sind. Die Reduzierung von Frieden auf eine Aufgabe für das Militär, die unselige Verbindung von Frieden mit Krieg als die scheinbare Alternative: diese Vorstellungen vom Frieden werden von den Regierenden gewollt, da sie bequem sind. Wenn »Frieden schaffen« eine militärische Aufgabe ist, gibt es eben Institutionen, die diese Aufgaben scheinbar bewältigen können: das Militär.

Wenn »Frieden schaffen« nichts mit der Schaffung bestimmter politischer, ökonomischer, ökologischer oder sozialer Voraussetzungen für das Leben von Menschen zu tun hat, ist »Frieden schaffen« eben eine scheinbar mühelose Arbeit. Politiker brauchen weder Ideen noch Konzepte, noch besondere materielle Mittel aufzuwenden zum »Frieden schaffen«. Und das Militär ist ja sowieso da.

Am Ende entpuppt sich die Formel vom »Frieden schaffen« als die Absicht, den eigenen Frieden wiederherzustellen, der durch häßliche Bilder von Gewalt und natürlich durch die Aussicht, in den eigenen Geschäften irgendwo in der Welt behindert zu werden, gestört wird.

»Friedenschaffen« mit militärischer Gewalt ist ein Widerspruch in sich.

Militärische Gewalt gegen Gewalt bewirkt bestenfalls die vorläufige, oberflächliche Beendigung von Gewaltanwendung.

Gegengewalt schafft aber noch keinen Frieden!

Die Ursachen der Probleme, die zu Gewaltanwendung geführt haben, werden nämlich nicht beseitigt.

Statt dessen gibt es zahllose Beweise, daß Gewalt gegen Gewalt immer wieder die Saat für neue Gewalt gelegt hat.

Mit dem Schlagwort der »gewachsenen deutschen Verantwortung« erleben wir gegenwärtig eine zynische, heuchlerische und gewaltbereite Bonner Politik. Diese Politik bereitet Deutschland auf eine Führerrolle in Europa für einen neuen Interventionismus vor, statt die Voraussetzungen für das friedliche Zusammenleben der Menschen in den benachteiligten Regionen mit den Menschen im Norden zu schaffen.

Während beim Rüstungsexport das »neue Deutschland« seit 1991 den dritten Platz der Weltrangliste einnimmt, ein Siebtel der Rüstungsgüter geht in Entwicklungsländer, sinkt die Entwicklungshilfe drastisch. Von 0,42 % 1990 über 0,35 % 1993 auf erwartete 0,27 % des Bruttosozialprodukts im Jahre 1996.

Statt ziviler Hilfe schicken wir deutsche Waffen.

Statt friedlicher Helfer schicken wir Soldaten in die Länder der sogenannten Dritten Welt.

Dies geschieht im Namen des »Friedens«, natürlich unseres Friedens.

Nicht nur die zivilen Bürgerinnen und Bürger, sondern insbesondere alle Soldaten müssen sich dieser gefährlichen, zynischen, verfassungswidrigen und systematisch völkerrechtswidrigen Gewaltpolitik verweigern.

Bevor daher überhaupt an die Aufstellung von Interventionsstreitkräften zum »Frieden schaffen« gedacht werden kann, muß die zentrale Frage beantwortet werden: Ist Waffengewalt, besonders unter den Bedingungen einer vernetzten und verwundbaren Welt, überhaupt ein taugliches Mittel zur »Vorbeugung, Eindämmung und Beendigung von Konflikten jeglicher Art« (Strategie-Papier der Bundeswehrführung) oder zur »Sicherung, Schaffung und Erhaltung des Friedens« (Wolfgang Schäuble)?

Falsche Fragen – falsche Antworten

In einer Situation der Neuorientierung deutscher Außen- und Sicherheitspolitik muß vermieden werden, daß falsche Fragen gestellt werden. Denn: Falsche Fragen führen auch zu falschen Antworten.

Da wird zum Beispiel gefragt:

1. Muß Deutschland nach Erlangung der vollen Souveränität und nach der Wiedervereinigung seine gewachsene Verantwortung gegenüber der Völkergemeinschaft nicht endlich voll wahrnehmen?

2. Können wir Deutschen uns weiterhin in einer Nische der Weltgeschichte verkriechen?

3. Können wir Deutschen unseren Freunden, die so lange für unseren Schutz in Europa eingetreten sind, die »Drecksarbeit« überlassen? Können wir sie immer wieder alleine die Kastanien aus dem Feuer holen lassen?

4. Sind wir Deutschen denn klüger oder moralischer? Soll wieder einmal – diesmal mit einem besonders hohen moralischen Anspruch – die Welt an deutschem Wesen genesen?

Mit diesen Suggestivfragen will man die zögernde Zurückhaltung der Deutschen überrumpeln. Die schnelle, aber falsche Schlußfolgerung, die damit unseren Menschen suggeriert wird, soll lauten: Deutschland muß an internationaler militärischer Gewaltanwendung teilnehmen.

Dabei wären die Fragen, die jetzt in unserem Volk diskutiert werden müssen, ganz andere:

1. Ist die »Weltunordnung« tatsächlich zu beenden, indem man verstärkt auf Gewalt setzt?

2. Lösen militärische Interventionen Konflikte? Verhindern sie die Entstehung neuer Konflikte?
3. Ist Krieg wirklich ein geeignetes Instrument der Politik im Sinne der VN-Charta, die ja auf Bewahrung und Wiederherstellung des Weltfriedens gerichtet ist?
4. Gibt es, wie die Regierung glauben machen möchte, wirklich keine gewaltlosen Mittel und Methoden zur Krisen- und Konflikteindämmung oder -vermeidung?
5. Welche Wirkungen und Folgen hätte das Ende der gewaltigen Aufrüstung der Krisenregionen durch die Industriestaaten?
6. Welche Folgen für künftige Krisen und Konflikte haben die weitere Umweltzerstörung und die Fortsetzung des ungerechten Weltwirtschaftssystems?
7. Können wir Deutschen mit unserer besonderen Erfahrung mit Krieg und Gewalt und unserer sich daraus ableitenden besonderen Verantwortung wirklich keinen (friedlichen) Beitrag zur Umgestaltung der »Weltordnung« leisten?

Am Ende einer gründlichen und leidenschaftlichen Erörterung dieser Fragen muß eine klare, durch eine breite Mehrheit der Deutschen getragene neue Außen- und Sicherheitspolitik stehen. Die Rolle der Bundeswehr kann dann erst daraus abgeleitet werden.

Deswegen ist es völlig verfrüht, heute über Auftrag, Umfang, Bewaffnung und künftige Organisationsgrundsätze der Streitkräfte zu entscheiden.

Die Bundesregierung geht aber genau den umgekehrten Weg. Die Bundeswehr wird heute umgestaltet, ohne ausreichende Lageanalyse, ohne Rechtsgrundlage und ohne gesellschaftliche Legitimation. Weil dieser Planung keine langfristige Konzeption zugrunde liegt, wird der Verteidigungshaushalt nicht planvoll abgebaut, sondern Opfer einer willkürlichen Sparpolitik.

Streit um eine Verfassungsänderung
Nach der Vorlage eines vom Parteipräsidium der FDP einstimmig gefaßten Entwurfs für eine Verfassungsänderung, die Bundeswehreinsätze »unter dem Dach der UNO« erlauben soll, und der aufgebrachten Reaktion aus der CDU darauf war noch einmal klar geworden:

Die CDU/CSU (Karl Lamers und Jürgen Rüttgers) lehnten von Anfang an eine solche »Beschränkung« ab. Die Bundeswehr müsse Kampfeinsätze künftig auch ohne UNO-Mandat, etwa im europäischen Rahmen (Stichwort »Europafähigkeit«), ausführen dürfen. Daß diese Forderung gegen das Völkerrecht verstößt, das gem. VN-Charta Art. 51 Militäreinsätze einzelner Staaten oder Bündnisse nur zur Abwehr eines militärischen Angriffs zuläßt, ließ die Herren kalt.

Eine Grundgesetzänderung als Voraussetzung für den Einsatz der Bundeswehr außer zur Verteidigung war stets nur eine zweitrangige formal-rechtliche Frage.

Die jetzige Fassung des Grundgesetzes Artikel 87a, wonach deutsche Streitkräfte außer zur Verteidigung nur soweit die Verfassung dies ausdrücklich erlaubt eingesetzt werden dürfen, entspricht voll und ganz der Charta der Vereinten Nationen und dem allgemeinen ethisch-moralischen Grundsatz, wonach Verteidigung allein im Sinne von *Selbstverteidigung* als naturgegebenes Recht gilt.

Darüber hinaus ist der Einsatz von Militär durch einzelne Staaten oder Staatengemeinschaften völkerrechtswidrig.

Oder anders formuliert: Jede Anwendung militärischer Gewalt ist nur legitimiert, wenn sie das *einzige* Mittel ist, um das natürliche Recht auf Leben und freie Selbstbestimmung der Menschen zu verteidigen.

Für die Bürgerinnen und Bürger der Bundesrepublik Deutschland werden diese Rechtsgüter dadurch geschützt, daß Aggression, d. h. militärische Gewalt gegen sie, abgewehrt und die Inbesitznahme des deutschen Staatsgebiets durch eine fremde Macht verhindert wird. Wir nennen das *Landesverteidigung*.

Mit ihrem Eid bzw. feierlichen Gelöbnis, »das Recht und die Freiheit des deutschen Volkes tapfer zu verteidigen«, haben sich die deutschen Soldaten hierzu verpflichtet.

Durch den Beitritt der Bundesrepublik zur NATO wurde diese Verpflichtung auf die Völker der Mitgliedstaaten dieses Verteidigungsbündnisses ausgedehnt.

Die wiederholte feierliche Erklärung der Staats- und Regierungschefs der NATO-Staaten, daß ihre Waffen niemals außer zur Verteidigung eingesetzt würden, ist ganz im Sinne des Prinzips der »Selbstverteidigung«.

Die NATO-Konzeption der »Vorneverteidigung« bei strikter Ablehnung von »Vorwärtsverteidigung«, d. h. »Verteidigung« durch rasche und tiefe Vorstöße in das Territorium des Angreifers, spiegelt die Beschränkung auf Selbstverteidigung im Falle eines Angriffs besonders deutlich wider.

Nicht der militärische Sieg über den Angreifer und nicht die Besetzung seines Staatsgebiets waren und sind das Ziel der gemeinsamen Verteidigung im Bündnis, sondern allein die Wiederherstellung der verletzten Integrität des NATO-Territoriums.

Es enstpricht auch dem Sinn von Selbstverteidigung als überstaatliche Notwehr, daß Gegengewalt nur so lange ausgeübt werden darf, wie der rechtswidrige Angriff andauert.

Das Gebot der Verhältnismäßigkeit der Mittel, d. h. das Verbot der Überreaktion zur Abwehr eines Angriffs, gilt für die Einzelperson ebenso wie für den Staat oder eine Staatengemeinschaft.

Ein Beispiel für eine solche Überreaktion: Die über 100 000 Luftangriffe im Golfkrieg auf militärische und zivile Objekte im Irak und in Kuwait lagen weit jenseits dessen, was als legitime Zwangsmaßnahmen zur Befreiung Kuwaits hätte verstanden werden können: diese Angriffe waren unverhältnismäßig, soweit sie nicht ohnehin völkerrechtswidrig waren.

In der Bundesrepublik Deutschland wird die allgemeine *Wehrpflicht* als legitimes Kind der – wehrhaften – Demokratie verstanden.

Eine Verpflichtung zum »*allgemeinen Kriegsdienst*«, d. h. eine Pflicht, dem Staat für jeden beliebigen Militäreinsatz zur Verfügung zu stehen, besteht bei uns nicht.

Daran ändert auch der Begriff des »Kriegsdienstes mit der Waffe« nichts, wie er im Artikel 12a des Grundgesetzes gebraucht wird, und den aus Gewissensgründen zu verweigern jeder Bürger das Recht hat.

Nun wird von den Regierungsparteien behauptet, die derzeitige Ermächtigung des Grundgesetzes für den Einsatz deutscher Soldaten reiche nicht mehr aus.

Die seit der Wiedervereinigung größere weltpolitische Verantwortung der Deutschen verlange, daß sich die Bundesrepublik künftig auch außerhalb der NATO militärisch engagiert.

Dies werde von den Bündnispartnern auch immer nachdrücklicher gefordert.

Die Verfassung müsse deshalb in diesem Punkt entsprechend geändert werden.

Die Vertreter dieses Standpunktes tun so, als ob eine Änderung des Wortlauts des Grundgesetzes lediglich eine gesetzestechnische Frage wäre.

In Wahrheit betrifft diese Absicht den Kern der Sicherheitspolitik der Bundesrepublik Deutschland. Das Aufgeben der Beschränkung deutscher Streitkräfte auf reine Selbstverteidigung wäre der tiefste Einschnitt in der Geschichte der Bundesrepublik Deutschland.

Oder anders ausgedrückt: Wer eine Änderung des Art. 87a Grundgesetz fordert, rückt vom ursprünglichen Geist der Verfassung ab. Er will, daß die Bundeswehr künftig auch anders als zur reinen Selbstverteidigung eingesetzt werden kann.

Wer die Notwendigkeit einer Verfassungsänderung mit der Absicht begründet, die Beteiligung deutscher Soldaten an einem Militärkommando der Vereinten Nationen (VN) zu erlauben, ignoriert, daß dies gemäß den Artikeln 24 und 25 GG längst möglich wäre.

Durch Beitritt zu den VN hat sich die Bundesrepublik u. a. verpflichtet, »zur Wahrung des Friedens und der internationalen Sicherheit dadurch beizutragen, daß sie nach Maßgabe eines oder mehrerer Sonderabkommen dem Sicherheitsrat auf sein Ersuchen Streitkräfte zur Verfügung« stellt (Art. 43 VN-Charta).

Nach Artikel 25 GG ist die Charta der VN geltendes deutsches Recht. Allerdings rangiert dieses Recht auf der Ebene allgemeiner Gesetze. Es geht nicht dem Verfassungsrecht vor. Deshalb kann Art. 87a GG von der Verpflichtung nach Art. 43 VN-Charta gar nicht berührt werden.

Wenn also entsprechende Sonderabkommen zwischen den VN und der Bundesrepublik Deutschland abgeschlossen worden wären, könnten deutsche Soldaten schon heute an Operationen eines VN-Militärkommandos teilnehmen, allerdings *ausschließlich* im Rahmen der *kollektiven Selbstverteidigung*. Die Teilnahme der Bundeswehr an militärischen Zwangsmaßnahmen wäre nicht erlaubt, allerdings auch nicht ihr Einsatz im Rahmen sogenannter *Blauhelmmissionen* und *humanitärer Aktionen*.

Nur gibt es solche Sonderabkommen, in dem Zahl und Art der Streitkräfte sowie ihr allgemeiner Standort vereinbart wurden (Art. 43 Abs. 2 VN-Charta), noch nicht, und zwar mit keinem Mitgliedstaat. Nicht einmal Verhandlungen darüber sind aufgenommen worden. Aus diesen Gründen bleibt dieser Anspruch der VN gegenüber der Bundesrepublik reine Theorie.

Was ist nun eigentlich Verteidigung?
Zwar wird immer wieder von der Regierung nahestehenden Staatsrechtlern versucht, den Begriff der »Verteidigung« aufzubohren. Sie behaupten z. B., unter Verteidigung müsse man auch die »Verteidigung von Interessen« verstehen.
Dagegen steht allerdings die Charta der Vereinten Nationen, die Staaten »*im Falle eines bewaffneten Angriffs*« nur das »naturgegebene Recht zur individuellen oder kollektiven Selbstverteidigung« zugesteht (Art. 51 VN-Charta).
D. h. Verteidigung setzt immer den örtlichen und zeitlichen Zusammenhang mit einem »bewaffneten Angriff« voraus.
Die Militäraktion nationaler Streitkräfte gegen den Irak im Auftrag der VN war keine Verteidigung. Folglich hätten Bundeswehreinheiten selbst in einem VN-Kommando nicht daran teilnehmen dürfen.
Wenn die Absicht der Bundesregierung Verfassungsrecht würde, hieße das im Klartext:
Deutsche Soldaten könnten dann unter dem Kommando eines deutschen Befehlshabers auf Weisung der Regierung zu jedem beliebigen Militäreinsatz allein oder gemeinsam mit Streitkräften anderer Staaten überall in der Welt befohlen werden.
Damit würde die Verpflichtungsgrundlage für das Soldatsein in Deutschland einschneidend geändert. Wenn es künftig beim Einsatz von Streitkräften nicht mehr nur um Landesverteidigung ginge, bei der alle Bürgerinnen und Bürger von den Kriegswirkungen gleichermaßen betroffen wären, befänden sich Soldaten und Wehrpflichtige in einer ganz neuen Lage. Sie könnten künftig irgendwohin geschickt werden, um für irgendwelche Ziele zu töten und zu sterben. Unter den Bedingungen der reinen Selbstverteidigung im Sinne überstaatlicher Notwehr, d. h. Verteidigung des eigenen Lebens und des Lebens der nahestehenden Menschen,

war es für viele Deutsche noch möglich, mit ihrer Gewissensnot des »Du-sollst-nicht-töten« fertig zu werden. Aber werden sie mit ihrem Gewissen noch vereinbaren können, künftig für die Durchsetzung anderer Ziele oder von Wirtschaftsinteressen zu töten? Mit ihrer strengen Beschränkung auf Selbstverteidigung hat die Bundesrepublik Deutschland die modernste, d. h. gemessen an moralischen und rechtlichen Ansprüchen, fortschrittlichste Wehrverfassung in der Welt. Soll das nun anders werden?

Sogenannte Friedensmissionen (»Blauhelmaktionen«), z. B. Beobachtungseinsätze zur Überwachung der Einhaltung von Vereinbarungen zwischen Streitparteien mit deren Zustimmung, an denen auch nach dem Willen der Sozialdemokraten deutsche Soldaten teilnehmen sollten, sind in der VN-Charta überhaupt nicht vorgesehen.

Deutsche Staatsrechtler streiten, ob die gegenwärtige Verfassungslage eine Beteiligung deutscher Soldaten an solchen Missionen zuläßt.

Dabei ist völlig klar: Nach dem Wortlaut der Verfassung ist ein solcher Bundeswehreinsatz ebenso unzulässig wie ihr Einsatz für humanitäre Zwecke – so unbefriedigend das erscheinen mag.

Damit aber die Praxis des permanenten Verfassungsbruchs der Regierung aufhört, wäre eine Änderung des Grundgesetzes in diesem engen Einsatzspektrum, das wohl in der Bevölkerung mehrheitlich gebilligt wird, notwendig.

Die zentrale politische Fragestellung einer Verfassungsänderung mit dem Ziel einer Ausweitung des Auftrags der Bundeswehr ist eine ganz andere:

Sollen oder *wollen* wir Deutschen solche Aufgaben im Rahmen der VN übernehmen?

Die Möglichkeit der Bildung eines VN-Militärkommandos ist nach den negativen Erfahrungen in Korea und im früheren Kongo inzwischen auch in Somalia und Ruanda-Burundi, in absehbarer Zeit höchst unwahrscheinlich.

Und ob die Völkergemeinschaft künftig Friedensmissionen ohne deutsche Beteiligung nicht mehr organisieren kann, ist ebenfalls äußerst fraglich. Kleinere Staaten, die nicht so leicht in Interessenkonflikte kommen wie militärische oder wirtschaftliche Großmächte, erfüllen die »Blauhelmmissionen« gut und gern (die VN finanzieren den Einsatz und tragen dadurch zum Unterhalt nationaler Streitkräfte bei).

Bei dieser Lage, die natürlich die Befürworter einer Ausweitung des Auftrags der Bundeswehr kennen, ist offenkundig, daß der mögliche VN-Einsatz deutscher Soldaten gar nicht das wahre Ziel einer Grundgesetzänderung ist.

Deutsches Militär, so der frühere Generalinspekteur Admiral Dieter Wellershoff, müsse endlich »normal« werden. Es solle »möglichst wenige Unterschiede« zu den Streitkräften der westlichen Freundesnationen aufweisen (Volker Rühe, noch als Generalsekretär der CDU).

Kurz: Die Bundeswehr soll künftig außerhalb der NATO, außerhalb der Vereinten Nationen und außerhalb anderer »kollektiver Sicherheitsysteme« eingesetzt werden können. Ganz so, wie die amerikanischen, britischen und französischen Soldaten.

Das setzt natürlich voraus, daß deutsche Militärverbände unter deutschem Kommando weltweit operieren dürfen.

Mit solch einer »Normalität« würde die Bundeswehr aber ein fatales Erbe antreten. Es wäre das Anknüpfen an die Wehrmacht des Dritten Reichs, gegen die sich die Bundeswehr innerlich und äußerlich abgrenzen wollte.

Auch die Hitler-Wehrmacht war in ihrer Operationsfreiheit unbeschränkt.

Die kleineren Nachbarn der Bundesrepublik, die in Erinnerung daran, daß die Deutschen vor gar nicht so langer Zeit von ihr Gebrauch machten, die Bundeswehr für alle Zukunft in der »Obhut« der NATO sehen wollten, werden bald – zu Recht – unruhig werden.

Ihnen kann natürlich nicht verborgen bleiben, daß die Bundeswehr bereits einen großen mobilen Eingreifverband unter deutschem Kommando aufbaut, dessen weltweiter Einsatz von einem neugegründeten deutschen Generalstab geplant und gesteuert wird.

Wollen die Menschen in unserem Land wirklich mehrheitlich einen solchen Rückfall in die schlimmsten Zeiten des deutschen Nationalismus? Soll am Ende der Ost-West-Konfrontation deutscher Militarismus wiedererstehen, der an den düsteren Abschnitt deutscher Geschichte anschließt?

Nichts anderes würde nämlich diese Trendwende in der deutschen Nachkriegspolitik bedeuten, die im rechts-konservativen Lager immer unverhohlener verlangt wird.

Offenbar darf nach der Vereinigung der beiden deutschen Staaten und der Wiedererlangung der vollen Souveränität nun die Biedermann-Maske des geläuterten Deutschen abgelegt werden.

Im »aufrechten Gang«, so Rühe, sollen sich die Deutschen üben.

Das Friedensgebot des Artikels 26 GG, wonach »Handlungen, die geeignet sind und in der Absicht vorgenommen werden, das friedliche Zusammenleben der Völker zu stören«, verfassungswidrig sind, wird von immer mehr »Realpolitikern« als Klotz am Bein empfunden. Die Sonntagssprüche »Von deutschem Boden soll nie wieder Krieg ausgehen« und »Keine unserer Waffen wird jemals eingesetzt außer zur Verteidigung« gelten nun schon als Geschwätz von gestern.

Die christlich-liberale Regierung und ihre uniformierten Parteigänger wollen nicht länger als Drückeberger und Schlappschwänze dastehen. Sie wollen mitmischen, wenn die befreundeten Regierungen irgendwo in der Welt Soldaten für angebliches Recht und Moral kämpfen und sterben lassen.

Dafür und für nichts anderes wird die Verfassungsänderung gebraucht.

Als das Zustandekommen einer ausreichenden parlamentarischen Mehrheit für die Änderung des Grundgesetzes fraglich erschien, plante man einen verschleierten Verfassungsbruch, indem sich immer mehr Unionspolitiker für eine »Neuinterpretation« einsetzten. Nichts anderes als Bruch der Verfassung war nämlich die Aufforderung an die Regierungskoalition, an der widerborstigen SPD vorbei das Grundgesetz in diesem Punkt einfach »neu zu interpretieren« (CSU-Generalsekretär Erwin Huber) oder die »Verfassungspraxis zu ändern« (CDU-Abgeordneter und Mitglied des Verteidigungsausschusses des Deutschen Bundestages, Friedbert Pflüger).

Der Wille, deutsche Soldaten im Kampfeinsatz bald an allen Fronten des Globus zu sehen, ist im Regierungslager so stark, daß mit jeder Form der Manipulation gerechnet werden muß.

Dagegen müssen sich die Bürgerinnen und Bürger wehren, insbesondere die Soldaten und Reservisten der Bundeswehr.

Als Soldat Menschenleben gegen eine brutale militärische Aggression zu verteidigen, konnten viele Bürger mit ihrem Gewissen vereinbaren.

Aber für Wirtschaftsinteressen zu kämpfen?

Für die angebliche Durchsetzung von Recht? Welches und wessen Recht eigentlich, wo Recht vom Stärkeren beliebig interpretiert und das Recht auf Leben für die Mehrheit der Erdbevölkerung mit Füßen getreten wird?

Die Beteiligung an militärischer Intervention, bei der der Bruch von Menschen- und Völkerrecht wegen der Wirkung moderner Waffen auf Unschuldige und Natur (wie im Golfkrieg) unvermeidlich ist, berührt sehr ernste ethisch-moralische und rechtliche Grundsatzentscheidungen jedes einzelnen. Es zeugt von menschlicher und politischer Reife, wenn junge Bürger sich dem möglichen Mißbrauch für militärische Abenteuer ihres Staates vorbeugend entziehen.

Der Begriff »Kriegsdienstverweigerung«, bisher durch das freundlichere Wort »Wehrdienstverweigerung« verdrängt, erhält möglicherweise bald seinen eigentlichen Wortsinn zurück.

Die Deutschen tun gut daran, aufgrund ihrer besonderen Verpflichtung gegenüber den Staaten, denen deutscher Militarismus unbeschreibliches Leid zugefügt hat, auch künftig äußerst zurückhaltend zu sein, wenn es um den Gebrauch militärischer Gewalt geht.

Bevor die Deutschen also das »Schwert« der VN (ohnehin nur theoretisch) stärken, müssen sie die Entwicklung der friedlichen Mittel der Völkergemeinschaft »zur Wahrung des Weltfriedens und der internationalen Sicherheit« vorantreiben. Dort können sie ihrer größeren weltpolitischen Verantwortung gerecht werden.

Die Konfrontation der beiden Militärblöcke hat die Handlungsfähigkeit der VN vier Jahrzehnte lang blockiert.

Viele Ansätze der VN, das friedliche Zusammenleben der Völker vorbeugend zu sichern, sind reine Theorie geblieben.

Die Deutschen können nun ihr größeres politisches Gewicht und ihre Wirtschaftskraft nutzen, die VN wirklich handlungsfähig zu machen.

Dazu sind aber mutige politisch-diplomatische Vorstöße und Initiativen nötig.

Solange die politischen und diplomatischen Mittel zur Prävention und zur gewaltfreien Beilegung von Konflikten durch unseren eigenen Staat und die Vereinten Nationen nicht ausgeschöpft sind, ist gar nicht daran zu denken, deutsche Soldaten für eine VN-Truppe abzustellen.

Die SPD und die VN-Verpflichtungen

Immer wieder wird von einzelnen SPD-Spitzenpolitikern der Beschluß des Bremer Parteitags in Frage gestellt, der mit einer Befürwortung der Beteiligung deutscher Soldaten an soge-nannten Blauhelm-, also »friedensbewahrenden« Einsätzen als Brandmauer gegen jede weitergehende Einsatzmöglichkeit ge-dacht war.

Nicht das Überdenken von Positionen ist zu kritisieren, auch nicht das Werben für Mehrheiten innerhalb der Partei für einen anderen Weg, sondern das wiederholte öffentliche Desavouieren des gülti-gen Parteitagsbeschlusses.

Mit ihrer Einschätzung, daß die Beschränkung der Bundeswehr-einsätze im Rahmen der Vereinten Nationen auf reine friedens-erhaltende Einsätze einem »Teilaustritt aus den VN« gleichkäme, hat die Partei- und Fraktionsspitze sich selbst eine tückische Falle gestellt.

Bei genauem Hinsehen erhält die UN-Charta in Kapitel VII (Art. 43) keinerlei *konkrete* Verpflichtung für die Mitgliedstaaten. Beim Beitritt eines Staates zu den Vereinten Nationen wird nicht verlangt, daß er seine Verfassung ändert.

Die Bundesrepublik Deutschland, die als Ausdruck einer konse-quenten aktiven Friedenspolitik mit friedlichen Mitteln den Ein-satz der neu geschaffenen Bundeswehr ganz bewußt auf reine »Selbstverteidigung« festgeschrieben hat, ist mit *diesem* Grundsatz in die VN eingetreten.

Im übrigen muß die allgemein formulierte Verpflichtung der UN-Charta bezüglich der Stellung von Streitkräften oder anderer Dienstleistungen erst durch Sonderabkommen konkret ausgefüllt werden.

Das bedeutet u. a., daß VN-Mitgliedstaaten, die entweder über-haupt keine Streitkräfte besitzen oder keine Streitkräfte, die zu Kampfeinsätzen geeignet wären, konkret andere Formen des Beistands aushandeln würden als die Stellung von Kampftruppen, um ihre Verpflichtung zu erfüllen.

Auch der Hinweis im letzten Abschnitt dieses Artikels 43, daß die Sonderabkommen nach Maßgabe der Verfassung ratifiziert werden, darf so verstanden werden, daß selbstverständlich jeder Staat nur das leisten kann, was seine eigene Verfassung erlaubt.

Und die Deutschen haben nun einmal jedem anderen militärischen Gebrauch von Streitkräften als dem der reinen Selbstverteidigung abgeschworen.

Fazit:

1. Es gibt *keine* deutsche Verpflichtung gegenüber den VN, andere als nach der Verfassung mögliche Leistungen zu erbringen, also etwa deutsche Soldaten zur VN-Kriegsführung zu stellen.

2. Die Überlegung der SPD-Führung, einerseits alle Einsätze der Bundeswehr einschließlich der Kampfeinsätze im Rahmen eines UN-Kommandos *verfassungsrechtlich* möglich zu machen, aber *politisch* blockieren zu können, etwa indem die Einzelfallentscheidung von der Zustimmung von zwei Dritteln der Abgeordneten des Deutschen Bundestages abhängig gemacht wird, ist eine Rechnung, die nicht aufgehen muß.

Bei der derzeitigen politischen Konstellation wäre ein Abblokken von Kampfeinsätzen durch die Opposition auf diese Weise zwar möglich. Aber es ist nicht garantiert, daß eine solche Konstellation für alle Zukunft besteht.

Gerade in schwierigen politischen Zeiten, unter den Bedingungen aufgeheizter Emotionen, starkem öffentlichen Druck auf das Parlament, könnte die Bereitschaft der Abgeordneten des Deutschen Bundestages, militärischer Gewaltanwendung zuzustimmen, groß genug sein.

Es wäre gefährlich, diese Doppelstrategie zu verfolgen. Auch die Hoffnung, daß es zur Aufstellung eines UN-Kommandos zur Anwendung militärischer Gewalt schon deshalb so bald nicht kommen werde, weil die Vereinigten Staaten keine US-Soldaten unter ein fremdes Kommando stellen, könnte sich sehr bald als trügerisch erweisen.

3. Die wiederholte Behauptung von hohen Militärs und Politikern, die Trennung zwischen sogenannten friedensbewahrenden Blauhelmeinsätzen und militärischen Zwangsmaßnahmen

der VN, also Kampfeinsätzen, sei in der Praxis überhaupt nicht mehr möglich, ist ein arges Armutszeugnis.

Erstens wird jede VN-Mission durch die Vereinten Nationen nach Ziel und Inhalt beschlossen. Dazu wird eindeutig erklärt, ob es sich um eine Mission im Rahmen des Kapitels VI, also friedliche Maßnahmen zur Wiederherstellung oder Bewahrung des Friedens, oder im Rahmen des Kapitels VII (Zwangsmaßnahmen) handelt.

Wer sagt, im Verlaufe einer sogenannten friedenerhaltenden Mission könne nicht ausgeschlossen werden, daß daraus ein Krieg im Einsatzgebiet entsteht, traut sich offenbar selbst nicht zu, eine Mission dann für gescheitert zu erklären und sie zu beenden, wenn das Ziel, nämlich durch Einsatz von friedlichen Mitteln friedensstiftend zu wirken, nicht mehr erreicht werden kann. Im übrigen verstößt es gegen alle Grundsätze militärischer Führung, sich durch eine unvorhergesehene Lageentwicklung automatisch in etwas hineinziehen zu lassen, was nicht der eigenen politischen und militärischen Zielsetzung entspricht.

Die große Mehrheit der Parteimitglieder und die Menschen in Deutschland werden es den Sozialdemokraten danken, wenn sie das Prinzip der *Nur-Verteidigung* als Einsatzmöglichkeit deutscher Soldaten verteidigen.

Weder die friedliche Entwicklung der Welt noch das Ansehen der Deutschen wird davon abhängen, daß ein paar deutsche Soldaten möglicherweise irgendwann in einem VN-Krieg mitkämpfen. Statt dessen wäre das praktische deutsche Engagement für die Beseitigung der Konfliktursachen, die ökologische Umgestaltung der Weltwirtschaft und die Überwindung der Nord-Süd-Kluft wirklich eine herausragende weltpolitische Leistung.

Was heute in Wirklichkeit auf dem Spiel steht, ist *die* historische Weichenstellung für unser Volk: Entweder halten wir an der bereits über vierzigjährigen Tradition des neuen Deuschland fest, Streitkräfte nur noch zur Selbstverteidigung zu besitzen, oder wir gestatten es, deutsche Soldaten wieder in einen offensiven Krieg ziehen zu lassen.

Wenige Monate vor der Bundestagswahl 1994 zieht die SPD mit einem offiziellen Programm in den Wahlkampf, wonach jede Form der Beteiligung Deutscher an Kriegführung, in welchem Zusammenhang auch immer, ausgeschlossen wird.

Gleichzeitig werden der Parteivorsitzende Rudolf Scharping und der Fraktionsvorsitzende Ulrich Klose nicht müde, diese Position des Wiesbadener Parteitags von 1994 zu zerreden und auszuhöhlen.

Soldaten sind der Verfassung
und dem Soldatengesetz verpflichtet

»Wer verhungert, kann nicht aufs deutsche Verfassungsgericht warten«, so Rühe zur Rechtfertigung des strittigen Somalia-Einsatzes der Bundeswehr 1993.

Als ob es zu diesem politischen »Schuß aus der Hüfte« keine vernünftige, politisch und rechtlich abgesicherte Alternative gegeben hätte.

Nach der Quasi-Blauhelmmission von Sanitätssoldaten in Kambodscha und der vor dem Verfassungsgericht angefochtenen Beteiligung der Bundesmarine an der Adria-Überwachung ließ die Bundesregierung den Streit mutwillig weiter eskalieren.

Mit dem überraschenden Koalitionskompromiß für eine Verfassungsänderung im Januar 1993, der – oberflächlich betrachtet – die fundamentalen Unterschiede zwischen CDU/CSU und FDP in dieser Frage überbrückte, war die Zustimmungs-Latte für die SPD so hoch gelegt worden, daß eine Zweidrittelmehrheit des Deutschen Bundestages für die nun angeblich angestrebte Ergänzung des Artikel 24 Grundgesetz in unerreichbare Ferne gerückt war.

Offenbar hat der Schock der Ghali-Visite in Bonn Regierung und Koalition eher verwirrt: Der Regierungsentwurf für eine Verfassungsergänzung ist nämlich unklar, mißverständlich, widersprüchlich und – in seinem letzten Teil – völkerrechtswidrig.

Jetzt ist für Soldaten noch klarer als vorher, daß die bisherige Argumentation von Teilen der Regierung, die Verfassung erlaube nach verbreiteter Meinung ja bereits heute solche Bundeswehreinsätze, völlig irrelevant ist.

Deshalb gilt für Soldaten unverändert die bisherige Rechtsauffassung:

Die Bundeswehr darf außer zur Verteidigung der Bundesrepublik Deutschland und der Staatsgebiete der Bündnisstaaten der NATO und der WEU gegen einen bewaffneten Angriff nur im Rahmen der Notstandsgesetze, d. h. im Inneren der Republik eingesetzt werden, weil das Grundgesetz auch diesen Einsatz »ausdrücklich zuläßt« (Art. 87a GG). Der Artikel 24 GG, wonach sich die Bundesrepublik einem System kollektiver Sicherheit einordnen darf, enthält keinen »ausdrücklichen« weiteren »zulässigen« Einsatz der Bundeswehr. Aber: auch Beteiligung an »Verteidigung« wäre deutschen Soldaten im Rahmen der UNO erlaubt, wie in der NATO – schließlich ist Art. 51 der VN-Charta die Grundlage für den NATO-Vertrag –, mehr aber nicht.

Für die rechtmäßige Verwendung deutscher Streitkräfte kommt es – solange im Grundgesetz keine weitere Einsatzmöglichkeit »ausdrücklich« niedergelegt wird – entscheidend auf die beiden Begriffe »*Verteidigung*« und »*Einsatz*« an:

»Verteidigung« ist durch die Charta der Vereinten Nationen auf den Begriffsinhalt der *»Selbstverteidigung«* festgelegt, weil Mitgliedstaaten gem. Art. 51 nur im Falle eines *bewaffneten Angriffs* einzeln oder kollektiv die Anwendung militärischer Gewalt zugestanden wird. »Verteidigung« setzt also stets einen bewaffneten Angriff voraus. »*Einsatz*« von Streitkräften ist die bestimmungsgemäße Verwendung von Militär, das heißt die Durchführung eines militärischen Auftrags. Dieser muß nicht bewaffnet sein.

Da humanitäre Hilfeleistung nicht zum originären Auftragsspektrum der Bundeswehr gehört, wurde bisher mit eigenem Recht – über die Parteigrenze hinweg – davon ausgegangen, daß zu humanitärer Hilfe abgestellte Soldaten der Bundeswehr keinen militärischen »Einsatz« leisten. Somit sind humanitäre Hilfsaktionen durch Bundeswehrsoldaten – eine Art Amtshilfe für andere Organisationen – von Art. 87a gar nicht berührt und damit auch nicht ausdrücklich untersagt. Dagegen handelt es sich aber bei dem *Einsatz* der deutschen Sanitätstruppe in Kambodscha und von Schiffen und Flugzeugen der Bundesmarine zur Überwachung der Einhaltung der Sanktionen gegen Staaten des ehemaligen Jugoslawien im Mittelmeer um klassische *militärische Einsätze*.

Der Einsatz von Nachschub-, Pionier- und Infanterieeinheiten zur Ausübung ihres normalen militärischen Auftrags in Somalia war ebenfalls ein *militärischer Einsatz*.

Dieser »Einsatz«, da nicht zur »Verteidigung«, war durch das geltende Verfassungsrecht *nicht* gedeckt.

Minister Rühe hat mit dem Befehl für den Somalia-Einsatz vor der Ergänzung des Grundgesetzes eindeutig die Verfassung gebrochen und folglich seine Amtspflichten verletzt. Ein Vorgesetzter, vom General bis zum jüngsten Unteroffizier, darf Befehle *nur unter Beachtung* der Regeln des Völkerrechts, *der Gesetze* und der Dienstvorschriften erteilen (§ 10 Soldatengesetz).

Befehle für den *Einsatz* deutscher Soldaten in Somalia waren verfassungs- und daher rechtswidrig.

Ein Soldat, der nur Befehle ausführt, nicht aber selbst Befehle erteilt, muß auch einen offensichtlich verfassungswidrigen Befehl ausführen, wenn dieser weder ein Verbrechen oder Vergehen darstellt, noch gegen die Menschenwürde verstößt (§ 11 SG). (Diesen Umstand hatte ich in meinem offenen Brief an Minister Volker Rühe – vgl. Anlage – falsch dargestellt.) Allerdings ist jeder Soldat für sein Verhalten persönlich verantwortlich. Insofern wäre es den Soldaten geboten gewesen, einen solch offensichtlich rechtswidrigen Befehl – trotz Strafandrohung – nicht auszuführen. Den »bedingungslosen Gehorsam« wollte das demokratische Deutschland nicht mehr. Schon mehrfach haben sich deutsche Soldaten, die rechtswidrige oder verbrecherische Befehle weitergegeben oder ausgeführt hatten, vor Gericht auf »Befehlsnotstand« berufen wollen. Dieser wurde ihnen aber häufig nicht zugebilligt.

Warum weigert sich die Regierung eigentlich, einen Änderungsvorschlag zu machen, der einerseits den Somalia-Einsatz und »Blauhelmeinsätze« jeglicher Art legalisiert, andererseits von der SPD akzeptiert werden könnte?

Die Antwort: Die CDU will (gem. Beschluß des Parteitags in Düsseldorf) künftig deutsche Kampfeinsätze auch *ohne* Auftrag und *ohne* Zustimmung der Vereinten Nationen befehlen können. Dafür hat sie den Verwirrbegriff »Nothilfe« erfunden.

Weil die CDU/CSU diese völkerrechtswidrige Zielsetzung aber mit der SPD nicht durchsetzen kann, ziehen Rühe und Co. – nach der Androhung des offenen Verfassungsbruchs durch ein »Entsendegesetz« – den Weg des schleichenden Verfassungsbruchs durch das Schaffen von (rechtswidrigen) Tatsachen vor.

Deshalb wurden deutsche Soldaten ohne rechtliche Basis und infolgedessen ohne gesetzlich abgesicherte Versorgung, auch ihrer Familien, in Militärabenteuer geschickt.

Rüstungsexport – zwischen Markt und Moral

Seit dem Ende des Zweiten Weltkrieges hat die Sicherheitspolitik der Machtpolitiker und Experten mit und ohne Generalsuniform in Ost und West die Welt in einen ungezügelten Rüstungszustand gestürzt.

Während bis zum Ende des Kalten Krieges Jahr für Jahr zuletzt etwa 1000 Milliarden Dollar für Rüstung und Militär verschleudert wurden, explodierten die sozialen und wirtschaftlichen Sprengsätze von Not und Elend in den ausgebeuteten und vergessenen Teilen der Welt, erstickten Flüsse, Meere und Landschaften im Wohlstandsmüll des reichen Nordens, wurde die Atemluft vergiftet und die Erde zunehmend unbewohnbar gemacht.

Jetzt müssen Bürgerinnen und Bürger ihren natürlichen Anspruch auf ein menschenwürdiges Leben selbstbewußt und nachdrücklich gegen den menschenverachtenden Machtpoker ihrer Regierungen setzen.

Die Zeit des gegenseitigen Aufrechnens militärischer Stärke, des Feilschens um Panzer, Flugzeuge, Schiffe und Granaten, kurz, die Zeit der Rüstungs- und Abrüstungsexperten muß endgültig vorbei sein, auch die der verhinderten Feldherren in der Friedensbewegung, die Panzer, Raketen und Granaten kaum weniger liebevoll zählten als die echten Generäle.

Nicht Umgestaltung oder Neuorientierung der Militärbündnisse und Streitkräfte, nicht neue Feindbilder, nicht neue Aufgaben für das Militär sind das Gebot der Stunde, sondern eine möglichst rasche Demilitarisierung unserer Welt.

Die drittgrößte Rüstungsexport-Macht Deutschland will – wie Verteidigungs-Staatssekretär Bernd Wilz 1993 mitteilte – die Lieferung von Waffen an außereuropäische Länder weiter steigern. Die USA haben im Wahljahr 1992 ihren Rüstungsexport an 142, davon 59 diktatorisch regierte Länder drastisch gesteigert. Er sollte in den folgenden Jahren um weitere 10 % ausgeweitet werden.

Die Weltgemeinschaft wird künftig daran gemessen werden, wie sie einen einheitlichen Maßstab für Recht und Moral durchsetzt und wie sie ihre Ziele, »den Weltfrieden und die internationale Sicherheit zu wahren ...«, mit friedlichen Mitteln erreicht.

Die Entstehung der letzten großen Krise im Mittleren Osten, die in den Golfkrieg mit seinen katastrophalen Folgen mündete, demonstriert geradezu beispielhaft, wie blanke Machtpolitik, erst zur Eindämmung des Einflusses des militärischen Gegenspielers, dann zur Sicherung der eigenen Wirtschaftsinteressen, sämtliche Regeln von politischer Moral überwältigt.

Es ist die ironische Kehrseite dieser Politik, daß sie letztlich den eigenen Interessen schadet.

Die Überflutung der Welt mit Kriegswaffen und Munition ist eine der bitteren, keineswegs überwundenen Folgen des Kalten Krieges. Mit der Aufrüstung der eigenen Freunde versuchten beide Blöcke dem anderen zu schaden.

Vielfach wurden als Freunde einfach die Feinde des Feindes betrachtet. Blindes Konfrontationsdenken hat dazu geführt, daß z. B. die Bundesrepublik bis heute Unrechtsregime in aller Welt, d. h. Staaten, in denen gefoltert und Menschenrecht eklatant verletzt wird, mit Polizei- und Militärhilfe, euphemistisch »Ausstattungshilfe« genannt, unterstützt.

176 Millionen DM wurden dafür in den Jahren 1988 bis 1990 ausgegeben. Für den folgenden Dreijahresplan waren 187,5 Millionen vorgesehen. Unter den Empfängerländern waren wieder zahlreiche notorische Menschenrechtsverletzer.

Großzügige Entwicklungshilfe an Staaten, die wie die Volksrepublik China ihre Bürger mit Terror verfolgt, sind ein Schlag gegen jedes gesunde Empfinden für Recht und Moral. Dahinter steht natürlich der Wunsch nach einem möglichst lukrativen Exportgeschäft. Allein mit der Hoffnung auf den noch fetteren Happen des Exportgeschäfts mit der Volksrepublik China sind Rüstungsexporte an Taiwan verhindert worden, nicht etwa aus politischer Abstinenz. Der Sturm der Entrüstung gegen Außenminister Kinkel, den Spielverderber, war groß. 125 Abgeordnete von CDU/CSU und FDP übergaben der Bundestagspräsidentin Rita Süßmuth einen Antrag, in dem sie eine »Öffnung« der deutschen Politik gegenüber Taiwan und eine Neudefinition der eingeschränkten Waffenexportpolitik forderten. Schützenhilfe bekamen sie von ganz unerwarteter Seite. Der niedersächsische SPD-Ministerpräsident Schröder (»Man kann seine Prinzipien nicht immer durchsetzen.«) unterstützte ebenfalls mit dem Argument »Erhalt von Arbeitsplätzen« die U-Boot-Lieferung.

Regierung und Wirtschaft, die sich an diesen schmutzigen Geschäften beteiligen, disqualifizieren sich selbst.

Von 1984 bis 1988 wurden etwa für 248 Milliarden Dollar Waffen exportiert, davon für 195 Milliarden an Entwicklungsländer. An die Staaten des Mittleren Ostens gingen allein Waffen im Wert von 89 Milliarden Dollar (davon für fast 30 Milliarden an den Irak). An den Waffenexporten waren als Nr. 2 der Weltrangliste die USA mit 24 % hinter der Sowjetunion mit 38 % beteiligt.

Das Geschäftsinteresse dominiert auch heute noch den Rüstungsmarkt. Es sind die reichen Staaten des Nordens (NATO und Ex-Warschauer Pakt), die diesen Markt zu mehr als 80 % bestreiten.

In dem Maß, wie die entwickelten Staaten des Nordens wegen wirtschaftlicher Schwierigkeiten die eigene (Über-)produktion nicht mehr abnehmen können, drängt die Rüstungswirtschaft um so stärker in den Export.

Die Regierungen dieser Staaten unterstützen ausdrücklich die Ausweitung der Exportchancen ihrer Rüstungsindustrie.

Daran ändern auch Abrüstungsinitiativen und Absichtserklärungen nichts, bestimmte Regionen künftig nicht mehr völlig uneingeschränkt aufzurüsten.

Die nach dem Ende des Kalten Krieges in diese Richtung gehenden Vorschläge aus Washington und Paris waren nichts als der Versuch, den Anteil der anderen am Rüstungsgeschäft zu drücken.

Eine der Folgen des Golfkrieges ist eine nie dagewesene Aufrüstung in der Region.

Unmittelbar nach dem Ende des zweiten Golfkrieges beschlossen die USA den Export von Rüstung im Wert von 18 Milliarden Dollar an Saudi-Arabien, Israel und Ägypten.

Rüstungsartikel dürfen nicht mehr wie normale zivile Gebrauchsgüter behandelt werden, d. h. die Herstellung und der Handel mit Rüstung darf nicht der freien Marktwirtschaft überlassen werden. Solange das der Fall ist, laufen alle Bemühungen um Eindämmung und Kontrolle von Rüstungsexport ins Leere. Staaten mit freier Marktwirtschaft müssen nämlich gegen ihre eigenen Prinzipien des

freien Marktes verstoßen, wenn sie einerseits das Bruttosozialprodukt glauben steigern zu müssen und andererseits Export-
geschäfte (angeblich) behindern wollen. Deshalb muß eine der
wichtigsten Forderungen jetzt sein, (eingeschränkte) Rüstungsproduktion für eine Übergangszeit nur noch in Staatsregie zuzulassen. Handel mit Rüstung, die nach künftig strengen Auflagen
der Vereinten Nationen auf reine Selbstverteidigungswaffen beschränkt sein muß, ist nur durch die Regierungen und unter Auf-
sicht der VN zulässig. Langfristiges Ziel muß aber ein umfassendes
Rüstungsproduktionsverbot und ein umfassender Rüstungs-
exportstopp sein.
Der Rüstungsexport in Entwicklungsländer entzieht dort nicht allein Mittel, die für deren friedliche Entwicklung fehlen.
Er geht häufig in politisch instabile Regionen und heizt damit die
gewalttätige Konfliktaustragung an.
Es ist besonders pervers, wenn hohe eigene Verteidigungsauf-
wendungen mit der Gefahr neuer Konflikte, Krisen und Instabilitäten in solchen Regionen begründet werden.
Rüstungslieferungen in diese Gebiete sind geeignet, die befürchtete
künftige militärische Bedrohung erst zu schaffen.
Rüstungsexport in Krisengebiete hat noch einen anderen Aspekt:
Mit welcher moralischen Berechtigung will eine Regierung künftig
junge Männer in Eingreifverbänden in den Kampf an Fronten
schicken, wo diese auf die vom eigenen Staat gelieferten Waffen
stoßen?
Die Verbreitung von Massenvernichtungswaffen wird nicht auf-
zuhalten sein, solange die wichtigsten Industrienationen an diesen
Waffen festhalten.
Das gilt auch für die immer weitere Verbreitung der Fähigkeit,
weitreichende Flugkörper herzustellen. (Einer der entscheidenden
Gründe für den Krieg gegen den Irak war dessen Fähigkeit, Israel
mit Langstreckenraketen angreifen zu können.)
Die zynische und heuchlerische Rüstungsexport-Politik der gegenwärtigen Bundesregierung nimmt bewußt in Kauf, daß immer
mehr Waffen über den internationalen Waffenhandel in die Hände
skrupelloser Diktatoren, selbstmörderischer Terroristen, aber auch
verzweifelter Aufständischer gelangen.
Auf diese Weise stattet die Bundesregierung direkt oder indirekt –

wie bereits den Irak vor dem Golfkrieg – die künftigen Krisen-
herde mit Waffen für die nächsten bewaffneten Konflikte aus. Aber
genau dorthin, in die bereits benannten Krisenregionen, will die
Bundesregierung künftig deutsche Soldaten zur »Krisenbewältigung« oder zum »Frieden schaffen« entsenden.
Auf einen einfachen Nenner gebracht:
Erst schicken wir die »Kanonen« und dann unsere jungen Bürger
als »Kanonenfutter«.

Generäle als Vordenker neuer deutscher Machtpolitik

Generäle machen Politik

Mit der vornehmen politischen Zurückhaltung der Generäle ist es seit Ende des Kalten Krieges offenbar vorbei. Kaum hatte der Generalinspekteur Klaus Naumann Ende Januar 1992 vor einem stehend applaudierenden Publikum in Berlin verkündet, daß Soldatsein in Deutschland künftig Risiko für Leib und Leben bedeute (früher hieß es: »Blut, Schweiß und Tränen«), da kam auch schon die nächste Offensive: Stoltenberg gab Parlamentariern des Verteidigungsausschusses des Deutschen Bundestags eine Kostprobe der neuen Weltsicht seiner umtriebigen Militärberater: Generäle definieren in einem »Strategie-Papier« die »deutschen Sicherheitsinteressen«.

Nicht mehr für die Sicherung des Bestands der Bundesrepublik Deutschland seien die Streitkräfte da, sondern für die Krisen- und Konfliktbewältigung, zur »Vorbeugung, Eindämmung und Beendigung von Konflikten jeglicher Art«, heißt es da. Ja keinen potentiellen Kriegsschauplatz auslassen. »Streitkräfte als politisches Instrument künftiger Sicherheitsvorsorge« haben nach dem neuen Verständnis gewiß nichts mehr mit »Abschreckung« und – im Falle einer militärischen Aggression – Landesverteidigung zu tun. Mit Dreinschlagen, wo immer in der Welt »politische, wirtschaftliche, militärische oder ökologische Stabilität« oder »der freie Welthandel und der Zugang zu strategischen Rohstoffen« gefährdet sind, soll künftig wieder Politik gemacht oder besser: ersetzt werden. Der Militärtheoretiker Clausewitz, für den im 19. Jahrhundert Krieg die Fortsetzung der Politik unter Einmischung anderer Mittel war, soll offenbar zu neuen Ehren kommen. Allerdings kann Krieg unter den Bedingungen der modernen Welt nicht mehr »die Fortsetzung der Politik« sein: Krieg bedeutet das Ende der Politik.

Clausewitz würde sich ob der heutigen Militärtheorien im Grabe umdrehen.

Das Strategie-Papier der Hardthöhe läßt – anders als bisher – an Deutlichkeit darüber, wo das Militär sein künftiges Betätigungsfeld sieht, nichts zu wünschen übrig. Allerdings offenbart es auch ein Dilemma der uniformierten »Hobby-Außenpolitiker«. Sie trauen sich (noch) nicht, ihre Schlußfolgerungen aus der militärpolitischen Beurteilung der »deutschen Sicherheitsinteressen« und künftigen Risiken unmittelbar und ausdrücklich als neuen Auftrag der Bundeswehr zu formulieren.

Um einen »weitgehenden politischen und gesellschaftlichen Konsens zum Einsatzspektrum der Streitkräfte« zu erzielen, greifen sie in die Trickkiste ihres Militärhandwerks, zum Tarnen und Täuschen.

Unter Punkt 6 der Aufzählung der neuen Bundeswehraufgaben heißt es ganz unscheinbar und harmlos: »... nach klarstellender Ergänzung des Grundgesetzes an kollektiven Einsätzen über die NATO hinaus im Rahmen der Charta der Vereinten Nationen (Kapitel VII) teilzunehmen, soweit es deutsche Interessen und deutsche Mitverantwortung für die Wahrung von Frieden, Humanität und internationaler Sicherheit gebieten ...«

Was kann denn schlecht daran sein, wenn auch die Deutschen an »friedensbewahrenden« oder »friedenserhaltenden« oder »friedenschaffenden« oder »friedenstiftenden« oder – wenn sich immer noch jemand gegen Frieden stemmt – »friedenserzwingenden« »Missionen« teilnehmen; noch dazu im Verein mit den Freunden?

So sollen es die Bürgerinnen und Bürger verstehen. Aber hinter der Nebelwand von unerläuterten und deshalb unklaren Begriffen, in denen natürlich das sympathische Wörtchen »Frieden« nie fehlen darf, soll nur eines verdeckt werden: Mit der »klarstellenden Ergänzung« des Grundgesetzes soll jede Beschränkung für den Kampfeinsatz deutscher Streitkräfte fallen! Im Golfkrieg, der ja ein »Einsatz im Rahmen der Charta der Vereinten Nationen« war, kämpften die Streitkräfte der Anti-Bagdad-Koalition zwar »kollektiv«, aber jedes einzelne Truppenkontingent aufgrund nationalen Rechts. Ein VN-Militärkommando, wie es in Kapitel VII der VN-Charta vorgesehen ist, war ja nicht gebildet woruen.

Wenn also die Regierung fordert, die Bundeswehr müsse künftig an kollektiven Einsätzen im Auftrag der VN – wie im Golfkrieg – teilnehmen können, müssen deutsche Soldaten die rechtliche Voraussetzung erhalten, auch allein unter deutschem Kommando weltweit kämpfen zu dürfen.

Mit dieser Möglichkeit schließt sich dann auch der Kreis von der harmlos klingenden Auftragsformulierung, die so gar nichts mit den vorher formulierten deutschen Sicherheitsinteressen zu tun zu haben scheint, zu den militärischen Aufgaben zur Wahrung eben dieser Interessen.

Allein, diese schlaue Rechnung ist ohne den Wirt »VN« gemacht. Die Vereinten Nationen dürfen nach ihrer Satzung zwar militärische Zwangsmaßnahmen durchführen oder in Auftrag geben, aber nicht zur »Absicherung« von »Stabilität« und schon gar nicht zur »Aufrechterhaltung des freien Welthandels und des Zugangs zu strategischen Rohstoffen« im Interesse eines Staates oder eines Bündnisses gegen das Interesse anderer. Wovon die deutschen Generäle träumen, der Freibrief für globale Kampfeinsätze deutscher Soldaten »jeglicher Art«, wäre demnach nicht nur ein skandalöser Rückfall in eine »wilhelminische Kanonenbootpolitik«, sondern – soweit an Einsätze zum Schutz deutscher Sicherheitsinteressen außerhalb eines VN-Mandats gedacht wird – Bruch des Völkerrechts.

Genschers »Gezeitenwende«, Ende der 80er Jahre auf das Ost-West-Verhältnis gemünzt, hat Anfang der 90er Jahre das vereinte Deutschland erfaßt, aber in einem anderen, beunruhigenden Sinn. Die Bundesregierung hat im Herbst 1992 weitreichende außen-, sicherheits- und militärpolitische Richtlinien in einem regierungsamtlichen Erlaß niedergelegt, die in der Öffentlichkeit kaum beachtet wurden.

Die geringe Aufmerksamkeit, die diesem wohl wichtigsten außenpolitischen Dokument der deutschen Nachkriegsgeschichte geschenkt wird, mag daran liegen, daß die Kernaussagen zu einer neuen deutschen Rolle im globalen Macht- und Interessenpoker der »Nach-Kalter-Krieg-Ära« in einer Militär-Vorschrift des Bundesministeriums der Verteidigung stehen, in den sogenannten »Verteidigungspolitischen Richtlinien« (VPR). Diese wurden vom Bundesminister der Verteidigung Volker Rühe am 26. November 1992 zwar für den »Geschäftsbereich« des Bundesministers der Verteidigung erlassen. Aber über ihre weitergehende Zweckbestimmung heißt es:

»Ein zentrales Element der Rollenbestimmung (des vereinten Deutschland in und für Europa einschließlich seiner strategischen

Horizonte) ist die künftige Sicherheits- und Verteidigungspolitik. Verteidigungspolitische Richtlinien (VPR) definieren Grundsätze zur Sicherheitspolitik ...« Es geht also um Politikbestimmung. Aber weder der Politiker Rühe kann für sich die Urheberschaft der VPR in Anspruch nehmen, noch sein Vorgänger Stoltenberg.

Was notwendig ist, »um die Grundwerte Deutschlands zu bewahren, seine Interessen durchzusetzen und der militärischen Sicherheitsvorsorge zeitgemäße Inhalte zu verleihen« (VPR Nr. 2), ist in den Amtsstuben des Generalinspekteurs Klaus Naumann und seines »Möchte-gern-Generalstabs« formuliert worden. Die umständliche Militärbürokratensprache und die politisch naive wie undiplomatische Direktheit verraten es.

Der eigentliche Skandal dieses Vorgangs liegt aber nicht darin, daß der abgehalfterte und zum Verzehr des Gnadenbrotes zur Hardthöhe wegkommandierte Stoltenberg ebenso wie der karrierebesessene Rühe, beide nur an der scheinbaren Machtfülle und den politischen Pfründen dieses Ministeramts interessiert, ihren obersten Militärberater im Minenfeld der Außenpolitik dilettieren ließen.

Der eigentliche Skandal liegt auch nicht in der Dreistigkeit der Generäle, mit der sie ihre »Militärpolitischen und Militärstrategischen Grundlagen und konzeptionelle Grundrichtung der Neugestaltung der Bundeswehr« an den Mann gebracht haben: Dabei handelt es sich um ein »Strategiepapier«, das sie bereits im Januar 1992 mit der Billigung Stoltenbergs den Abgeordneten des Verteidigungsausschusses untergejubelt hatten und das in der traditionellen Kabinettssitzung auf der Hardthöhe am 19. Februar 1992 aufgrund des Vetos von Genscher kassiert worden war. Der Inhalt dieses »Strategiepapiers« wurde nun doch noch in neuer Verpackung als offizielle Regierungspolitik durchgesetzt, wobei Kinkel erst gar nicht mehr gefragt wurde.

Der eigentliche Skandal ist, daß deutschen Generälen erlaubt wird, »deutsche Wertvorstellungen und Sicherheitsinteressen«, »die deutsche Rolle in und für Europa« in einem »ganzheitlichen Ansatz« der »Gesamtheit der Sicherheitsinteressen«, bei der es »eine grundsätzliche Dominanz eines oder eine Hierarchie der verschiedenen Politikfelder« angeblich nicht gibt, durch ihre Militärbrille zu definieren.

»Deutsche Sicherheitsinteressen«

Die Grundlage ihrer Überlegungen sind nicht etwa die sicherheits- und verteidigungspolitischen Vorgaben der Regierung, wie es nach dem vielbeschworenen Prinzip des »Primats der Politik« zu erwarten gewesen wäre, sondern die »Werteordnung des Grundgesetzes und die Notwendigkeit, unsere Werte zu bewahren« (VPR Nr. 6).

Und dann heißt es in Nr. 7 weiter: »Auf der Grundlage dieser Werte verfolgt Deutschland seine legitimen nationalen Interessen. Trotz prinzipieller Übereinstimmung werden sich die deutschen Interessen nicht in jedem Einzelfall mit den Interessen der Verbündeten und anderer Partner decken. Die nationale Interessenlage ist daher auch Ausgangspunkt der Sicherheitspolitik eines souveränen Staates. Sie ist Maßstab für die Beurteilung der Risiken und der Handlungserfordernisse zur Wahrnehmung der Chancen zukünftiger Entwicklungen.« Die Formulierung der übergeordneten sicherheitspolitischen Zielsetzung, Konflikte in Europa zu »verhüten und Sicherheit in Europa im Rahmen einer dauerhaften und gerechten Friedensordnung zu wahren, die auf pluralistischer Demokratie, Rechtsstaatlichkeit und sozialer Marktwirtschaft gründen« (VPR Nr. 8), zeigt die ganze Hybris der Verfasser. Die Militärs maßen sich an vorzugeben, welches ökonomische Prinzip z. B. in einer globalen »Friedensordnung« zu gelten hat. Konsequenterweise richten sich die daraus abgeleiteten »vitalen Sicherheitsinteressen« deutscher Politik auch auf eine heile, ungestörte westeuropäische Wohlstandswelt, in der Deutschland die zentrale Rolle spielt. Besonders bemerkenswert daraus sind vor allen Dingen die Sicherheitsinteressen:

»(1) Schutz Deutschlands und seiner Staatsbürger vor äußerer Gefahr und politischer Erpressung ...

(2) Vorbeugung, Eindämmung und Beendigung von Krisen und Konflikten, die Deutschlands Unversehrtheit und Stabilität beeinträchtigen können ...

(8) Aufrechterhaltung des freien Welthandels und des ungehinderten Zugangs zu Märkten und Rohstoffen in aller Welt im Rahmen einer gerechten Weltwirtschaftsordnung ...

(10) Einflußnahme auf die internationalen Institutionen und Prozesse im Sinne unserer Interessen und gegründet auf unsere Wirt-

schaftskraft, unseren militärischen Beitrag und vor allem unsere Glaubwürdigkeit als stabile, handlungsfähige Demokratie.«

Deutschland ist militärisch nicht mehr bedroht

Unter der Überschrift »Herausforderungen der Zukunft – Chancen und Risiken« wird von dem tiefgreifenden Wandlungsprozeß und der grundlegend verbesserten sicherheitspolitischen Lage in Zentraleuropa gesprochen. Weiter heißt es in Nr. 9: »Der damit verbundene Sicherheitsgewinn kommt vor allem Deutschland zugute. Deutschland liegt nicht mehr in unmittelbarer Reichweite eines zur strategischen Offensive und Landnahme befähigten Staates. Das deutsche Sicherheitsdilemma der Nachkriegszeit – der Widerspruch zwischen schützender nuklearer Abschreckung und der Gefahr, nukleares Schlachtfeld zu werden – hat sich aufgelöst. Deutschland ist nicht länger Frontstaat. Statt dessen ist es heute ausschließlich von verbündeten und befreundeten Partnern umgeben.«

Diese beruhigende Feststellung wird in der Nr. 18 unter der Überschrift »Die Risiken« wie folgt ergänzt: »Für Deutschland ist die existentielle Bedrohung des kalten Krieges irreversibel überwunden. Der bedrohlichste Fall einer großangelegten Aggression ist höchst unwahrscheinlich geworden.« Und weiter in Nr. 25: »Militärische Konflikte, die Deutschlands Existenz gefährden könnten, sind unwahrscheinlich geworden.«

Die NATO braucht Rußland: als Gegenpol

Über die unmittelbaren Risiken wird in den VPR ausgesagt, daß die Nachfolgestaaten der Sowjetunion in vielfacher Weise mit dem Westen verflochten seien. Dies binde sie in eine »Sicherheitspartnerschaft« ein.

Für eine groß angelegte Aggression gegen die NATO fehlen Rußland für einen überschaubaren Zeitraum der Grund und das erforderliche politisch-ökonomisch-militärische Gesamtpotential.

Gleichzeitig wird aber gesagt, daß Rußland eine »nukleare Weltmacht, Seemacht und stärkste europäische Landmacht mit einem Spektrum globaler und regionaler Optionen« sei. Bei dieser Einschätzung wird wieder einmal der bekannte Trick angewandt, daß das gesamte Militärpotential der NATO beim Vergleich mit Rußland in nationale Kontingente aufgelöst wird, als ob jeder NATO-Staat sich alleine gegenüber Rußland behaupten müßte. Nimmt man die Zahlen für die künftigen Obergrenzen der Streitkräfte im KSZE-Rahmen, so haben die NATO-Staaten mit 2,8 Millionen Soldaten genau doppelt so viel vorgesehen wie die russische Föderation mit 1,4 Millionen. Hier wird das Bedürfnis der NATO sichtbar, immer noch eine gewisse Legitimation ihrer gewaltigen Militärstärke der Bevölkerung gegenüber dadurch zu begründen, daß die NATO eine »strategische Balance« gegenüber den russischen Streitkräften bilden müsse.

Auffällig ist, daß in dem Maße, wie ost- und mitteleuropäische Staaten bereits in das NATO-Bündnis hineingedacht werden, strikt abgelehnt wird, eine Aufnahme der russischen Föderation in die NATO überhaupt in Erwägung zu ziehen. Es wird behauptet, daß eine solche Einbeziehung Rußlands die strategische Balance ins Ungleichgewicht bringen würde. Diese Gedankenführung ist reichlich absurd. Wenn nämlich das größte Gegengewicht gegenüber der NATO verschwindet, dann verschwindet auch das scheinbar gerechtfertigte Bedürfnis nach einem Ausbalancieren dieses Gewichts. In Wirklichkeit steckt hinter dieser Argumentation die Befürchtung, die letzte einigermaßen glaubhafte Begründung für die Überrüstung der NATO zu verlieren, wenn auch noch das mächtige Rußland in der NATO aufgeht. Ohne eine glaubhafte Bedrohung ihrer Mitgliedsländer verkommt die NATO zu einer internationalen Gesellschaft zur Förderung von Militär- und Rüstungsinteressen, ohne Rußland bleibt sie eben doch eine geschlossene Gesellschaft.

Konflikte und Konfliktmanagement

In Europa seien innerstaatliche und regionale Konflikte nun wieder möglich. Kriege und Bürgerkriege würden das »stabile und friedliche Zusammenwachsen Europas« gefährden. Um solche Störungen zu verhindern, benötige Europa die Fähigkeit zum europäischen Krisen- und Konfliktmanagement. Und dazu wiederum gehört auch das Bereitstellen entsprechender Militärpotentiale.

Bei dieser Argumentation wird nach wie vor nicht klar, wo denn die militärische Bedrohung des westeuropäischen Territoriums herkommen soll.

In der Nr. 21 heißt es: »Weitere unmittelbare Risiken gehen von Militärpotentialen an der europäischen Peripherie aus.« Da ist von »starke(r) Fluktuation von Konstellationen und Trends« die Rede, davon, daß Strukturen ... fragil« und daß die »Risiken für Friede und Stabilität ... vielfältig und facettenreich« seien. An der Peripherie Europas gebe es »umfangreiche und modern ausgestattete militärische Kräfte« und schließlich eine »unübersichtliche Gemengelage von Faktoren«. Die Verfügung über Massenvernichtungsmittel und ballistische Einsatzmittel würden ein wachsendes Risiko schaffen.

Aber wo bleibt die konkrete und nachvollziehbare Einschätzung einer militärischen Bedrohung? Die angeblich umfangreichen und modern ausgestatteten militärischen Kräfte der europäischen Peripherie sind in Wirklichkeit Streitkräfte, die im Verhältnis zur NATO und Westeuropa weit unterlegen sind. Nimmt man das Streitkräftepotential der NATO und der befreundeten Staaten in Westeuropa zusammen und stellt es in ein Verhältnis zum Militärpotential aller Staaten in Nordafrika sowie im Mittleren und Nahen Osten, dem vielzitierten »Krisengürtel«, so ergibt sich ein Kräfteverhältnis von 27 zu 1. Diese militärisch äußerst günstige Lage für die NATO wird dadurch verstärkt, daß zwischen diesen angeblich bedrohlichen Regionen und Westeuropa immerhin das Mittelmeer und einige geographisch ausgedehnte und topographisch wie Barrieren wirkende Regionen liegen.

Heute besitzt keiner der genannten Staaten Trägermittel mit ausreichender Reichweite, um Westeuropa bedrohen zu können. Ob Staaten, die sich um Massenvernichtungsmittel und ballistische Raketen bemühen, künftig diese Fähigkeiten erwerben, liegt doch allein an den nördlichen Industrienationen. Es liegt zum einen daran, ob der Norden die legitimen Sicherheitsbedürfnisse der Staaten in den südlichen Regionen respektiert, anstatt sie mit Eingreiftruppen und einer Konzeption des Interventionismus zu bedrohen. Und es liegt daran, ob der Norden die technischen Mittel zum Erwerb dieser Waffen durch seine ungehemmte und uneingeschränkte Rüstungsexportpolitik bereitstellt.

Krieg zur Rettung Deutscher im Ausland?

Völlig neu im Aufgabenspektrum für deutsche Streitkräfte ist die Abwehr von »Angriffe(n) auf die Freiheit und Unversehrtheit deutscher Staatsbürger oder der verbündeten Staaten im Ausland«. Dieses sogenannte unmittelbare Risiko für das deutsche Sicherheitsinteresse ist geradezu ein unerschöpfliches Füllhorn für die Begründung künftiger Militäreinsätze.

Wie leicht können deutsche oder westeuropäische Bürger tatsächliche oder angebliche Opfer von Gewalt im Ausland werden! Neben massiven Militärinterventionen gehören demnach auch Kommandounternehmen, wie der gescheiterte Versuch der Amerikaner zur Geiselbefreiung im Iran, zur künftigen Logik deutscher Militärplanspieler. Die Absicht, zum »globalen Akteur« zu werden, bekommt mit dieser neuen Militäraufgabe zusätzlich Farbe. »Vorzugsweise« sollten solche »Maßnahmen« (man beachte diese geniale Worthülse, die beliebig ausgefüllt werden kann), im internationalen Rahmen erfolgen. Aber eben nur »vorzugsweise«. Das heißt doch umgekehrt, daß solche »Maßnahmen« zur Verteidigung deutscher Staatsbürger auch allein durch deutsche Streitkräfte denkbar sind. Der Regierungsvorschlag für eine Ergänzung des Art. 24 GG sieht ausdrücklich die Möglichkeit deutscher Militäroperationen außerhalb des legalen Rahmens der VN vor. Der außenpolitische Sprecher der CDU/CSU hatte diese Forderung mit »Europafähigkeit« der Deutschen umschrieben. Vermutlich, weil er sich vorstellt, daß die Franzosen allemal für eine Beteiligung an militärischen Handstreichen zu gewinnen sein werden. Wozu haben wir schließlich das deutsch-französische Korps?

Exportartikel Kriegsfolgen

Unter der Überschrift »Mittelbare Risiken« heißt es in der Nr. 23: »In einer interdependenten Welt sind die Staaten verwundbar, unterentwickelte Länder aufgrund ihrer Schwäche und hochentwickelte Industriestaaten aufgrund ihrer empfindlichen Strukturen. Jede Form internationaler Destabilisierung beeinträchtigt den sozialen und wirtschaftlichen Fortschritt, zerstört Entwicklungschancen, setzt Migrationsbewegungen in Gang, vernichtet Ressourcen, begünstigt Radikalisierungsprozesse und fördert die Gewaltbereitschaft.«

Das erscheint zunächst als sensible Einsicht der Militärs.

Die wichtigste Ursache für Zerstörung von schwachen und emp-findlichen Strukturen und somit für »Destabilisierung« ist Krieg. Das Übel »Krieg« wird in diesem Zusammenhang aber nicht er-wähnt, weil Krieg, alias »Friedenschaffen« mit militärischer Ge-walt stattfinden soll. Weil heißer Krieg auf unserem eigenen Staatsgebiet wiederum – wie während des Kalten Krieges – weg-gedacht wird, erscheint den deutschen Strategen militärisches »Krisen- und Konfliktmanagement«, d. h. Tod und Vernichtung für andere, durchaus akzeptabel.

Vorwärtsverteidung der Festung Europa

Die begriffliche Verschwommenheit und die pauschalen Behaup-tungen der VPR statt einer gründlichen und ehrlichen Analyse sind nicht nur Todsünden generalstabsmäßiger Arbeit. Begriffliches Tarnen und Täuschen sind letztlich Ausdruck des Dilemmas, einerseits eine militärische Bedrohung vorweisen zu müssen als Begründung für den Unterhalt umfangreicher Streitkräfte und überzogener Rüstungsausgaben, andererseits sie aber nicht glaub-haft vorweisen zu können.

Da es also eine unmittelbare militärische Bedrohung Westeuropas nicht mehr gibt, muß eine neue Legitimation für die Bundeswehr her. Und die ist auch leicht gefunden. So heißt es unter der Über-schrift »Gestaltungschancen« (VPR Nr. 12): »Alle Völker Europas sollen in den Genuß politischer Stabilität, wirtschaftlicher Pro-sperität und sozialer Sicherheit gelangen. Europa muß aber auch die Fähigkeit entwickeln, als gestaltende Kraft und global wirken-der Akteur an der Lösung der großen weltweiten Zukunftsauf-gaben mitzuwirken.«

In dieser eurozentrierten und euroegoistischen Sicht werden die Befürchtungen, daß die Verträge von Maastricht schließlich eine militärisch verteidigte Festung Europas zementieren würden, nachdrücklich bestätigt. Westeuropäische Macht- und Wirt-schaftsinteressen sollen mit offensiver Militärpolitik nach außen vertreten werden. Es liege in der »Logik des Einigungsprozesses, Europa auch in der Außen- und Sicherheitspolitik handlungsfähig zu machen – mit dem Ziel einer europäischen Verteidigung ein-schließlich militärischer Strukturen. Für Europa öffne(t) sich damit die Chance, seine eigenen Sicherheitsinteressen verantwortlich wahrnehmen zu können – dies in enger Partnerschaft mit den USA« (VPR Nr. 14).

»Aufgrund seiner politischen und wirtschaftlichen Potenz« besitze Deutschland »eine Schlüsselrolle für die Fortentwicklung der europäischen Strukturen«. Deutschland sei »eine maßgebliche Bezugsgröße für die Politik seiner Partner«.

»Dabei decken sich unsere Einflußmöglichkeiten mit den wichtigsten Gestaltungsaufgaben und Chancen im Europa der Zukunft«: ... »Entwicklung Europas zum globalen Akteur« und »Reform der transatlantischen Partnerschaft«.

Die Beschreibung der künftigen Rolle Deutschlands in einer künftigen europäischen politischen Union ist deutlich: Westeuropa soll und Deutschland will darin als führende Macht eine eigenständige Weltpolizistenrolle übernehmen – dies in klarer Absetzbewegung von den VN und den USA, weil beiden nicht zugetraut wird, daß sie stets die deutschen Interessen mitvertreten. Die VN soll nach dem Willen der Bundesregierung nicht mehr alleinige Auftrags- oder Mandatsgeberin für deutsche Kampfeinsätze sein, die USA werden mit der harmlos klingenden Forderung nach »Partnerschaft unter Gleichen« aus Europa verdrängt.

Die NATO im Umbruch

Die NATO im Regen –
zuerst den Feind, dann den Gegenpol verloren

Als der NATO-Generalsekretär im Februar 1992 aus Moskau ins Brüsseler Hauptquartier zurückkehrte, waren seine Zukunftssorgen nicht kleiner.

Ganz im Gegenteil: Die gute Nachricht für die Sicherheit in Europa, daß am 10. März '92 die GUS-Staaten dem Nordatlantischen Kooperationsrat beitreten werden, war nämlich gleichzeitig die schlechte Nachricht für die NATO.

Beim Rom-Gipfel im November 1991 hatte man sich seiner Existenz noch versichert; einerseits mit dem Hinweis auf das Bestehenbleiben der alten Gefahrenkonstellationen, andererseits mit dem Verweis auf mögliche neue Risiken und Bedrohungen. Diese Übergangsformel vom Rom-Gipfel, die wenigstens mittelfristig die Überlebensängste der westlichen Militärallianz vertreiben sollte, droht jetzt an ihrem inneren Widerspruch zu zerbrechen.

Die Sicherheitspolitik des Bündnisses, hieß es da noch, könne sich nun auf drei sich gegenseitig verstärkende Elemente gründen: Dialog, Kooperation und die Fähigkeit zur gemeinsamen Verteidigung.

Aber die »militärische Dimension« bleibe der entscheidende Faktor der NATO.

Mit diesem Grundsatz, der bislang auch noch nicht aufgegeben wurde, bleibt die Zweiteilung der europäischen Welt geradezu die unverzichtbare Geschäftsgrundlage für die NATO-Sicherheitspolitik: Die NATO müsse auch künftig die »strategische Balance« in Europa erhalten. Aber gegenüber welchem Gegengewicht, wenn es die GUS-Streitmacht nicht mehr oder doch nicht mehr richtig sein kann?

In seiner »Blut, Schweiß und Tränen«-Rede zur Einstimmung der Deutschen auf die künftigen Kriegseinsätze der Bundeswehr im Januar '92 in Berlin bezeichnete der Generalinspekteur der Bundeswehr, Klaus Naumann, es als »sicherheitspolitische Langzeitaufgabe von globaler Dimension«, jetzt die GUS, vor allem aber Rußland in eine Sicherheitsarchitektur in Europa einzubinden, die eine Rückkehr zur Konfrontation ausschließt. Dies sei nur im engen Schulterschluß mit den USA und nur gestützt auf die Fähigkeit zu bewältigen, die im Osten existierende Militärmacht jederzeit durch die westliche Verteidigungsfähigkeit ausbalancieren zu können. Diesen Prozeß könne nur die NATO schaffen.

Also die GUS »einbinden« und gleichzeitig »ausbalancieren«? Die Existenzangst der Generäle treibt schon seltsame Blüten.

Wie Wörner zeigte sich Naumann als Gefangener der längst überholten Doppelstrategie vom NATO-Gipfel in Rom (im November '91 gab es die Sowjetunion noch). Sie verstricken sich in immer offensichtlichere Widersprüche, weil die NATO-Militärs ohne eine adäquate östliche Gegenmacht keinen glaubhaften Auftrag mehr haben und deshalb so lange am Popanz »Sowjetbedrohung« glauben festhalten zu müssen, bis ein »gesichertes«, d. h. von den Gesellschaften der NATO-Staaten angenommenes, Feindbild aufgebaut ist.

Mit ihrer stürmischen Umarmung machen die ehemaligen Gegner der NATO einen Strich durch diese Rechnung.

Nach dem 10. März 1992 wird schließlich das Kernstück der »Raison d'être« der NATO, nämlich die Sowjetunion aus Westeuropa herauszuhalten, weggebrochen sein. Und weit und breit ist kein »Ersatzfeind« in Sicht.

Nach dem Gipfel 1994: nicht ausweiten – auflösen!

»Partnerschaft für den Frieden«, so lautet seit dem Frühjahr 1994 die NATO-Zauberformel für die Zukunft der Sicherheit in Europa!

Sie soll – wie es heißt – *allen* ehemaligen Mitgliedern des Warschauer Pakts ein Tor für eine spätere Mitgliedschaft im »Klub« verheißen – also auch Rußland.

Die Regierungen in Warschau, Prag, Budapest und Bratislava, seit dem Ende des Kalten Krieges in der Furcht, dauerhaft im sicherheitspolitischen Vakuum zwischen einer zunehmend offensiven NATO und einem kranken, aufbegehrenden Riesen Rußland leben zu müssen, haben indes keinen Grund zum Feiern: ihre Hoffnungen auf echte Mitgliedschaft in der NATO können sie nun endgültig begraben.

Denn eines ist auf dem Gipfel klargeworden.

Das seit Monaten andauernde Lavieren der NATO zwischen Kooperations-Angeboten und vagen Sicherheitsversprechungen einerseits und knallharter Ablehnung einer eindeutigen Sicherheitsgarantie für die osteuropäischen Staaten ist *das* Dilemma der NATO.

Nähme sie die europäischen, ehemaligen Warschauer-Pakt-Staaten unter ihre Fittiche und würde gar NATO-Militär bis an die östlichen Grenzen zum Baltikum, zu Weißrußland und der Ukraine vorgeschoben, so wäre dies aus der Sicht Moskaus ein unerträglicher Affront. Boris Jelzin hat verschiedentlich und sehr deutlich vor einer solchen einseitigen Veränderung des Status quo des 2+4-Vertrages gewarnt. Würde die NATO aber, um die legitimen Sicherheitsbedürfnisse Rußlands zu befriedigen, auch die GUS-Staaten aufnehmen, also eine NATO von San Francisco bis Wladiwostok entstehen, so wäre dies das Ende der NATO.

Diese Folge liegt in der Natur der NATO. Die NATO ist und bleibt zu allererst ein militärisches *Verteidigungsbündnis*. Ein mächtiges Verteidigungsbündnis braucht aber zum Überleben einen mächtigen Gegner, zumindest aber einen militärisch starken Opponenten. Diese Gegenrolle kann aber in absehbarer Zukunft nur einer spielen: Rußland.

Das politisch, ökonomisch und militärisch instabile Rußland, das aber nach wie vor eine bedeutsame Militärmacht ist, muß für die NATO unausgesprochen der entscheidende, latente Gegner bleiben, mindestens so lange, bis die islamische Welt als glaubhafte militärische Bedrohung öffentlich vorgeführt werden kann.

An dieser NATO-Logik ändert auch die Teilnahme Rußlands am NATO-Kooperationsrat und die Billigformel »Partnerschaft für den Frieden« nichts.

Die NATO ist ein Überbleibsel aus dem Kalten Krieg. Als Verteidigungsbündnis ist sie das exakte Gegenmodell zu dem, was in Europa gebraucht wird, nämlich ein funktionierendes, kollektives Sicherheitssystem.

Die NATO kann somit die Sicherheitsbedürfnisse aller Staaten östlich von Oder und Neiße nicht erfüllen. Sie steht aber mit ihrem zähen Überlebenswillen einer geeigneten Sicherheitsorganisation im Wege.

So wird die NATO immer stärker selbst zum Hindernis für die

friedliche Entwicklung in Europa. In ihrem egoistischen Taktieren zu ihrer Zukunftssicherung sind die NATO-Gewinnler blind gegenüber den gefährlichen Entwicklungen in den GUS, darunter einer unübersehbaren Tendenz zu neuem Nationalismus und Imperialismus.

Je mehr Zeit aber verstreicht, je schärfer die Töne aufgeregter Reaktionen in Moskau, je stärker die Sorge, künftig einer noch stärkeren und größeren NATO gegenüberzustehen, noch dazu bei einem insgesamt desolaten Zustand des eigenen Staatswesens, desto eher könnte Rußland in eine Ecke gedrängt werden, aus der heraus letzten Endes eine neue militärische Bedrohung erwächst.

Heute und in der überschaubaren Zukunft gibt es in der ganzen Welt keine militärische Bedrohung, die ein Militärbündnis wie die NATO rechtfertigen könnte. Warum wird sie dennoch gehätschelt und gepflegt wie eine heilige Kuh? Nicht nur, daß eine feudale Militärstruktur Tausenden von hochbezahlten Uniformträgern und Beamten lukrative Lebenspositionen gewährt. Eine militärisch stark gewollte NATO wird auch weiterhin ein spendabler Abnehmer von Rüstungsgütern sein.

Letztlich sind es also egoistische und lächerliche Gründe, die das Überleben der NATO sichern, während die Zeichen auf Verschärfung der Konflikte östlich der Oder sich verdichten und in Richtung Sturm weisen.

Die Konferenz für Sicherheit und Zusammenarbeit in Europa (KSZE) ist gewiß auch ein Kind des Kalten Krieges. Aber anders als die NATO ist die KSZE schon ein *kollektives Sicherheitssystem*, das sich wesentlich leichter und effektiver als institutionelle Sicherheitsstruktur für das ganze Europa weiterentwickeln ließe, wo alle Staaten Sicherheit vor- und gegeneinander organisieren.

Das jetzt in Brüssel geöffnete NATO-Tor führt direkt auf den Holzweg: Gehen alle ehemaligen Warschauer-Pakt-Staaten durch diese Tür, ist zwar die Teilung in Europa, aber auch die NATO weg. Gehen nur einige hindurch, entsteht neue gefährliche Konfrontation.

Naumann und die Zukunft der NATO

Im ersten Schock über den Verlust des alten Feindes war die NATO froh, auf Aufträge der UN oder KSZE zur Friedensbewahrung hoffen zu können.

Inzwischen hat die NATO ihren ersten Weltpolizeiauftrag zur Durchsetzung des Flugverbots über Bosnien-Herzegowina von der UNO erhalten und teilweise umgesetzt.

Aber weder UN noch NATO machten dabei eine gute Figur.

Jetzt müsse die NATO, so meint jedenfalls der Generalinspekteur der Bundeswehr, General Klaus Naumann, weiterentwickelt werden.

Sie müsse zu einem Instrument der »präventiven Diplomatie und Kontrolle internationaler Konflikte« werden, führte er im März 1994 vor dem deutsch-britischen Offizierverband aus. Die NATO als zweite oder Ersatz-UNO? Ein Militärapparat als Instrument der Diplomatie? »Präventive Diplomatie«, der Begriff, der vom Generalsekretär der UNO für die Reform der Weltgemeinschaft geprägt worden war, hat mit Militär wenig und militärischer Gewalt überhaupt nichts zu tun. Ganz im Gegenteil: »Präventive Diplomatie«, der rechtzeitige und vorsorgliche Einsatz friedlicher Mittel und Methoden, soll den Gebrauch von späteren Zwangsmaßnahmen überflüssig machen.

Die NATO, ein Militärbündnis mit dem Ziel der gemeinsamen militärischen Verteidigung, eignet sich zu »präventiver Diplomatie« wie ein Schlachtroß zum Dressurreiten. Vermutlich verwechselt Herr Naumann »präventive Diplomatie« mit »Abschreckung«.

Die noch immer ohne glaubhaften Auftrag dahindämmernde NATO soll für existenzsichernde Aufgaben nicht auf Dauer von einer Institution abhängig gemacht werden, die durch mindestens zwei (unsichere) Nichtmitglieder China und Rußland in ihrem Handlungsrahmen beschränkt werden kann.

General Naumann ist ein kluger Mann. Mit einem Blankoscheck der UNO könnte die NATO jederzeit und überall die »Kontrolle internationaler Konflikte« und »Konfliktmanagement« auf eigene Rechnung und zum eigenen Nutzen betreiben.

Die Bundeswehr, nahezu völlig in die Bündnisstrukturen eingebettet, könnte sich dann – wiederum angeblich – nicht ohne

»Schaden« für die Handlungsfähigkeit des Bündnisses herauszuziehen. Schon das verfassungswidrige Mitfliegen deutscher Soldaten in den AWACS-Flugzeugen, im Golfkrieg und auf dem Balkan, wurde so durchgeboxt.

Die NATO dürfe sich nicht zum »Mandatsempfänger der UN oder der Konferenz für Sicherheit und Zusammenarbeit machen lassen«.

Das nenne ich eine klare Sprache.

Das heißt, General Naumann will eine eigene Dauerermächtigung der NATO für die »Bewältigung internationaler Krisen«.

Das sichert »NATO-Beschäftigung« und ist die beste Garantie, bald auch die NATO-Armee Bundeswehr in die Krisenbewältigung einzubeziehen, zumal Deutschland »sich nicht hinter vermeintlichen Verboten der deutschen Geschichte oder der deutschen Verfassung verstecken« (Klaus Naumann) dürfe.

Die Perspektive

Eine mächtige NATO braucht stets einen mächtigen Feind. Mit einem intakten Warschauer Pakt war das gewährleistet.

Auch politisch wirkte das gemeinsame Bedrohungsgefühl in allen Krisen der NATO wie Kitt. Die wirtschaftliche und soziale Belastung der »Frontländer«, insbesondere der Bundesrepublik Deutschland wurde als eine Art Tribut an die USA verstanden, die zum Ausgleich den »Atomschirm« über die nuklearen Habenichtse breitete.

Künftig wird die Unverletzlichkeit der NATO-Staaten durch keine Macht mehr bedroht. Der NATO-Auftrag geht somit ins Leere.

Ein neuer Auftrag für die NATO, z. B. Eingreifen in Konflikte außerhalb des NATO-Gebietes (»out-of-area«) oder Verteidigung von »Interessen« von Mitgliedsländern dürfte kaum durchsetzbar sein.

Die NATO kann der Welt nur einen letzten Dienst erweisen, indem sie wirklich zum Motor für ein künftiges Europäisches Sicherheitssystem wird. Die NATO muß schon heute, so wie es US-Sicherheitsexperten angedeutet haben, ihren Endpunkt planen und aktiv an der Ausgestaltung eines Europäischen Sicherheitssystems mitarbeiten, das dann in sechs oder sieben Jahren an ihre Stelle treten kann. In dieser Zeit der Abwicklung muß der noch große Spielraum für weitere Abrüstung und weitere Umstrukturierung hin zu nicht-offensivfähigen Strukturen genutzt werden. Die Schaffung mobiler Eingreifverbände, die rasch in entfernte Einsatzgebiete verlegt werden können, ist genau der falsche Weg. Solche Verbände müssen aus militärfachlichen Gründen offensiv ausgelegt und ausgerüstet sein. Sie werden von Staaten, die innerhalb der operativen Reichweite solcher Interventions-Streitkräfte liegen und von der Teilnahme ausgeschlossen sind, als potentielle Bedrohung empfunden. Somit stoßen sie Gegenrüstung an oder verhindern weiteren Militärabbau. Dies gilt auch für die militärpolitischen Pläne.

Die Bundeswehr: ohne Feind, ohne Auftrag, ohne Legitimation

»Wandel und Aufbruch« war das Motto der 33. Kommandeurtagung der Bundeswehr 1992 in Leipzig.

Die Bundeswehrführung, vom Ende des »Kalten Krieges« voll erwischt und seither orientierungslos, wollte endlich mit der inzwischen chronisch gewordenen Legitimations- und Sinnkrise der deutschen Streitkräfte aufräumen.

Nach den Grundsatzreden der Kriegs- und Friedensbefehlshaber Kohl und Rühe waren die Militärplaner aber so klug »als wie zuvor«.

Die Besatzung des nach dem Zusammenbruch des Ost-West-konflikts führer- und ziellos dahintreibenden Dampfers Bundeswehr blieb weiterhin ohne Kapitän und ohne Kursbestimmung.

So kehrten die Kommandeure auch von dieser Tagung mit leeren Taschen in die Kasernen und Amtsstuben zurück. Statt klarer politischer und militärischer Rahmenvorgaben für die künftige Organisation, Planung und Ausbildung gab es bloß »Anschisse«, Trostsprüche und Durchhalteparolen.

Die Bundesrepublik Deutschland könne sich nicht auf die Teilnahme an sogenannten friedenserhaltenden Aktionen, also Blauhelmmissionen, beschränken, so der Bundeskanzler. Aber was bedeutet das konkret für die Soldaten, die vom Primat der Politik Weisungen, nicht taktische politische Formeln und Gemeinplätze erwarten?

Volker Rühe, der damals neue Inhaber der Befehls- und Kommandogewalt im Frieden, hatte zuvor den Deutschen attestiert, daß ihr Instinkt für weltweite Kampfeinsätze noch nicht genügend entwickelt sei. Er will es vorerst bei deutschen »Blauhelmen« belassen. Leidenschaftlich verteidigte er die Bundeswehr gegen Vorhaltungen, sie hätte keinen glaubhaften Auftrag mehr.

Im übrigen verabreichte er »Zuckerbrot«, besseren Wehrsold und mehr »Soziales« für seine Soldaten.

Die »Peitsche« überließ er dem Generalinspekteur Klaus Naumann, der seinen ganzen Frust über die führungs- und entscheidungsunfähige Regierung an den Soldaten ausließ.

Die Soldaten seien bequem und weinerlich. Die Generäle und Admiräle seien schuld an diesem Zustand, weil sie ihre Führungsaufgabe nicht richtig wahrgenommen hätten.

In seiner Rede zur Standortbestimmung stellte der Generalinspekteur in Leipzig schnörkellos fest, daß Deutschland nun keinen Nachbarn mehr habe, den es nicht als Verbündeten oder Freund bezeichnet. Kein Staat besitze die »strategische Reichweite« zur »strategischen Offensive und zur Landnahme« gegenüber unserem Land. Deshalb sei die Rolle der deutschen Streitkräfte »nicht als Antwort auf eine manifeste Bedrohung« zu verstehen.

Zur Existenzbegründung brauche die Bundeswehr auch keine Risiken. Ein Staat, der wehrlos sei, könne Politik nicht gestalten. Das akzeptiere fast jeder Mitbürger.

Naumann quälte sich beim »Wandel und Aufbruch« der deutschen Streitkräfte zum zweckentkleideten Staatssymbol nicht lange um die Frage, wieviel »schimmernde Wehr« sich eine militärisch nicht bedrohte Gesellschaft eigentlich leisten soll oder kann. Schließlich besteht zwischen Wehrlosigkeit und Überversicherung eine gewisse Spannbreite. Für die Nutznießer einer überdimensionierten Bundeswehr, allen voran die Generalität und die Rüstungswirtschaft, ist dies allenfalls eine taktische Frage. Sie sind fest entschlossen, in ungebrochener Selbstbedienungsmanier den deutschen Steuerzahlern das Maximum an Rüstungsmilliarden abzupressen.

Neue Bedrohung, neue Risiken

Um die Bürger gefügig zu machen, verbreiten die Generalität und die Rüstungswirtschaft mit Unterstützung willfähriger Regierungspolitiker dumpfe Angst vor den Gefahren der neuen Risiken und Instabilitäten in und außerhalb Europas. Auf welche Weise aber aus den Bürgerkriegen auf dem Balkan und dem Gebiet der ehemaligen Sowjetunion eine militärische Bedrohung von NATO-Territorium werden soll – nur dafür ist die Bundeswehr (noch) zuständig –, verschweigen sie geflissentlich. Dasselbe gilt für die düsteren Andeutungen über den »Krisenbogen von Marokko bis Indonesien« (Naumann), den »Einwanderungsdruck verelendeter Massen« oder den »Staatsterrorismus« islamischer Staaten. Die

Bundeswehrführung bleibt eine saubere militärische Analyse, wie und wo aus diesen Gefahren, Risiken oder Konflikten eine Aggression gegen ein NATO-Land werden könnte, schuldig, weil sie die Streitkräfte der Zukunft längst auf die »Verteidigung« von »Interessen«, primär wirtschaftlicher Interessen, festgelegt haben. Militärische Macht zur Absicherung wirtschaftlicher Macht.

Politische und wirtschaftliche Interessen des »Klubs der Reichen« werden aber nicht an den Staatsgrenzen der NATO-Länder mit Panzern und Bombern bedroht.

Es seien die Ordnungsmechanismen, die fehlen. Und unverblümt werden NATO und WEU dort, wo die NATO nicht will oder – vor dem Kurswechsel – konnte, als die neuen Kampfhunde der KSZE zum Ordnungschaffen angedient. Dabei läßt sich die Militärführung auf gefährliche Spielereien mit der Uminterpretation des Rechts auf Selbstverteidigung ein, um gegebenenfalls auch ohne ein UNO-Mandat weltweit zuschlagen zu können. Weil die Deutschen sich das dann allein doch nicht zutrauen, wird vorsorglich das deutsch-französische Korps auch dafür bereitgehalten.

Zur Ablenkung von dieser zur Zeit noch nicht öffentlich vertretbaren Zielsetzung stellt General Naumann indirekt die abenteuerliche Behauptung auf, der Einsatz der Bundeswehr sei in der Vergangenheit auf das Gebiet der Bundesrepublik Deutschland beschränkt gewesen.

Jeder Gefreite weiß indes, daß das falsch ist. Schon bisher waren deutsche Einheiten an der sogenannten »Allied Command Europe Mobile Force« beteiligt, die den Auftrag hat, im Kriegsfall die NATO-Flanken zu verstärken. Gemäß NATO-Vertrag erstreckte sich der Verteidigungsauftrag der Bundeswehr stets auf das gesamte Territorium der NATO.

Was soll also neu daran sein, daß deutsche Soldaten im Bündnisfall auch in der Türkei, Italien oder Spanien eingesetzt werden könnten? Allenfalls die quantitative Dimension. Aber warum sollte ausgerechnet jetzt, wo die NATO allen Mächten an ihren Grenzen militärisch haushoch überlegen ist, die Möglichkeit der Verstärkung der Flanken durch zusätzliche deutsche Kontingente dringender geworden sein? Hat nicht die NATO bereits eine »Rapid Reaction Force« in Korpsstärke genau zu diesem Zweck beschlossen, an der auch deutsche Verbände beteiligt sind?

Noch kühner wird Naumanns Märchenstunde, wenn er die angeblich erforderlichen deutschen »Krisenreaktionskräfte« zum mobilen Einsatz im Bündnisfall, d. h. Verteidigung innerhalb der NATO-Grenzen, dafür hernimmt, den Aufbau einer »nationalen Führungsfähigkeit« zu fordern. Die NATO besitzt im Frieden und bei Alarmierung im Bündnisfall alle erforderlichen Kommando- und Führungsstrukturen zur Planung, Vorbereitung und Durchführung genau solcher regionaler Verstärkungsaktionen.

Wer also die nationale Führungsfähigkeit deutscher »Krisenreaktionskräfte« fordert, hat etwas anderes als einen NATO-Einsatz im Sinn. Er schafft die Voraussetzungen dafür, daß deutsche Interventionsverbände unter deutschem Kommando über die Ränder der NATO hinaus in »Desert Storm«-ähnliche Militärabenteuer geführt werden können.

Bemerkenswert ist auch, daß die Krisenreaktionskräfte der Bundeswehr mit der Vorbereitung auf sogenannte Blauhelmmissionen in Verbindung gebracht werden. Aber weder die Luftwaffen- und Marineverbände der Krisenreaktionskräfte, noch die kampfstarken und offensivfähigen Heeresteile sind für die unbewaffneten »Blauhelmeinsätze« mit ihren speziellen Anforderungen geeignet. Auch da zeigt sich, daß »Blauhelmmissionen« lediglich ein politisches Etappenziel auf dem Weg zur Genehmigung weltweiter Kampfeinsätze sind.

Die Teilnahme an »Blauhelmmissionen« sei für Soldaten durch die Grundpflicht zum treuen Dienen gem. § 7 Soldatengesetz abgedeckt. Die Bundeswehr brauche für solche Einsätze keine »neue Geschäftsgrundlage«, so General Naumann. Ganz so einfach ist es dann doch nicht. Schließlich ist auch das Grundgesetz eine »Geschäftsgrundlage« für die Soldaten. Und nach Auffassung der Bundesregierung läßt die Verfassung derzeit auch »Blauhelmeinsätze« der Bundeswehr nicht zu.

Ganz offensichtlich möchte Naumann aber die militärische Hürde für baldige »echte« Blauhelmeinsätze beseitigen, nachdem mit dem verfassungswidrigen de facto-Blauhelmeinsatz von 140 Sanitätssoldaten in Kambodscha – mit Zustimmung der SPD – und rund 1 700 Soldaten der Unterstützungstruppe in Somalia die politische Hemmschwelle bereits gegen Null gesunken ist. Medien und beflissene Polittouristen – auch solche der SPD – sprachen von dem deutschen Unterstützungsverband für die UNO-Mission als von unseren »Blauhelmsoldaten«. Zwar wurden die deutschen Wüstenfüchse geradezu operettenhaft auf »Blauhelme« herausgeputzt, aber das ändert nichts an der Geschäftsgrundlage ihres Aufenthalts: Nicht als Teil der UN-Mission UNOSOM II, sondern zu »humanitärer Hilfe« und in »befriedetem Gebiet« hielten sie sich dort auf. So hatte es die Bundesregierung angeordnet und das Bundesverfassungsgericht – zunächst – akzeptiert.

»Planungen für Einsätze jenseits des Bündnisgebietes gibt es nicht«, dementierte Naumann volltönend eine Behauptung, die niemand so aufgestellt hatte. Es geht um die Planung und Aufstellung von Bundeswehrteilen, die für diese Einsätze befähigt und nach Schaffung der rechtlichen Voraussetzungen auch dafür vorgesehen sind. Die aber kann er nicht in Abrede stellen.

Merkwürdig bleibt auch, daß sich Bundeswehrmeteorologen bereits mit dem Wüstenklima befassen und daß die neue Ausrüstung für die Bundeswehr tropentauglich sein muß.

Ob so viel Chuzpe der Uniformierten darf sich der Bürger schon die Augen reiben. Ist es die Dreistigkeit, mit der die Bundeswehr künftige Aufgaben außerhalb der Verfassung plant, oder sind es die Lügengeschichten, hinter denen die Fäden gesponnen werden, die er mehr bestaunen soll?

Bis zum Kollaps des Ost-West-Konflikts war aus der Sicht der Militärs noch die satte und an Verteidigung überwiegend desinteressierte Gesellschaft schuld an der anhaltenden Akzeptanz- und Legitimationskrise der deutschen Streitkräfte. Die Menschen teilten einfach die pathologischen Bedrohungsängste der Militärs nicht mehr. Jetzt sind es die Soldaten selbst, die für das desolate Erscheinungsbild und die Sinnkrise der Bundeswehr verantwortlich gemacht werden.

Der Vorwurf ist indes ungerechtfertigt.

Die Bundeswehr war mehr als 30 Jahre lang total auf die große militärische Bedrohung aus dem kommunistischen Osten ausgerichtet, mit ihrer Ausrüstung, ihrer Stärke, ihrer Ausbildung und der Erziehung ihrer Soldaten. Die militärische Bedrohung war greifbar, sehr konkret beschreibbar und bewertbar. Die eigenen Verteidigungsaufgaben waren daraus leicht abzuleiten.

Es ist richtig, daß die Bundeswehr dabei Rost und Speck angesetzt hat, weil der mit reichlichen Rüstungsmilliarden gemästete Apparat zuletzt kaum noch bewegbar war. Diese Fixierung der Vergangenheit mag heute als Fehler oder Irrtum erscheinen. Nur: es gab halt keine andere glaubhafte Begründung für die westdeutsche Wiederbewaffnung als diese. Heute hilft es nicht, an die Stelle dieses »gesicherten Feindbildes« des »Kalten Krieges« abstrakte Formeln von neuen »Risiken« oder »Gefahren« setzen zu wollen. Der »Krisenbogen von Marokko bis Indonesien« (General Naumann) mag die Phantasie der Generäle beflügeln. Dem einfachen Soldaten muß der »Feind« beschrieben und beim Namen genannt werden. Kein Truppenkommandeur, kein Leutnant oder Feldwebel kann auf Dauer die Fragen der Rekruten nach dem »gegen wen und wo« unbeantwortet lassen.

Es wird also nicht reichen, den Rost abzubürsten und den Speck wegzutrainieren, etwa durch gefechtsnahe Ausbildung. Diese Bundeswehr ist wie ein alter Wachhund, der sein Revier kennt und verteidigt, dem man aber keine neuen Kunststücke beibringen kann.

Naumann will eine andere Armee. Dazu muß er sich andere Soldaten suchen.

Das zentrale Dilemma des Bundeskanzlers ist, daß er für seine Vorstellung von der künftigen Militärrolle Deutschlands keine ausreichende parlamentarische und vermutlich auch keine gesellschaftliche Mehrheit erhält. Also bleiben Entscheidungen weiter aus, und die verantwortlichen Militärs werden bei der Bundeswehrplanung weiter im Nebel tappen müssen. Sie werden weiter die Buhmänner sein, die einen politischen Willen der Regierung umsetzen sollen, für den sie aber keine offene politische Handlungsvollmacht erhalten. Folglich wird es auch weiter die Diskrepanz geben zwischen dem, was die Bundeswehr konkret plant und macht, und dem, was sie darüber in der Öffentlichkeit behauptet. Ganz im Geist des vorauseilenden Vollzugs des eigentlichen Willens der Regierung richten sich aktuelle Struktur- und Ausrüstungsbeschlüsse bereits heute auf den möglichen weltweiten Interventionseinsatz. Versteckt wird dieses Programm des Aufbaus von deutschen »Krisenreaktionskräften« für den globalen Einsatz hinter der Formel »Einsatz der Bundeswehr außerhalb Deutschlands im Vertragsgebiet der NATO«.

Doch der Widerspruch ist allzu offensichtlich: Die NATO ist – wie die Generäle selbst sagen – durch keine Macht militärisch bedroht. Warum sollte die Bundeswehr in dieser Lage mehr als früher bereit sein, auf dem Territorium seiner Verbündeten zu kämpfen? Wo? Gegen wen? Natürlich können Verbände, die für eine rasche Einsatzverlegung nach Süditalien oder Spanien ausgerüstet und ausgebildet sind, auch ohne weiteres nach Afrika oder Asien verbracht werden.

Darin liegt der Trick. So wird die Bundeswehr auch ohne Verfassungsänderung für »Kriseneinsätze« außerhalb der NATO vorbereitet.

Wie will die Bundeswehr aus der öffentlichen Kritik herauskommen, wenn sie fortfährt, den Bürgern, die jahrzehntelang über das wahre Ausmaß der Bedrohung aus dem Osten getäuscht worden waren, weiter Sand in die Augen zu streuen?

NATO als Tarnkappe für Out-of-area-Planung

Was unter »erweitertem geographischem Umfeld« verstanden wird, wird in den VPR so umschrieben: »Verteidigungsvorsorge kann künftig nicht auf das eigene Territorium beschränkt bleiben.« »Für Deutschland bedeutet Verteidigung immer Verteidigung im Bündnis im Sinne einer *erweiterten Landesverteidigung* (Hervorhebung durch den Autor). Ein Teil der deutschen Streitkräfte muß daher zum Einsatz außerhalb Deutschlands befähigt sein.« (VPR Nr. 38). Daß ein künftiger Einsatz deutscher Streitkräfte »außerhalb Deutschlands« keineswegs als Einsatz im Rahmen des sogenannten Bündnisfalles der NATO gedacht ist, liegt auf der Hand. Erstens wäre das nichts Neues. Im Rahmen der Allied Mobile Force war dies von jeher NATO-Planung. Zweitens steht die Bedrohungseinschätzung der militärischen Führung dagegen, daß Deutschland und damit auch seinen westeuropäischen Verbündeten von keiner Macht eine militärische Aggression droht.

»Erweiterte Landesverteidigung« ist daher sehr schnell als ein neues Mogeletikett zu entlarven, hinter dem die Bundeswehr bereits vor Schaffung der gesetzlichen Voraussetzungen durch Änderung des Grundgesetzes militärische Strukturen für »Krisenreaktionen« entwickeln sowie mit der »kriegsnahen« Ausbildung und der Beschaffung von Offensivausrüstung beginnen kann, ohne so leicht angreifbar zu sein. Denn angeblich geschehe dies ja im Rahmen der NATO. In Wirklichkeit zielt der bereits begonnene (verfassungswidrige) Aufbau der Krisenreaktionskräfte der Bundeswehr, wie er von Heeresinpekteur Helge Hansen mit der Weisung Nr. 1 befohlen wurde, auf einen künftigen Interventionseinsatz im Rahmen des sogenannten Krisen- und Konfliktmanagements »out-of-area«. Mit Verteidigung hat das alles nichts zu tun.

Und da die Logik nun nicht ganz auf den Kopf gestellt werden soll, nach der Risiken und Konflikte generell nicht durch den Einsatz militärischer Mittel behoben werden können, heißt es in der Nr. 40: »Jedoch können Streitkräfte gleichsam in einer *Katalysatorfunktion* die notwendigen Voraussetzungen schaffen, nichtmilitärische Instrumente einer ursachenorientierten Krisen- und Konfliktbewältigung ... zu entfalten.«

Das soll wohl nach dem Motto geschehen: zuerst kriegerische Konflikte mit Gewalt »befrieden«, das heißt bewaffnete Gegenwehr zerschlagen, Waffenträger töten oder entwaffnen und danach sich um die Ursachen der Konflikte kümmern. Ursachen für Konflikte vor deren Entstehen zu erkennen, zu beheben oder doch abzumildern, ist für Politik, die nur noch unter Problemdruck reagiert, offenbar zu schwierig. Dies bleibt einer zynischen Politik vorbehalten, die auf überlegene militärische Gewaltmittel setzt.

Die neue Bundeswehr: kleiner, aber feiner

So einfach ist es: Kaum kommt die Regierung in Finanznot, ist ein milliardenteurer skandalumwitterter Höhenaufklärer mit dem schönen Namen LAPAS, für den bereits viele Millionen Mark ausgegeben worden sind, eigentlich doch entbehrlich.

Die deutschen Streitkräfte, so der Bundeskanzler auf einer Sicherheitskonferenz 1993 in München, könnten ihren Auftrag nach 1995 eigentlich auch mit wesentlich weniger als den bisher als absolut unterste Sollstärke festgesetzten 370 000 Soldaten erfüllen.

Der Verteidigungsminister verhängt einen generellen Auftragsstopp für Rüstungsbeschaffungen. Struktur-, Stationierungs- und Infrastrukturpläne kommen auf den Prüfstand usw. usw.

Hat die marode Finanzlage dieser Republik der Regierung schließlich doch noch zur Vernunft verholfen? Sollen nun die vielbejubelten neuen Chancen des politischen Umbruchs für den Abbau von Militär und Rüstung ergriffen werden? Beginnt jetzt wirkliche Abrüstung? Wird jetzt die lange versprochene »Friedensdividende« ausgezahlt?

Kaum. Die Botschaften der verteidigungspolitischen Hakenschläger Rühe und Kohl sind mißverständlich und irritierend. Was steckt dahinter?

War der Ansatz von 370 000 Soldaten für die zweite Hälfte dieses Jahrzehnts gemessen an einer korrekten militärisch-fachlichen Begründung zu hoch? Wenn ja, wie viele Soldaten braucht Deutschland dann wirklich und wofür? Wenn es auch weniger Soldaten sein können, warum nur etwa 70 000 Mann weniger?

Oder waren die anvisierten 370 000 Mann – wie uns immer versichert wurde – gerade angemessen oder sogar eher etwas zu knapp angesetzt? Wenn ja, was veranlaßt den Kanzler dann, die Sicherheit unserer Menschen vor äußeren Gefahren für die Einsparung vielleicht einer lumpigen Milliarde DM im Jahr aufs Spiel zu setzen?

So oder so, diese Regierung setzt ihre massive Selbstdemontage von Vertrauen und Glaubwürdigkeit fort.

Mit ihren völlig willkürlichen Eingriffen und Streichungen im Verteidigungsbereich legt die Regierung eines schonungslos offen: Der Dampfer Bundeswehr dümpelt gegenwärtig ohne Auftrag, ohne Kompaß und ohne Maschinenkraft, zudem mit desorientierter und demotivierter Crew, in der unruhigen See der global-politischen Veränderungen.

Die Generalstäbler, mit dem Zerfall des Warschauer Pakts einer vorzeigbaren, akribisch zähl-, beschreib- und bewertbaren militärischen Bedrohung beraubt, sind in einer mißlichen Lage. Anders als in der »bipolaren Ordnungsstruktur« der Ost-West-Konfrontation, der sie offen nachtrauern, können die Militärberater Auftrag, Umfang, Bewaffnung und Struktur der Streitkräfte nicht mehr quasi mathematisch von einer militärischen Bedrohung ableiten. Deshalb haben die Generäle der Hardthöhe die Flucht nach vorn angetreten. Weil sie die Streitkräfte, die ihnen vorschweben, nicht mehr militär-handwerklich begründen können, bedienen sie sich zu deren Legitimation der Nebel- und Sprechblasensprache parteipolitischer Demagogie.

Sie scheren sich nicht mehr um die funktionale Unterordnung des Militärs unter den Primat der Politik. Die Militärberater definieren und verkünden heute durch den Mund des Verteidigungsministers die deutschen Sicherheitsinteressen. Soldaten formulieren die Bestimmungsgrößen künftiger deutscher Außen- und Sicherheitspolitik. Der Außenminister und der Bundeskanzler sind damit offenbar einverstanden.

Aktuelle Haushaltsmittelkürzungen und langfristige Reduzierung des Personalumfangs der Bundeswehr stehen nur scheinbar im Widerspruch zu der neuen Vorherrschaft des Militärs und ihrer Protagonisten im neuen Deutschland.

Beides sind lediglich »Frontbegradigungen« auf dem unbeirrten Marsch zu einer kleineren, hochflexiblen und hochmobilen, schlagkräftigen Profiarmee, die eine stark verfettete »Frieden-ist-der-Ernstfall«-Truppe ablösen soll.

So ist die weitere Verkleinerung der Bundeswehr weder ein Ausdruck des Willens der Bundesregierung zur Abrüstung noch zur spürbaren Einsparung von Haushaltsmitteln für die Rüstung. Mittelfristig sollen ja weiterhin rund 48 Milliarden DM pro Jahr für Rüstung und Militär ausgegeben werden. Es geht also um die strukturelle Anpassung der Bundeswehr an ihre neue Interventionsrolle einerseits und um die notwendige Verlagerung von Haushaltsmitteln andererseits. Die neue Bundeswehr soll zu einer Berufsarmee werden, klein, aber fein, die mit weniger (aber teureren) Militärprofis und neuer (viel teurerer) Bewaffnung ungefähr dasselbe Geld wie bisher verschlingt. Daß künftig bei anteilmäßig geringeren Betriebskosten wieder absolut mehr in die Taschen der Rüstungsproduzenten – der mildtätigen »Pfleger« der »Parteienfinanzlandschaften« – fließt, ist ein durchaus gewollter Effekt. Deshalb ist die Ankündigung, die Bundeswehr weiter zu verkleinern, unter dem Strich keine gute Nachricht.

Diese kleinere Bundeswehr wird das offensivfähige Instrument einer aggressiven Außenpolitik der militärischen Absicherung des westeuropäischen Wohlstands.

Diese kleinere Bundeswehr wird als Berufsarmee wieder zum Staat in einem Staat, der wieder auf Gewalt als Mittel der Politik setzt, nach innen und außen. Diese kleinere Bundeswehr wird am Ende genausoviel kosten wie ihre größere Vorgängerin, die Kosten der künftigen Interventionskriege nicht eingerechnet (allein die Vorstufe, das »Feld-Biwak« in Somalia, hat die deutschen Steuerzahler mehr als 300 Millionen DM gekostet).

Den Deutschen wird weiterhin wie in den »guten alten Zeiten« des Kalten Krieges das Maximum an Rüstungssteuern abgepreßt. Allein die Toleranz der Steuerzahlerinnen und Steuerzahler war, ist und wird der Maßstab dafür bleiben, was unser Staat für Rüstung und Militär ausgibt, und nicht eine nachvollziehbare, objektive militärische Bedrohung.

Neu könnte allenfalls sein, daß die plump-freche Art, wie die Bürgerinnen und Bürger auf dem Feld der Verteidigung wieder oder immer noch zum Narren gehalten werden, endlich ihren Geduldsfaden reißen läßt.

»Unsere Verteidigungspolitik steht in der Spannung zwischen den Unsicherheiten des Übergangs und dem Bedarf an langfristiger Orientierung«, kann man in den »Verteidigungspolitischen Richtlinien« lesen. Die »Unsicherheiten des Übergangs« werden inzwischen in dumpfe Bedrohungsangst, die bei den Bürgern geschürt wird, umgemünzt. Die »langfristige Orientierung« zur Kompensation dieser Angst heißt: Neue Militärmacht Deutschland mit weltweiten Interventionsoptionen.

Bundeswehrauftrag im Wandel

Bis zum zweiten Golfkrieg (Januar bis März 1991) waren die Verhältnisse für die Bundeswehr noch klar:

Wenn deutsche Soldaten zum Kampfeinsatz gekommen wären, dann zur Verteidigung des eigenen Landes oder zur Verteidigung des Territoriums eines Bündnispartners. Außer zur Verteidigung (vgl. Art. 87a GG) konnten deutsche Soldaten allenfalls damit rechnen, an humanitären Hilfeleistungen in Katastrophenfällen beteiligt zu werden.

Bereits während des Golfkriegs begannen die Versuche der Ausweitung des Auftrags für die Bundeswehr. Zuerst wurden Soldaten der Luftwaffe an der irakisch-türkischen Grenze stationiert, dann ein Minensuchverband der Bundesmarine auf Abruf ins Mittelmeer verlegt, und schließlich waren bereits während dieses Krieges deutsche Soldaten an den AWACS-Missionen beteiligt (was nach heftigem Leugnen später zugegeben werden mußte). Daß die

Bundeswehr hinter den Kulissen dieses Krieges eine unschätzbare logistische Hilfeleistung erbrachte, wußte der NATO-Oberbefehlshaber vor Abgeordneten des amerikanischen Kongresses zu loben.

Nach dem zweiten Golfkrieg wurde die nächste Stufe der Ausweitung der Bundeswehreinsätze erreicht: deutsche Soldaten im Nordirak und im Iran und in weiß angestrichenen Hubschraubern als Taxichauffeure für die UNO-Inspekteure zur Überwachung der Waffenstillstandsvereinbarungen. Der deutsche Minensuchverband, der zunächst im Mittelmeer auf Abruf stationiert war, wurde nach Beendigung des Golfkrieges zum Minensuchen in den Persischen Golf beordert.

Seit dem zweiten Golfkrieg erscheint ein Golfkrieg-ähnlicher Einsatz für die Bundeswehr äußerst interessant, zumal sie ihren bisherigen Alleinfeind und damit ihre gesellschaftliche Legitimation verloren hat. Die Bundeswehr sieht in solchen Einsätzen eine attraktive Zukunftsperspektive.

Ermutigt durch die ausbleibenden oder doch nur sehr geringen Protestreaktionen aus der Bevölkerung gegenüber der ständigen verfassungswidrigen Ausweitung des Auftrags der Bundeswehr, geht die Regierung auf dem Weg zum Kriegseinsatz nun mit noch schnelleren Schritten voran. Im Herbst 1992 startete sie ihren ersten de-facto Blauhelmeinsatz mit der Entsendung einer Sanitätseinheit der Bundeswehr nach Kambodscha. Dieser Verband hatte den klaren Auftrag, die UNO-Truppen dort sanitätsdienstlich zu versorgen und nicht etwa, wie gerne behauptet wurde, humanitäre Hilfe gegenüber der geschundenen Zivilbevölkerung zu leisten. Daß dies in der Praxis – und zwar gegen den Willen der UNO – geschah, hatte gewiß etwas mit Humanität, aber viel mehr mit Image-Politur für die Bundeswehr zu tun. »Engel von Pnom Pen« wird man nicht mit reinem und stillem Samaritertum.

Die Aufstellung einer WEU-Armada zur Überwachung des Handelsembargos gegenüber Restjugoslawien nutzte die Bundesregierung zur verfassungswidrigen Entsendung eines Zerstörers der Bundesmarine in die Adria. Das Bundesverfassungsgericht, das schließlich wegen der Beteiligung deutscher Soldaten an Bord von AWACS-Aufklärungs- und Jägerleitflugzeugen vom Regierungspartner FDP und SPD angerufen worden war, gab der Regierung keinen Freibrief für diese Art von Einsätzen. Lediglich die Abwägung des möglichen politischen Schadens gegenüber dem Schaden, der eintreten könnte, falls dieser Einsatz verfassungswidrig wäre, hat die Richter dazu geführt, diesen Einsatz zuzulassen. Maßgeblich für die Entscheidung der Verfassungsrichter war, daß die Gefährdung deutscher Soldaten als wesentlich geringer eingeschätzt wurde als bei anderen Missionen über Bosnien. Den vorläufigen Höhepunkt hat die Bundesregierung mit der nun zweiten de-facto-Blauhelmmission gesetzt, mit der sie deutsche Logistikeinheiten und bewaffnete Einheiten zu deren Schutz nach Somalia schickte. Hieß es zunächst, daß die deutschen Soldaten dort zur Wiederherstellung der Infrastruktur, für den Straßen- und Brückenbau sowie zur Verteilung von Hilfsgütern verwendet würden, so wurde bald klar, daß nicht nur der ursprünglich vorgesehene Einsatzort geändert wurde, sondern auch der Auftrag. Dieser lautete schließlich: Logistische Unterstützung der UNO-Blauhelm-Kampftruppen.

Über diese adhoc-Einsätze hinaus ist die planerische und organisatorische Vorbereitung auf künftige Kriegseinsätze deutscher Soldaten in der Bundeswehr im vollen Gange:

1. Die Entscheidung zur Aufstellung von deutschen Krisenreaktionskräften in einer Stärke von ungefähr insgesamt 80 000 Mann ist längst gefallen. Der damalige Inspekteur des Heeres, Generalleutnant Helge Hansen, hat mit der Weisung Nr. 1 an das dritte deutsche Korps einen (verfassungswidrigen) Befehl gegeben, Teile des Heeres für out-of-area-Einsätze vorzubereiten.

2. Bis zum Oktober 1993 war die Aufstellung einer Blauhelmtruppe mit 5 000 Mann befohlen.

3. Im Juni 1993 hat die Bundesregierung zugestimmt, daß die Westeuropäische Union (WEU) eine 50 000 Mann starke Interventionstruppe unter Beteiligung der Bundeswehr aufstellt.

4. Neben der Einbindung deutscher Einheiten in das deutsch-französische Korps werden immer mehr binationale Verbände aufgestellt, ganz offensichtlich mit dem Ziel, die geringeren Hemmschwellen anderer Nationen beim Einsatz von militärischer Gewalt außer zur Landesverteidigung für die Bundeswehr zu nutzen. Auf diese Weise könnten die Deutschen eher in Kriegseinsätze hineingezogen werden (nach Möglichkeit auch ohne Verfassungsänderung).

5. Bei der Bundeswehrplanung haben die Krisenreaktionskräfte allererste Priorität. Außerdem schreitet eine weitere Professionalisierung der Bundeswehr rasch voran. Es entsteht eine Berufsbundeswehr in der Wehrpflichtbundeswehr, als Puppe in der Puppe. Künftig werden fast drei Viertel der deutschen Streitkräfte zu einer Armee zweiter Klasse, einer Armee für Hand- und Spanndienste, degradiert.

Im Mittelpunkt stehen die Krisenreaktionskräfte und die Blauhelmsoldaten, auf die die Bundesregierung und die Bundeswehrführung ihre ganze Hoffnung beim Ergattern einer neuen Führungsrolle in Europa und der Rolle als »globaler Akteur« setzen.

Wie wenig die Grundwehrdienstleistenden für die neue Rolle gebraucht werden, zeigt auch, daß bei ihnen zuerst gespart wird. Im Rahmen des sogenannten Solidarpaktes verloren sie einen wesentlichen Teil ihres Entlassungsgelds.

Die Bundeswehr bereitet sich auf Kriegseinsätze auch in ihrer Werbung und selbstverständlich bei der Beschaffung von neuen Waffensystemen vor. So ist der Jäger 90, der inzwischen nur einen anderen Namen erhalten hat, ein perfektes Waffensystem, um die künftigen Luftangriffsaktionen bei Interventionskriegen durch Jägerbegleitung abzusichern.

Die Forderung nach kriegsnaher Ausbildung wird zügig in die Praxis umgesetzt. Das bedeutet u. a. nicht nur, daß auch mehr Übungstätigkeit mit scharfem Schießen auf Übungsplätzen erfolgen wird, sondern auch, daß vermehrt Tiefflüge und andere gefährliche Operationen mit Luftfahrzeugen über deutschem Territorium zu erwarten sind. Besonders »einfühlsam« zeigt sich die Bundeswehrführung mit ihrer Entscheidung, die Brüder und Schwestern in der ehemaligen DDR in die Lasten und Folgen der Tiefflugsportübungen der NATO-Luftwaffen einzubeziehen. Sie kannten ja den westlichen »sound of freedom« bisher noch nicht.

Wozu welche Bundeswehr?

Die Bundeswehr wird jetzt zügig auf die angestrebte neue Militärrolle eingestellt und umgerüstet. Sie wird mobiler, flexibler und offensiver.

Die Reduzierung des Personalumfangs auf – noch offiziell – 370 000 Mann soll dazu genutzt werden, den Anteil an längerdienenden und Berufssoldaten wesentlich zu erhöhen. Die Armee wird also professioneller. Dies erklärt, warum der Personal- und Betriebskostenanteil bei fast halbiertem Personalumfang von 70 % des Verteidigungsetats (1992) weiter steigt.

Die angebliche Einsparung von knapp 44 Milliarden Mark bis zum Jahr 2005 ist eine Verhöhnung der Öffentlichkeit. Die Militärs »verzichten« auf Finanzmittel, die weder vom Parlament genehmigt, noch zugesagt waren. Während sie aus ihrer überzogenen alten »Waffen-Wunschliste«, die noch aus dem Kalten Krieg stammt, das herausstreichen, was in die neue Offensivrolle der Machtprojektion nicht mehr paßt, stellen sie umfangreiche Neuforderungen, die ab 1995 mit mehr, nicht weniger Rüstungsmilliarden befriedigt werden sollen (vgl. Pläne für die Beschaffung von vier U-Booten der Klasse 212).

Weil – nach eigenem Bekunden der Generäle – Westeuropa heute und in der absehbaren Zukunft militärisch von keiner Macht bedroht wird, sind es die neuen »Risiken«, »Instabilitäten« und sonstigen Gefahren, die jetzt als Begründung eines völlig überzogenen Militärs herhalten müssen. Tatsächlich bleiben der Verteidigungsminister und seine Militärberater dem Parlament und der Öffentlichkeit eine Erklärung schuldig, wie aus derzeitigen oder künftigen bewaffneten Konflikten zwischen Volksgruppen oder Völkern im Osten und Südosten eine militärische Bedrohung der Bundesrepublik Deutschland entstehen soll. Anders als im kalten Krieg gibt es keine militärische Bedrohungsanalyse mehr und damit auch keine fachlich sachlich fundierte Verteidigungskonzeption als Voraussetzung für Umfang, Struktur und Ausrüstung der Streitkräfte.

In dieser Lage längerfristige Struktur- oder Rüstungsentscheidungen zu treffen, ist unseriös und unverantwortlich. Die Behauptung, die Bundeswehr sei heute unterfinanziert, es bestehe eine Schere zwischen Struktur und Auftrag und den Finanzen, entbehrt jeder sachlichen Grundlage. Die Regierung macht nämlich keine Angaben darüber, welche Struktur für welchen Auftrag gerade richtig wäre. Daher könnte die beklagte »Schere« rasch und problemlos geschlossen werden, wenn Auftrag und Struktur an die neue sicherheitspolitische Lage angepaßt würden. Die Bundeswehr hat nicht zu wenig Geld (nochmals: wo ist der Maßstab?). Sie gibt nur zu viel aus. Gerade weil die BRD heute durch niemand und nichts militärisch bedroht wird, kann, ja *muß* sich unser Staat eine grundlegende Beurteilung der Sicherheitslage erlauben. Nach etwa zwei Jahren gründlicher Lagebeurteilung, an der alle gesellschaftlich relevanten Gruppen teilnehmen müssen, kann dann auf der Grundlage eines neuen Sicherheitsbegriffs die verbleibende militärische Aufgabe Deutschlands in Europa definiert und organisatorisch umgesetzt werden.

Dieser Vorschlag bedeutet indes nicht die Empfehlung von Stillstand beim Prozeß der Abrüstung und Konversion. Ganz im Gegenteil.

Einige Grundannahmen als Rahmenvorgaben für künftiges deutsches Militär sind als politische Entscheidungen unverzüglich zu treffen. Sie erlauben einen zügigen Abbau der Überrüstung des Kalten Krieges:

1. Der künftige *Umfang* deutscher Streitkräfte soll wesentlich unter 370 000 Mann liegen.

2. Die Beschränkung deutscher Streitkräfte auf *Selbstverteidigung* wird nicht aufgehoben.

3. Eine zentrale und integrierte *Führung* und *Struktur* der Streitkräfte in der Europäischen Union wird es *nicht* geben.

4. Für die voraussichtliche *Übergangsfunktion* für deutsche Streitkräfte in einem europäischen Sicherheitssystem werden die klassischen offensiven *Großwaffensysteme* nicht mehr gebraucht. Deshalb werden Angriffspanzer nebst den dazu gehörigen mechanisierten Führungs- und Unterstützungskomponenten, Angriffsflugzeugen und U-Boote zügig abgeschafft.

5. Die *Allgemeine Wehrpflicht* und das Berufssoldatentum werden gleichermaßen aufgegeben. In den kleinen Übergangsstreitkräften werden nur noch Freiwillige beschäftigt, deren Höchstdienstzeit je nach Tätigkeit 4, 8 oder 12 Jahre beträgt.

Aufgrund solcher Prämissen – weitere wären denkbar – werden Forschung, Entwicklung und Beschaffung von Waffen und Ausrüstung, die absehbar nicht mehr benötigt werden, sofort storniert. Investitionen in Militärinfrastruktur werden generell gestoppt, bis über den künftigen Auftrag der Bundeswehr entschieden ist.

Wehrpflicht oder Berufsarmee?

Die Frage, ob die Bundeswehr im Hinblick auf künftige Interventionseinsätze nicht besser eine Berufsarmee sein sollte, macht die Oberflächlichkeit der Debatte besonders deutlich.

Als ob Staat und Gesellschaft leichteren Herzens Leib und Leben von Zeit- und Berufssoldaten riskieren könnten, wenn deutsche Truppen in eine politisch oder militärisch zweifelhafte Militäraktion geschickt werden.

Entweder ist das hohe Risiko eines bewaffneten Konflikts, der unserem Staat nicht durch einen Angriff von außen aufgezwungen wird, in jeder Hinsicht gerechtfertigt, weil die Existenz des deutschen Volkes auf dem Spiel steht: Dann müssen alle dieses Risiko in Kauf nehmen. Oder solche Aktionen des »Friedensschaffens« sind so anrüchig, daß eine Teilnahme daran Wehrpflichtigen, also zur Teilnahme Gezwungenen, und deren Angehörigen nicht zugemutet werden kann.

Dann sind sie insgesamt abzulehnen. Das Argument der unzureichenden Ausbildung Wehrpflichtiger ist geradezu entlarvend peinlich. Um sie in den Kampf gegen die Militärprofis des Warschauer Paktes zu schicken, war ihre Ausbildung jedenfalls gut genug!

Die Wiederbewaffnung der Westdeutschen wurde zehn Jahre nach dem Ende des Zweiten Weltkrieges als Beitrag zur Verteidigung der westlichen freiheitlichen Demokratien im Rahmen der NATO gegen einen immer bedrohlicher erscheinenden Sowjetkommunismus beschlossen.

Dementsprechend war der Auftrag für die neuen deutschen Streitkräfte von Anfang an begrenzt.

Streitkräfteumfang, Struktur, Stationierung, Bewaffnung und Ausrüstung der Bundeswehr wurden dem politisch und militärisch limitierten Auftrag der militärischen Landesverteidigung angepaßt.

Für diese Funktion, aber auch der damaligen psychologischen Lage entsprechend, erschien die allgemeine Wehrpflicht die einzig geeignete Basis.

»Der Bund stellt Streitkräfte zur Verteidigung auf«, lautet die dazu passende Einfügung des Artikel 87a in das Grundgesetz. Gemeint ist nach allgemeiner Auffassung »Verteidigung« im Sinne von »Selbstverteidigung«.

Über das Völkerrecht der kollektiven Selbstverteidigung ist auch die Verteidigung der territorialen Unverletzlichkeit und der freien Selbstbestimmung der Bündnispartner geltendes deutsches Recht.

Dem entspricht das Verständnis der deutschen Soldaten von Verteidigung, das über mehr als eine Generation am konkreten Ost-West-Konflikt entstanden ist.

Der Golfkrieg und die Gefahr seiner Ausweitung durch den Irak auf türkisches Staatsgebiet hatte nun in der Bundesrepublik nicht nur eine hitzige Debatte über die Voraussetzungen für den »NATO-Bündnisfall« ausgelöst. Auch der Streit über den künftigen Charakter der Bundeswehr, Berufsheer oder Wehrpflichtarmee, ist wiederaufgelebt.

Plötzlich fragten sich deutsche Soldaten, insbesondere Wehrpflichtige, d. h. Grundwehrdienstleistende und Reservisten, ob ihr möglicher Einsatz in diesem Krieg eigentlich vom Verteidigungsauftrag, dem sie in der NATO verpflichtet sind, noch abgedeckt wäre.

Die Zahl der Anträge auf Anerkennung als Kriegsdienstverweigerer schnellte im Januar, dem Monat des Kriegsbeginns, in Rekordhöhe. Seitdem bleibt sie auf sehr hohem Niveau.

Zweifellos verstärken die neuen Fragen im Gefolge des Golfkrieges die Sinn- und Legitimationskrise, in der die Bundeswehr seit dem Kollaps des Ost-West-Konflikts steckt. Regierung und Bundeswehrführung hoffen noch, um eine grundsätzliche und gründliche öffentliche Diskussion der künftigen Rolle für die deutschen Streitkräfte herumzukommen. Aber das wird nicht gehen: Wie in der Vergangenheit müssen sich Art und Umfang der deutschen Streitkräfte auch künftig allein am Auftrag ausrichten. Und dieser muß erst einmal gefunden und formuliert werden.

Erst wenn Klarheit über die Zukunft der noch immer anvisierten Europäischen Sicherheitsordnung besteht, wenn das auch politisch zusammenstrebende Westeuropa über seine gemeinsame Außen- und Sicherheitspolitik zu Ende gedacht hat und wenn ein künftiges deutsches militärisches Engagement im Rahmen der Vereinten

Nationen beschlossen ist, können die neuen deutschen Streitkräfte entworfen werden.

Zu den dann zu lösenden Fragen gehört auch, ob die allgemeine Wehrpflicht weiterhin Grundlage für die Rekrutierung der Soldaten sein kann.

Diese Frage hat neben militärfachlichen vor allem sicherheits- und gesellschaftspolitische Dimensionen.

Wenn in einer künftigen Europäischen Sicherheitsordnung, in die alle Nachbarstaaten Deutschlands integriert werden, Streitkräfte wirklich nicht mehr angriffsfähig sind, wird sich ihre Funktion auf eine Art Rückversicherung reduzieren. Der Umfang einer Bundeswehr für diesen Zweck kann sehr niedrig sein, sicherlich kaum über 100 000 Soldaten.

Für eine solch kleine Streitmacht ist die allgemeine Wehrpflicht unter Beachtung von Wehrgerechtigkeit und einer ausbildungsbedingten Mindestdauer des Grundwehrdienstes von sechs Monaten kaum mehr praktikabel.

Ein viel gewichtigeres Argument für die Abschaffung der allgemeinen Wehrpflicht ist indes ihre bisherige Funktion, ein riesiges Reservistenpotential für die Verstärkung der aktiven Truppe im Verteidigungsfall zu schaffen.

Das in der Französischen Revolution begründete »Levée en masse«, die Bewaffnung eines ganzen Volkes für die totale Kriegführung, ist überholt. Krieg zwischen hochentwickelten Industriestaaten ist wegen ihrer Verwundbarkeit nicht mehr führbar.

Nicht mehr Kriegführung am Ende eines gescheiterten Krisenmanagements kann also Auftrag von Streitkräften in Europa sein, sondern die gesellschaftspsychologische Absicherung einer langfristig totalen Demilitarisierung der Völker in einer Europäischen Friedensordnung.

Die Befürworter des Beibehaltens der Wehrpflicht in der BRD verweisen gern auf deren Funktion der Verankerung von Streitkräften in der demokratischen Gesellschaft.

In der Tat steht in einer Demokratie die dem Prinzip von Befehl und Gehorsam anhängende Armee in einem natürlichen Widerspruch zu der sie umgebenden Gesellschaft.

Hierarchie, Klasseneinteilung, autoritärer Führungsstil und unzulänglich kontrollierte Macht über Untergebene sind immanente

Merkmale von Streitkräften auch in der Demokratie. Die allgemeine Wehrpflicht ändert allerdings nichts am geschlossenen und undemokratischen Charakter des Militärs. Die jungen Wehrpflichtigen, die für einige Monate gerade den äußersten Rand der Organisation Bundeswehr berühren, bewirken nicht den leisesten Hauch von gesellschaftlicher Zugluft für den »harten Kern« des Profi-Korps. Oder anders ausgedrückt: Ihre zivile Wertorientierung dringt nicht in die gefestigte Welt der »unverbrüchlichen soldatischen Tugenden« vor.

Allerdings verlassen die jungen Bürger die Bundeswehr auch wieder ohne Schaden, d. h. unbeeinflußt von der militärischen Normenwelt, wenn auch oft demotiviert.

Die allgemeine Wehrpflicht müsse schon deshalb erhalten bleiben, damit es über das Institut der Kriegsdienstverweigerung auch künftig Zivildienstleistende gibt, lautet ein anderes, besonders aufschlußreiches Argument. Die billige 100 000-Mann-Truppe der »Zivis« soll demnach auch in Zukunft als Lückenbüßer im bundesdeutschen Sozialwesen dienen.

Diejenigen, die so sehr auf die Wehrpflicht als Transmissionsriemen für den Wertewandel zwischen Gesellschaft und Militär setzen, verkennen den wahren Charakter der Bundeswehr: Sie ist eine Drei-Klassen-Armee.

In der obersten Klasse, dem Berufssoldaten-Korps, ist sie de facto eine nahezu geschlossene Berufsarmee. Dieser Berufskader sieht seinen Friedensauftrag nicht darin, die wehrpflichtigen Bürger auch wehrfähig zu machen. Vielmehr werden die Wehrpflichtigen von den Berufssoldaten als billige »Ersatzprofis« zum Auffüllen der präsenten Truppe verwendet. Das idealisierende Bild von der »Bürgerarmee« aufgrund der Wehrpflicht, die den gesellschaftlichen Fortschritt in die Bundeswehr trägt, stimmt also gar nicht.

Ein vertikaler Meinungs- und Gedankenaustausch zwischen der Schicht der Profis und den darunterliegenden Klassen der Zeitsoldaten und der Grundwehrdienstleistenden findet so gut wie nicht statt.

Spricht dies nun nicht alles für ein »richtiges« Berufsheer als Modell für die Zukunft?

Vom militärfachlichen Standpunkt und als geheimer Wunsch der obersten Bundeswehrführung selbstverständlich.

Nur traut sich kein verantwortlicher Sicherheitspolitiker oder General, dies auch auszusprechen.

Vorwiegend vom linken Spektrum der Politik kommen ehrliche Vorbehalte gegen eine Berufsarmee. Die dort geäußerte Befürchtung, sie könnte wieder – wie die Reichswehr – ein »Staat im Staate« werden, ist keineswegs unbegründet. Eine so geschlossene, nach eigenen Regeln funktionierende Organisation, die wegen fehlender Bedrohungswahrnehmung der Bürger ohne gesellschaftliche Anerkennung bleibt, könnte sich leicht an vordemokratischen, sogenannten soldatischen Tugenden festklammern.

Natürlich wäre eine Berufsbundeswehr am besten geeignet, die Ambitionen der Bundesregierung auf die Möglichkeit eines künftig weltweiten deutschen Militäreinsatzes unter deutschem Kommando, also außerhalb der reinen Selbstverteidigung, zu stützen. Aber, erstens wäre eine Berufsarmee mit 370 000 Mann viel zu teuer, und zweitens soll die neue deutsche offensive Militärpolitik den Wählerinnen und Wählern nicht sofort auffallen.

Wenn also weder Berufsheer noch Wehrpflichtarmee das Modell für die Bundeswehr der Zukunft sein kann, was dann?

Der dritte Weg wäre eine Freiwilligenarmee.

Sie unterscheidet sich vom Berufsheer dadurch, daß keiner mehr den Beruf des Soldaten als Lebensberuf wählen kann.

Die Gesamtdauer der Verwendung in den Streitkräften aufgrund freiwilliger Verpflichtung wäre je nach Schwierigkeitsgrad der militärischen Funktion, die einer ausfüllt, auf 4, 8 oder 12 Jahre beschränkt. Eine völlige Öffnung der Streitkräfte und eine immer stärkere Angleichung militärischer Tätigkeiten an die in zivilen Berufen macht einen regelmäßigen Personalaustausch zwischen Wirtschaft, Verwaltung, Wissenschaft und Streitkräften auf allen Führungs- und Ausführungsebenen unproblematisch. Die Neigung der Militärs, »Ungediente«, gleich ob Professor oder Hauptschüler, wie Analphabeten zu behandeln, ist längst mehr als peinlich, sie ist lächerlich.

Da jeder künftige Zeitsoldat sich zuerst in seinem Zivilberuf bewähren muß (dort verbringt er die meiste Zeit seines Berufslebens), kann die Freiwilligenarmee auch kein Sammelbecken von »Pseudo-Rambos« werden. Solche Streitkräfte sind auch keine

Zufluchtstätte mehr für »Autoritätsbedürftige«, die in der Geborgenheit strenger Hierarchie, rigider Kasernenhofordnung und sozialer Absicherung gefährliche »Stärke« entwickeln. Schließlich fördert der ständige Wechsel zwischen verschiedenen Berufsbereichen und den Streitkräften eine tatsächliche Verzahnung von Militär und Gesellschaft. Betriebsblindheit kann besser vermieden, die abenteuerliche Mißwirtschaft der heutigen Bundeswehr überwunden werden.

Worin könnte der Anreiz für einen in seinem Beruf Erfolgreichen liegen, sich als Zeitsoldat zu verpflichten? Neben materiellen Vorteilen, wie gute Bezahlung und beruflich verwertbarer Fortbildung, kann die Freiwilligenarmee wieder gesellschaftliche Anerkennung bieten, wenn sich ihre Soldaten, statt sich auf Krieg vorzubereiten, im Schutz der Bürger vor den Gefahren von Natur- und Technikkatastrophen engagieren.

Wenn schließlich kein Bürger mehr Berufszufriedenheit aus seinem Soldatsein beziehen muß, ist ein entscheidender Schritt zur Zivilisierung der Armee und zur Entmilitarisierung der Gesellschaft getan.

Der neue Kriegskurs für die Bundeswehr läuft allerdings darauf hinaus, daß schließlich die allgemeine Wehrpflicht ausgesetzt wird, weil nur noch ein kleines schlagkräftiges Berufsheer für die Zwecke der Intervention geeignet und auch finanzierbar erscheint. Mit der Umwandlung der Wehrpflichtarmee mit den deutschen Markenzeichen »Innere Führung« und »Staatsbürger in Uniform« in eine Interventionstruppe wird der damit verbundene theoretische Anspruch endgültig liquidiert. Nachdenkliche, kritische und mündige Staatsbürger, die Fragen nach Sinn, Zweck, moralischer Berechtigung oder Rechtsgrundlage künftiger Kriegseinsätze stellen könnten, sind in dieser neuen Armee künftig unerwünscht.

Das Hohelied auf die Wehrpflicht als angeblichem Garanten für die gesellschaftliche Verankerung der Bundeswehr klingt hohl. Längst haben sich die Generäle für die »Profiarmee« entschieden. Nur sie kann nach ihrem Verständnis den künftigen weltweiten Kriseneinsatz kritiklos und ohne »Weinerlichkeit« leisten. So wird die Bundeswehr der Zukunft eine zweigeteilte Armee sein, weil sich die Verantwortlichen nicht trauen, ihren Herzenswunsch nach

einer Berufsarmee zu realisieren. Die eigentliche Bundeswehr der
»Krisenreaktionskräfte« wird aus Berufs- und Zeitsoldaten bestehen, die wehrpflichtigen »Heulsusen« leisten in den Heimat-
basen nur noch »Hand- und Spanndienste« für die Profis.

Die Mär von der Unführbarkeit des Verteidigungsministeriums
Nach jedem Hardthöhen-Skandal, nach jeder angeblichen Eigenmächtigkeit von hohen Ministerialbeamten und hochrangigen Offizieren des Verteidigungsministeriums wird allgemein festgestellt:
dieses Ministerium ist nicht führbar. Über das Warum waren sich
Politiker aller Parteien und Kommentatoren auch gleich einig:
Selbstherrlichkeit, Illoyalität und Unfähigkeit von Generälen und
Regierungsdirektoren, dazu Informations- und Weisungswirrwar
in einer viel zu großen Bürokratie. Diese Diagnose trifft durchaus
zu. Sie ist aber, wie so oft in der Politik und der Medienwelt, nur
die halbe Wahrheit.
Gewiß, der Verteidigungsminister Stoltenberg hat nach dem
»Landmaschinen-Export« deutscher Rüstung an Israel die politische Verantwortung nach anfänglich heftiger Abwehr schließlich
übernommen. Aber wie praktizierten er und seine Vorgänger politische Führung und Verantwortung vor ihrem Scheitern?
Mit der Wende in Bonn 1982 hatte eine naturgemäß konservative
Militärführung der Bundeswehr endlich wieder eine ihr politisch
gemäße Regierung. Der erste Wendeminister Manfred Wörner,
Oberstleutnant der Reserve und begeisterter Offizier, war ganz
nach dem Geschmack der Generäle. Mit ihm konnten sie sich
identifizieren.
Ihre eigenen Vorstellungen von der »richtigen« Verteidigungspolitik stimmten nahtlos mit den politischen Vorgaben der Regierung überein. So war ihnen der vielzitierte Primat der Politik keine
Last (wie zu Zeiten der sozial-liberalen Koalition).
Wie sehr sich die Bundeswehrspitze mit der Regierungspolitik
identifizierte, zeigte die aktive politische Rolle des früheren
Generalinspekteurs Admiral Dieter Wellershoff. Mit seinem Leit-
faden zur Sicherheitspolitik und Militärstrategie »Frieden in Freiheit« verordnete er im Dezember 1988 der Truppe Regierungspolitik per Befehl. Den Kommandeuren schrieb er vor, sich in die
öffentliche Diskussion um den richtigen Weg in der Sicherheits-

politik einzuschalten, natürlich mit der Position der Regierung. Daß er damit gegen das soldatengesetzliche Verbot der politischen Parteinahme im Dienst verstieß, störte den damaligen Minister Wörner nicht. Ganz im Gegenteil: Auf der Kommandeurtagung der Bundeswehr 1988 in Oldenburg stand er vornehm im Hintergrund, als Wellershoff die politische Grundsatzrede hielt. Von Wörner ungerügt durfte er der Sowjetunion, die unter Gorbatschow längst auf Reformkurs lag, ganz im Ton des »Kalten Kriegs« vorhalten, sie setze immer noch auf Krieg als Mittel der Politik, auch auf Nuklearkrieg. Selbst als der Bundespräsident sein Entsetzen über den scharfmacherisch politisierenden Wellershoff ausdrückte, schwieg der Minister.

Und so blieb es unter Scholz und Stoltenberg. Und so geht es unter Rühe weiter. Die Verteidigungsminister wurden und werden in der Wärme inniger politischer Übereinstimmung mit den Generälen und Admiralen zu Zauberlehrlingen. Ihre »Besen« tun, was sie sollen oder, vorauseilend, was sie glauben, tun zu sollen. Die Offiziere spüren natürlich, was die politische Führung eigentlich denkt und will. Dazu bedarf es keiner besonderen Weisung. Die Verschiffung von NVA-Panzern nach Israel, als Landmaschinen getarnt, war ebenso im Sinne der Regierung, wie die militärische Unterstützung des NATO-Freundes Türkei. Auch die Planung von Bundeswehrstrukturen, die durch das Grundgesetz nicht gedeckt sind, wurde vom Minister natürlich nicht angeordnet, aber durch dessen öffentliche politische Aussagen legitimiert und schließlich geduldet. Und der derzeitige Generalinspekteur Naumann durfte angebliche »deutsche Sicherheitsinteressen« militärisch definieren und sicherheitspolitische Fensterreden halten, natürlich mit Billigung des Ministers.

Wenn also Stoltenberg sich in der Rolle des armen und arglosen Opfers des »Molochs Hardthöhe« gefiel und öffentlich bedauern ließ, ist das eigentlich nur peinlich. Er war zwar auch Opfer, aber zuerst Täter. Schließlich haben er und seine Vorgänger Eigenmächtigkeit und Disziplinlosigkeit des Apparats geradezu gefördert.

Solange die »gerufenen Besen« im Sinne der Regierung kehren, sich der Minister bei »Pannen« gar hinter unschuldiger Unwissenheit verstecken kann, ist alles gut. Die »falsch handelnden Mitarbeiter« werden zum Schein gerügt. Ernste, d. h. existentielle Konsequenzen haben die Lebenszeit-Beamten bzw. -Offiziere nicht zu befürchten.

Auch gegenwärtig läßt die Regierung ein Vakuum deutscher Verteidigungspolitik zu, in dem sich die Militärs nach eigenem Gutdünken tummeln dürfen. Wieder fehlen klare politische Vorgaben als Rahmenbedingung für die Zukunftsplanung der Bundeswehr. Im Gegenteil: Die FDP will eine Beteiligung der Bundeswehr an Kampfeinsätzen nur im Rahmen der VN. Der außenpolitische Sprecher der CDU/CSU Karl Lamers hingegen verbreitet, eine Beschränkung von Bundeswehreinsätzen auf VN-Missionen sei eine heimtückische Falle. Deutschland könne nur »europafähig« werden, wenn die Bundeswehr auch ohne rechtliche Ermächtigung durch die VN »out-of-area« kämpfen dürfe. Lamers darf damit von der Regierung unwidersprochen den vorsätzlichen Bruch der VN-Charta fordern, die militärische Gewaltanwendung ohne ihr Mandat und außerhalb der Abwehr einer Aggression eindeutig untersagt.

Und Rühe? Er übt sich noch in wolkigen Formeln über die Zukunftsaufgaben der Bundeswehr. Wieder ist es die Unfähigkeit der Regierung zur Entscheidung, die Freiraum für Phantasie der Soldaten schafft. Längst wird im Verteidigungsministerium und in der Bundeswehr vorauseilend – wenn auch halbherzig, weil außerhalb der Verfassung – geplant, was als politischer Wille in der Regierungskoalition erkannt oder erspürt wird.

Volker Rühe oder sein Nachfolger werden das Schicksal ihrer Vorgänger erleiden, wenn er das Verteidigungsministerium nicht von Grund auf reformiert.

Problem Nr. 1
Das Prinzip von Befehl und Gehorsam.
Im Verteidigungsministerium als Ressort der Bundesregierung gilt im Grundsatz nicht das militärische Führungsprinzip, wonach der Soldat die Befehle seines Vorgesetzen unverzüglich und gewissenhaft auszuführen hat, sondern es gelten die Prinzipien des Beamtentums, wonach der Beamte in seinem Handeln allein Recht und Gesetz verpflichtet ist.

Die Führungsstäbe im Verteidigungsministerium, die von den

Inspekteuren der Teilstreitkräfte und vom Stellvertreter des Generalinspekteurs geführt werden, sind aber nur auf dem Papier ministerielle Abteilungen. In der Praxis wird dort wie in Kommandobehörden befohlen und widerspruchsloser Gehorsam verlangt. Die gemeinsame Geschäftsordnung der Bundesministerien, d. h. eigenverantwortliche Geschäftsführung und unmittelbares Vortragsrecht der Referatsleiter, wurde für die Obristen und Kapitäne zur See mit Ministerialzulage stillschweigend außer Kraft gesetzt. Eigeninitiative, Kreativität, Vorschläge oder Bedenken von Offizieren dieser Ebene werden so auf dem langen Weg durch die Militärhierarchie nach oben gewöhnlich Opfer der jeweiligen »Teilstreitkräftepolitik«, d. h.: die Spitze in der militärischen Befehlshierarchie wird zum Nadelöhr und Filter. Was den Zwischenvorgesetzten nicht in den Kram paßt, bleibt auf der Strecke. Der Rest wird zur leicht verdaulichen Ministervorlage, meist fern der Realität, häufig fern der Wahrheit.

Problem Nr. 2
Militärische Geheimhaltung
Beim Militär herrscht das krankhafte Bedürfnis, nahezu alles geheimzuhalten. Das aus den USA und damit aus der Führungsphilosophie der »Befehlstaktik« stammende »Need-to-know« (Kenntnis nur, wenn nötig) wurde im Bundesministerium der Verteidigung zum Instrument für das Zuteilen und Vorenthalten von Herrschaftswissen, besonders gegenüber dem Parlament. Selbst Mitglieder des Verteidigungsausschusses, die gewöhnlich zum Zugang zu den höchsten NATO-Geheimhaltungsstufen ermächtigt sind, werden von Generälen und Admiralen immer wieder frech mit der Lüge abgebügelt, »die NATO« gebe die gewünschte Information nicht frei oder ein bestimmtes Dokument existiere überhaupt nicht. So wird Geheimhaltung zum Schutzwall, hinter dem sich die höchsten Soldaten und Beamten der Hardthöhe verstecken oder folgenlos zurückziehen, wenn sie in arroganter Überschätzung ihrer »höheren Ziele« (Rettung der Verteidigungsfähigkeit Deutschlands gegen die Dummheit und Uneinsichtigkeit von Abgeordneten) Verteidigungsausschuß und

das Parlament austricksen, auch mit Lug und Betrug. Der eigene Minister duldet es oder wird selbst getäuscht.
Die Folgen sind schlimm: Mißachtung des Parlaments und Verachtung des eigenen Ministers. So wurden beispielsweise Parlament und Bevölkerung jahrzehntelang über die Art und das Ausmaß der Bedrohung des Westens getäuscht.

Problem Nr. 3
Auswahl der militärischen Führungskräfte
Der Offizierberuf ist ein Karriereberuf. D. h. der kontinuierliche Aufstieg von einem Dienstrang zum nächsten gehört zum System. Vor die Beförderung haben aber die »militärischen Götter«, d. h. die unmittelbaren Vorgesetzten, die die Untergebenen alle zwei Jahre nach Eignung, Leistung und Befähigung beurteilen, ihr persönliches Wohlwollen gesetzt. Wer also ganz nach oben will, muß sich ständig dieses Wohlwollens seiner Vorgesetzten versichern. Er muß sich stromlinienförmig an die Auswahlkriterien seiner Vorgesetzten anpassen. Und das sind noch allemal die »unverbrüchlichen militärischen Tugenden«, besonders kritiklose Ein- und Unterordnung. So reproduziert sich die Militärspitze stets nach dem eigenen Bild. Der Minister hat nicht den geringsten Einfluß darauf.
Der ehrgeizige Generalstabsoffizier, kaum an der jeweiligen kurzfristigen Aufgabe einer Dienststellung, die er ohnehin nur durchläuft, interessiert, sondern daran, wie er möglichst schnell und unbeschadet die nächste Karrierestufe erreicht, entwickelt sich auf dem Weg nach oben zum Selbstdarstellungs- und zum Selbstverleugnungskünstler. Durchgeschossen durch »Aufbauverwendungen« landen viele schließlich als Universaldilletanten auf den höchsten Dienstposten. In dieser Welt von buntbetreßten Gauklern blühen kleinkarierte Teilstreitkraftegoismen, Eifersucht und Verteilungskämpfe um die Rüstungsmilliarden und schließlich permanente Rivalität zwischen den militärischen und zivilen Abteilungen (die von Karrierebeamten viel länger und in der Regel qualifizierter geleitet werden). Gallige Bissigkeit gegenüber Gleichen, unduldsames Treten nach unten und servile Dienstbeflissenheit nach oben prägen den Umgang miteinander.
Was wäre in dieser Lage zu tun?

Das Verteidigungsministerium muß endlich zu einem »reinen« Ressort der Regierung umgewandelt werden, d. h.: die militärischen Führungsfunktionen müssen in den nachgeordneten (militärischen) Bereich verlagert werden.

Militärischer Sachverstand wird durch Offiziere in das Ministerium eingebracht, deren Soldatenstatus während ihrer Verwendung im Ministerium ruht. Sie werden Beamte. Jeder Soldat kann sich auf eine ausgeschriebene Stelle im Bundesministerium der Verteidigung bewerben. Ausgewählt werden die »Ministerialbeamten« von einer eigens dafür geschaffenen Kommission aus Angehörigen des Ministeriums, die unmittelbar dem Minister untersteht. Natürlich müssen Aufbau- und Ablauforganisation des stark verkleinerten, d. h. etwa auf ein Fünftel des bisherigen Umfangs reduzierten Ministeriums gestrafft werden, wodurch die Informations- und Weisungswege erheblich verkürzt würden.

Und schließlich müssen die Verteidigungsminister aufhören, vor goldenen Sternen und Litzen innerlich strammzustehen.

Wer als politisch Verantwortlicher allerdings das Verteidigungsministerium mit dem Rat und der Hilfe der Offiziere und Beamten reformieren will, die aus Unfähigkeit oder Illoyalität schon Stoltenberg und Scholz auf dem Gewissen haben, muß damit scheitern.

Wer den Sumpf trockenlegen will, darf die Frösche nicht fragen.

Klarheit des politischen Auftrags an die Bundeswehr, Gesetzes- und Befehlstreue, konsequente Bestrafung von Ungehorsam oder Eigenmächtigkeit sollten die neuen Tugenden auf der Hardthöhe sein. Dazu gehört Führungswille ebenso wie der Rückhalt des Ministers in Regierung und Parlament.

Gelingt es Rühe nicht, die Geister, die seine Vorgänger und er selbst gerufen haben, wieder loszuwerden, wird er dem Schicksal seiner Vorgänger folgen.

Nicht das Ministerium ist unführbar. Die Regierung und ihre Verteidigungsminister haben sich bisher als unfähig erwiesen, politische Führung zu praktizieren.

Die Verschwendungssucht bleibt ungebremst
Was war geschehen, als im März 1994 ein General der Bundeswehr eine spektakuläre Flucht in die Öffentlichkeit antrat?

Brigadegeneral Lorenz Huber, Chef einer »Arbeitsgruppe für Aufwandsbegrenzung im Betrieb« warf das Handtuch, nachdem die Ergebnisse der von ihm geleiteten Untersuchung über Rationalisierungsmöglichkeiten beim Bundeswehrbetrieb und bei der Materialwirtschaft der deutschen Streitkräfte (der Bericht umfaßte mehr als 1 000 Seiten) im Papierkorb zu landen drohten. Hubers Motiv: »Mangelnde Reformbereitschaft bei zu vielen Generälen/ Admirälen«. Die Teilstreitkräfte, ängstlich auf ihre Besitzstände bedacht und besorgt, daß ihnen allzusehr in die Karten gesehen wird, hatten während der Untersuchung, in die eine zivile Unternehmensberatung einbezogen war, die Arbeit der sogenannten »Kampfgruppe Huber« massiv behindert.

Was steckt dahinter?

Während des Kalten Krieges war auch dem deutschen Militär nichts an Waffen und militärischer Ausrüstung zu teuer, nichts zu viel. Die angebliche »haushohe Überlegenheit« des »Warschauer Paktes« schien alles zu rechtfertigen, was die Militärs zur Auffüllung ihrer Material- und Munitionsdepots wollten.

Zahlreiche Studien belegten schon vor dem Ende des Ost-West-Konflikts die notorische Verschwendungssucht von Heer, Luftwaffe und Marine. Aber alle Ansätze zur Rationalisierung und wirtschaftlichem Denken blieben im Unterholz der Ministerialbürokratie stecken.

Nun, nachdem die schon früher fragwürdigen Argumente der akuten militärischen Bedrohung des Westens völlig haltlos geworden sind, ist die Weigerung der Militärbürokraten, eine gründliche Neubestimmung und Neubeurteilung der Bundeswehr und ihres Auftrags durchzuführen, besonders ärgerlich.

Die im März 1994 vorgelegte Studie zur Überprüfung der Aufwandsbegrenzungen im Betrieb der Bundeswehr, die General Naumann 1992 in Auftrag gegeben hatte, brachte für Insider keine neuen Erkenntnisse. Allenfalls wurden die Mißstände innerhalb der Bundeswehr-Logistik erneut schlaglichtartig beleuchtet. Das Schicksal dieser Studie wird kein anderes sein, als das der Wehrbeauftragten-Berichte in der langen Bundeswehrgeschichte. Ein kurzes Strohfeuer der öffentlichen Empörung, lahme Erklärungen der Bundeswehr-Offiziellen, Nebelwerfen, Tarnen und Täuschen und schließlich – nachdem der Pulverdampf des öffentlichen Interesses verzogen ist –, Rückzug in die alten Schützengräben der Existenzsicherung um jeden Preis und Fortsetzung der Verschwendung von Steuermitteln nach Art des Hauses.

Warum erscheint eine Behebung so offensichtlicher Mißstände innerhalb der gigantischen Militärbürokratie nicht möglich?

Ganz einfach. Diejenigen, die diese Mißstände beseitigen könnten und müßten, sind dieselben, die daran interessiert sind, daß sich nichts ändert. Ihre Denkweise: Je mehr Dienststellen, je mehr Soldaten in einem Teilbereich um so mehr hohe Führungspositionen und um so besser die Aufstiegschancen für die Führungsgruppe. Allerdings belohnt das Parlament diesen volks- und betriebswirtschaftlichen Nonsens auch noch durch die altertümlichen fiskalischen Haushaltszwänge, und bestraft jeden Ansatz von Kosteneffektivität von Kommandeuren. Solange es eine Regierung erlaubt, daß sich die Militärs hinter Geheimhaltung, Fachkauderwelsch und Bedrohungsphantastereien verstecken dürfen, wird es ihr nicht gelingen, den Sumpf trockenzulegen. Nur eine unabhängige Gruppe von Unternehmensberatern und ehemaligen Offizieren, die sich über ihre Dienstzeit hinaus einen kritischen Geist bewahrt haben, könnte die Ausmistung des Augiasstalls bewältigen.

Die U-Boot-Träume der Marine: Frechheit siegt

An einem kurzen Schriftwechsel zwischen dem Autor und dem Führungsstab der Marine wird beispielhaft sichtbar, mit welch fadenscheiniger – zudem fachlich haltloser – Begründung die Marineführung neue U-Boote fordert und aller Voraussicht nach – auch von einer SPD-geführten Regierung – erhält.

Anfrage:

Elmar Schmähling   50939 Köln, 1.3.94
                              Paul-Schallück-Str. 5
                              Telefon 0221 448648
                              Telefax 0221 424789
                         Mobiltelefon 0172 2974149

Elmar Schmähling, Paul-Schallück-Str. 5, 50939 Köln

Bundesminister
der Verteidigung
Informations- und Pressestab
Postfach 1328

53003 Bonn

Sehr geehrte Damen und Herren,

Pressemeldungen zufolge beabsichtigt die Bundeswehr, vier U-Boote der Klasse 212 anzuschaffen.

Als Steuerzahler interessiert mich die sicherheitspolitische und militärfachliche Begründung für ein solches Rüstungsvorhaben, falls es von der Bundeswehr verfolgt wird.

Mit Dank für Ihre baldige Stellungnahme verbleibe ich

mit freundlichen Grüßen

Elmar Schmähling

Die Antwort:

Bundesministerium der Verteidigung   53003 Bonn,   18.03.1994

Stabsabteilungsleiter FÜ M III   ☎ (0228) 12·   47 20

Herrn
Elmar Schmähling

Paul-Schallück-Str. 5.

50939 Köln

Sehr geehrter Herr Schmähling!

Die Anfrage vom 01.03.194 darf ich im folgenden beantworten:

1 – Die deutsche Sicherheitspolitik ist durch zwei Grundfunktionen gekennzeichnet: Schutz vor Risiken und Gefahren einerseits und aktive Gestaltung von Stabilität und Frieden andererseits. Streitkräfte leisten in beiden Funktionen wichtige, unverzichtbare Beiträge.

Abgeleitet in erster Linie aus der Schutzaufgabe tragen See- und Seeluftstreitkräfte dazu durch glaubwürdige Fähigkeiten zur verbundenen Seekriegführung unter Wasser, auf dem Wasser und über Wasser bei. Gleichzeitig sind sie ein gewichtiger Faktor in der Gestaltungsfunktion der Streitkräfte mit besonderem bündnispolitischem Wert.

2 – Das Uboot ist aufgrund seiner Eigenschaften und Fähigkeiten ein nicht zu ersetzendes Funktionselement im Seekrieg. Bei eigenständiger, weitgehend unentdeckbarer und langanhaltender Anwesenheit in zugewiesenen Operationsgebieten kann das Uboot unter sehr günstigem Aufwand-Nutzen-Verhältnis Seegebiet überwachen und ggf. sichern und dabei eine hohe Bindung gegnerischer Kräfte erreichen. Auch in der verbundenen UJagd ist das Uboot unverzichtbar.

3 – Mit der Klasse 212 werden diese von einem Uboot zu fordernden Fähigkeiten realisiert. Die Uboote sichern den gebotenen Erhalt der Ubootkomponente in der deutschen Marine. Mit dem absehbaren Ende der Nutzungsdauer der Uboote der Klasse 206A ginge sonst diese Komponente irreversibel verloren. Die Beschränkung auf die Anzahl von 4 Ubooten Klasse 212 im gültigen Bundeswehrplan reflektiert die Veränderungen in den sicherheitspolitischen und militärstrategischen Rahmenbedingungen deutlich. Wie Sie wissen, bestand die Ubootflottille zur Zeit der Ost-West-Konfrontation aus 24 Ubooten.

Mit freundlichen Grüßen

Christian Giermann
Flottillenadmiral

Bewertung:

Es mag dahingestellt sein, ob Streitkräfte wirklich »eine wichtige Funktion« zur aktiven »Gestaltung von Stabilität und Frieden« leisten.

In einer Welt der Militarisierung von Außenbeziehungen scheint es eher umgekehrt zu sein: Streitkräfte stören Stabilität und Frieden.

Nun zu den »Fachagumenten«:

Es gibt keine »verbundene Seekriegführung« zwischen U-Booten und anderen Seekriegssystemen, und sie hat es auch aus einem ganz einfachen Grunde nie gegeben: Verbundene Kriegführung setzt Kooperationsfähigkeit aufgrund gesichertem, d. h. ununterbrochenem Informationsaustausch voraus. Bekanntlich sind U-Boote, wenn sie in einer Tauchtiefe operieren, die bestmöglichen Schutz vor Entdeckung und Bekämpfung bietet, vom Informationsaustausch abgeschnitten.

Das geplante U-Boot der Klasse 212 ist trotz wesentlich verbesserter Tauchdauer und höherer Geschwindigkeit als die bisherigen »konventionellen« U-Boote, also solchen, die von der Außenluft abhängig sind, gezwungen, nach einiger Zeit aufzutauchen, oder zumindest in der Nähe der Wasseroberfläche zu operieren.

Dort ist es aufgrund der modernen Aufklärungsmittel und Methoden eben nicht mehr »weitgehend unentdeckbar«.

Das schwächste Argument für ein U-Boot ist allerdings seine angebliche Fähigkeit, »unter sehr günstigem Kosten-Nutzen-Verhältnis Seegebiet (zu) überwachen«.

Wenn das U-Boot selbst nicht entdeckt werden will, verliert es gleichzeitig seine Entdeckungsfähigkeit. Die Zuweisung einer Aufklärungs- oder Überwachungsaufgabe an ein U-Boot wäre ein böser Schildbürgerstreich.

Im Zeitalter der Satellitenaufklärung ist es schon dreist, ausgerechnet das U-Boot mit Aufklärung in Verbindung zu bringen.

Am Ende kommt der Oberstratege der Marine zum eigentlichen Grund, warum die Marine das neue U-Boot braucht: »Die U-Boote sichern den gebotenen Erhalt der U-Bootkomponente in der deutschen Marine«. Na also. Jetzt kann auch der Fachmann folgen. Wie der Bau des Jägers 90/2000/Eurofighter usw. den Bestand der Wettbewerbsfähigkeit der deutschen Luftfahrtindustrie sichern soll (also gar nichts mit Bedrohung zu tun hat), braucht der

Wunsch der Marine nach U-Booten nicht weiter begründet zu werden. Zu einer Marine gehören nun einmal U-Boote. Alle Marinen, oder doch die meisten, haben U-Boote. Und wie sollen deutsche Werften U-Boote verkaufen können, wenn der eigene Stall ihre hochwertigen Produkte nicht will (der »Transrapideffekt« läßt grüßen). Noch Fragen?

Ja, was heißt eigentlich »gebotener Erhalt«? Wer oder was gebietet, daß die deutsche Flotte, wie alle anderen deutschen Teilstreitkräfte vom Verfassungskonsens auf reine Verteidigung verpflichtet, auch nach der Ost-West-Psychose noch über das klassische Angriffsseekriegmittel U-Boot verfügen muß?

Wenn den von gigantischen Rüstungsvorhaben Begünstigten die Begründungshoheit für das anzuschaffende Rüstungsgut überlassen wird, weil die zum Parlament abgestellten Soldaten und die Reservisten als Mitglied des Bundestages dazu schweigen oder nur lahm oder gar nicht nachfragen, werden die Bürgerinnen und Bürger auch weiterhin hilflose Opfer einer selbstsüchtigen Militärcamarilla.

Militärseelsorge

Ironie der Geschichte der Militärseelsorge.

Die Militärseelsorge ist die eigentliche Gewinnerin des Kalten Krieges.

Hatte sie zu Zeiten, wo jeder Soldaten-Christ an seinem Stationierungsort durch zivile Pfarrer seelsorgerisch betreut werden konnte, nicht einen Hauch von Berechtigung, bekommen Soldaten-Pfarrer nun vielleicht doch noch eine sachlich begründbare Aufgabe: die Betreuung von Soldaten, die zum »Frieden schaffen« in ferne Länder geschickt werden.

Lange hat es gedauert, bis endlich wenigstens bei den Protestanten eine innerkirchliche Debatte über Sinn und Unsinn der Militärseelsorge begann. Sie mußte ausgerechnet aus Ostdeutschland kommen.

Der Wehrbeauftragte beklagt die seiner Ansicht nach eingeschränkte »Kirche unter Soldaten« in Ostdeutschland, weil dort nur nebenamtliche Pfarrer agieren könnten.

Was heißt eigentlich »Kirche unter Soldaten«? Warum keine »Kirche unter Lehrern«, Rechtsanwälten, Ärzten usw.? Warum brauchen Soldaten eine eigene Kirche?

Wohl deshalb, weil der kirchliche Segen ganz nah sein muß, wenn das 5. Gebot im Namen eines höheren Prinzips, z. B. der Staatsräson, suspendiert wird.

Wenn künftig junge Männer wieder unschuldige Menschen in Interventionskriegen töten sollen, in Kriegen, die nicht das mindeste mit Verteidigung, also »Notwehr«, zu tun haben, ist der ausdrückliche Segen der Kirche gefragt. Die Kirchen haben sich stets leicht getan mit dem Segnen von Waffen – übrigens die aller Kriegsparteien.

Schließlich genießen die Kirchen höchste staatliche Subvention. So sollen sie gefälligst als kleine Gegenleistung etwaige Gewissensbisse der Soldaten wegpredigen. »Du sollst nicht töten«, gewiß, aber im Namen Gottes und des von Gott gewollten Wohlstands für seine Vorzugsschäflein ist das etwas ganz anderes.

Für das »gerechte« Vergießen des Blutes von Unschuldigen, wie im Golfkrieg, kann der Verteidigungsminister immer mit dem kirchlichen Segen rechnen. Der katholische Militärbischof Dyba plädierte schon 1991 für einen Einsatz der Bundeswehr außerhalb der NATO, um »ungerechtes Blutvergießen zu verhindern«.

Bundeswehr und Werbung

Mit ihrer Werbekampagne im Frühjahr 1994 versucht die Bundeswehr – wohl auf persönliche Initiative von Verteidigungsminister Volker Rühe – neue Wege zu gehen.

Während des Kalten Krieges war die Werbung der Bundeswehr eher auf das Image der Streitkräfte als ein großer, interessanter technikbezogener Dienstleistungsbetrieb abgestellt, in dem junge Männer an interessanter Technik ausgebildet wurden und arbeiteten. Stichworte, wie »Funktionalität«, »funktionaler« statt »formaler« Gehorsam usw., prägten diese Periode.

Nun soll offenbar die gesellschaftlich nicht so recht vorankommende Wertediskussion in und über die Bundeswehr transportiert werden.

Es paßt gut in die von der Regierung gewollte, neue Soldatenrolle, nun die Bundeswehr als Hort zeitloser gesellschaftlicher Werte, wie »Dienen«, »Gemeinschaftssinn«, »Treue« usw., hinzustellen.

Sicher würde auch die preußische »Manneszucht« in das Re-

Seit vier Jahrzehnten dient die Bundeswehr dem Frieden.

Auf unsere Soldaten ist auch in Zukunft Verlaß.

Ja,
Sicherheit

Die Welt hat sich verändert. Ein neues Kapitel der Geschichte ist aufgeschlagen. Unsere Sicherheitslage hat sich verbessert, doch niemand kann die Zukunft vorhersagen. In Gebieten, in denen es heute noch friedlich ist, können schon morgen Risiken für unser Land und die Gemeinschaft der Völker entstehen. Wie schnell das gehen kann, erleben wir gerade in Europa, sozusagen vor unserer Haustür.

Auch in anderen Teilen der Welt leben Menschen in Unsicherheit und Not. Die Völkergemeinschaft erwartet einen angemessenen Beitrag der Deutschen. Friedenssicherung und Sicherheitsvorsorge bleiben notwendig und unverzichtbar. Das hat seinen Preis.
Wenn es um Frieden, Sicherheit und Menschlichkeit geht – auf die Bundeswehr können Sie zählen.

Wir sind da.

pertoire aufgenommen. Aber eine andere neue Regierungsparole »Frauen an die Front« paßt wohl nicht so recht dazu.

Die Überschrift dieser ganzseitigen Anzeigen der Bundeswehr könnte ausdrücken, daß sich die Bundeswehr für den Erhalt der äußeren Sicherheit der Republik zuständig fühlt, daß sie diese Aufgabe wahrnimmt und in der Wahrnehmung dieser Aufgabe auch zur Kenntnis und ernst genommen werden will.

Wenn aber, wie dies im Werbetext geschieht, die Bundeswehr als Teil der Exekutive selbst definiert, welche Sicherheit sie meint und in welcher Form sie diese neu definierten Sicherheitserfordernisse glaubt gewähren zu sollen, dann geht die Bundeswehr einen Schritt zu weit. Die Bundeswehr hat nicht zu interessieren, welchen Beitrag die Völkergemeinschaft (angeblich) von den Deutschen erwartet.

Die Bundeswehr greift eine (partei-)politische Position auf und mischt sich als Teil der Exekutive des Staates, somit als von der Bundesregierung abhängige Institution, in eine Diskussion, die allein im politischen Raum geführt werden darf und muß.

Wohl verstanden: Jeder einzelne Soldat kann und soll sich als Staatsbürger in Uniform an der Diskussion und an der Auseinandersetzung um den künftigen Kurs der Außen- und Sicherheitspolitik beteiligen. Die Bundeswehr als Institution jedoch hat sich neutral zu verhalten. Sie ist allen Deutschen, allen verfassungsmäßigen Parteien und allen Verfassungsorganen verpflichtet. Wenn die bewaffnete Macht im Staat Partei ergreift, ist die Demokratie in Gefahr.

Dies kapieren offenbar weder der Verteidigungsminister, der die politische Verantwortung für die Bundeswehr trägt, noch die Spitzenmilitärs. Schon unter Admiral Wellershoff (Ja, Tapferkeit) hat sich die Bundeswehr massiv auf die »Aufklärung«, besser, die Indoktrination der Bevölkerung eingelassen, die Bedrohung des Landes in einer bestimmten, von der Bundesregierung und der Bundeswehr gewünschten Form wahrzunehmen.

So wie die Parteien, einmal an die Macht gekommen, den Staat und seine Ämter zur Beute machen, spannen Politiker wie selbstverständlich Institutionen des Staates vor ihren Karren, als wären sie Parteiapparate.

Gefährlich daran ist zweierlei:

1. Soldaten und Beamte lassen sich gern benutzen, wenn und so lange es ihren eigenen Interessen dienlich scheint. Die von der Regierung in diesem Zusammenhang von den Staatsdienern verlangte oder geduldete Illoyalität gegenüber den anderen Verfassungsorganen, fördert aber generell Illoyalität, auch gegenüber der Regierung.

2. Die jeweilige Opposition schreit nicht auf, weil sie es selbst so gehalten hat, und dort weiterhin tut, wo sie Staatsmacht besetzt hält. Und nach dem nächsten Machtwechsel möchte sie es wieder tun können.

Die Verluderung der deutschen Politik hat längst die maghrebinischen Geschichten des Gregor von Rezzori übertroffen.

Die Soldaten der Bundeswehr erfüllen ihren Auftrag,
auch unter persönlicher Gefährdung.

Ja,
Tapferkeit

In Somalia Menschen in Not und Gefahr zu helfen, im Arabischen Golf scharfe Minen zu räumen oder aus einem Flugzeug der Bundeswehr in tiefster Dunkelheit Lebensmittel über Bosnien abzuwerfen und zu wissen, daß die Flugabwehr auf einen gerichtet ist – das erfordert Tapferkeit, eine Haltung, die von Soldaten erwartet wird. Sie versprechen es in ihrem Eid und in ihrem Gelöbnis.

Was von den Soldaten der Bundeswehr täglich gefordert wird, hat nichts mit Verwegenheit zu tun, aber sehr viel mit sorgfältiger Ausbildung, mit Professionalität und der Überzeugung, das Richtige zu tun – für unser Land, unser Bündnis und im Dienste der Menschlichkeit.

Die Völkergemeinschaft erwartet von uns Deutschen Unterstützung bei gemeinsamen Friedensmissionen. Unsere Soldaten erfüllen diesen Auftrag.

Tapferkeit ist auch heute eine Tugend unserer Soldaten.

Wir sind da.

133

In dieser Anzeige drücken die Werbetexter der Bundeswehr nicht nur auf die Tränendrüsen. Sie verfälschen ganz einfach das soldatengesetzliche Gebot, wonach der Soldat im Eid oder im feierlichen Gelöbnis sich zu seiner gesetzlichen Verpflichtung bekennt, »das Recht und die Freiheit des deutschen Volkes zu verteidigen«. Die klare Beschränkung der vom Soldaten erwarteten Tapferkeit auf die Verteidigung von *Recht und Freiheit des deutschen Volkes* wurde schon vom Generalinspekteur Klaus Naumann unterschlagen, als er den Eid der Bundeswehrsoldaten als eine uneingeschränkte Verpflichtung auch der wehrpflichtigen Rekruten uminterpretierte, alle staatlichen Kriegsabenteuer in aller Welt mitmachen zu müssen.

Recht und Freiheit eines Volkes können nur auf dessen Staatsgebiet und an seinen Grenzen verteidigt werden. Die Abwehr einer militärischen Aggression (nur das erlaubt Art. 51 der VN-Charta) gegen einen Staat ist nur dort erlaubt, wo sie stattfindet; dort wo die Staatsgrenzen verlaufen. Deshalb konnte es weder in Somalia noch im arabischen Golf noch in Kambodscha jemals darum gehen, das *Recht und die Freiheit des deutschen Volkes* zu verteidigen.

Tapferkeit kann natürlich eine Tugend von Soldaten sein. Tapferkeit ist aber keineswegs eine Eigenschaft, die von Soldaten allein verlangt wird. Die Krankenschwester, die im Südsudan bei der Ausübung ihrer mitmenschlichen Hilfe von – unter anderem auch deutschen – Minen, die in Millionen an die ganze Welt verkauft/verschenkt wurden, bedroht ist, muß nicht minder tapfer sein. Der Feuerwehrmann, der ein Kind aus einem in Brand gesetzten Asylbewerber-Wohnheim herausholt, muß nicht minder tapfer sein.

Tapfer sollten die deutschen Soldaten vor allen Dingen dann sein, wenn es darum geht, Zivilcourage zu beweisen und sich nicht einem tatsächlichen oder angeblichen Gruppenzwang zu unterwerfen.

Tapfer *nein* zu sagen, wenn es darum geht, künftig militärische Gewalt gegen Wehrlose und Unschuldige einzusetzen.

Tapfer sein, heißt nein zu sagen, wenn rechtswidrige Befehle zum Einsatz der Bundeswehr außerhalb des grundgesetzlichen Rahmens erteilt werden.

Der frühere Generalinspekteur, Admiral Dieter Wellerhoff, hat noch ein anderes Feld entdeckt, auf dem der Soldat im Frieden

Tapferkeit beweisen kann: Er machte soldatische Tapferkeit dort aus, wo die Soldaten dem Volk klarmachen, daß es sich auch weiterhin bedroht fühlen soll, auch wenn dieses Volk selbst keine militärische Gefährdung mehr erkennen kann.

Tapferkeit, d. h. das aufrechte Stehen und das Eintreten für seine persönliche Überzeugung, gegen äußeren und inneren Druck, das ist es, was vom Staatsbürger in Uniform verlangt wird, und nicht gedankenloses Hammeltum.

Im übrigen war es ja nicht Tapferkeit oder der Wille, Tapferkeit zu zeigen, die deutsche Soldaten nach Somalia getrieben haben. Es waren in erster Linie das ansehnliche »Söldner-Handgeld«, in zweiter Linie die Abenteuerlust, und in dritter Linie die Angst, als Soldat zur zweiten Kategorie zu gehören. Daß Motiv Nummer drei auch richtig wirkt, dafür sorgt schon General Klaus Naumann, der kürzlich die Parole ausgegeben hat, Deutschland dürfe sich nicht länger hinter vermeintlichen Verboten der deutschen Geschichte oder der deutschen Verfassung verstecken.

Tapferkeit heißt schließlich, laut und vernehmlich zu antworten: »Sie irren, Herr Naumann. Es gibt kein vermeintliches Verbot der deutschen Verfassung. Es gibt ein tatsächliches Verbot.«

Es darf nicht zugelassen werden, daß die Bundeswehr, die als sachlich-nüchternes Instrument des Staates zur Absicherung der äußeren Sicherheit geschaffen wurde, nun immer weiter von dieser Zweckbestimmung abdriftet.

Nur weil Politiker und Soldaten den verfassungsmäßigen Auftrag »Verteidigung« (gegen wen auch?) nicht mehr vermitteln können, müssen Ersatzfunktionen der Streitkräfte her.

Aber mehr als jährlich 50 Milliarden DM für eine Art Klub zur Pflege staatsbürgerlicher Tugenden scheint wirklich etwas zu weit zu gehen.

Wie wäre es, wenn unser Staat einen Teil dieses Geldes in die originären Institutionen für die Erziehung der jungen Leute zum Staatsbürger und Demokraten und in die sinnvolle Jugendbetreuung investierte? Da hätte die Vermittlung demokratischer Werte, wie Solidarität, »Compassion« im Sinne Willi Brandts und Zivilcourage, ihren rechten Platz.

»Operation Schäuble«: Bundeswehr als Hilfspolizei

Wenn das deutsche Militär »normal« werden soll, dann selbstverständlich nach gründlicher, deutscher Art bitte etwas »nor-
maler« als das Militär der Nachbarn. Mit einem Aufwasch sollen
die deutschen Soldaten nicht nur weltweit frontreif werden, sondern sie sollen auch gleich als Hilfspolizisten der Nation einsetzbar
sein.

Es war ja keine Entgleisung oder ein Versprecher des Herrn
Schäuble, als er öffentlich die Verwischung der Grenze zwischen
äußerer und innerer Sicherheit vornahm und die abenteuerliche
Forderung stellte, daß entgegen der klaren Verfassungsabgrenzung
auch deutsche Soldaten im Innern einsetzbar sein sollten. Diese
Forderung, die Anfang 1994 von weiteren Politikern aufgegriffen
wurde, ist nur eine Facette eines neuen Staatsverständnisses. Nach
der Demontage des Grundrechts auf Asyl, nach überdeutlichen
Bemühungen, die Pressefreiheit einzuschränken, im Ruf nach
»mehr Staat«, in der Forderung nach (Lausch-)Eingriffen in die
Individualrechte von Bürgerinnen und Bürgern usw. usf., paßt
auch die Abrichtung des Militärs auf einen solchen wieder er-
starkenden Ordnungsstaat bestens ins Bild. Ist das die Naumann'sche »Bundeswehr der Vielfalt«?

Deutsche Soldaten, die am Samstag eben einmal ein Stadion leer-
schießen? Deutsche Soldaten, die Streikbrecher vor dem Werkstor
abräumen? Deutsche Soldaten, die mit dem Bergepanzer Demon-
stranten von der Straße schieben?

Eine Horror-Vision? Gewiß sind solche Szenen heute für viele
unvorstellbar. Aber es ist die Saat, die ausgestreut wird, deren spä-
teres Aufgehen Angst machen muß.

Immerhin können sich nach einer Allensbach-Umfrage vom
Frühjahr 1994 bereits mehr als 50 % der Befragten einen Einsatz
der Armee im Innern vorstellen.

Der baden-württembergische Ministerpräsident Erwin Teufel
träumt schon von einer Bürgerwehr und von wehrpflichtigen
Hilfspolizisten. »Bevor ich den Staat vor die Hunde gehen lassen
würde, wäre ich für einen Einsatz der Bundeswehr als eine Art
Nationalgarde auch im Innern, aber nur mit Zustimmung einer
verfassungsändernden Mehrheit«, eröffnete er Mitte März '94 der
Bildzeitung. Zustände wie in Weimar könnten die Bereitschaft

dazu befördern, meinte Herr Teufel. Ob er sich auch daran erinnert, was das Ende der Demokratie von Weimar »befördert« hat? Seit der gewiefte Taktiker Schäuble diesen Stein ins Wasser geworfen hat, vergeht kaum ein Tag, an dem die gekräuselten Wellen nicht erneut bewegt werden.

Ende März '94 verkündete der parlamentarische Geschäftsführer der CDU/CSU-Fraktion, Rüttgers, daß die Regierungskoalition nach der Wahl eine Gesetzesinitiative unternehmen werde, mit der der Einsatz der Bundeswehr im Innern möglich gemacht werden soll. Diese Ankündigung erlaubt es Wählern sehr konkret, eine solche Initiative zu verhindern. »Wehret den Anfängen« ist schon mehrfach in der deutschen Geschichte ungehört verhallt.

Frauen an die Front?
Frauen, in den wenigsten Armeen der Welt zu Kampf-Einsätzen zugelassen, sollen nun auch bei der Bundeswehr gleich in die vordersten Schützengräben dürfen. So jedenfalls fordern es starke Kräfte in der FDP, wie Generalsekretär Werner Hoyer.
Wenn es den Befürwortern von gleichen Rechten und Pflichten für die Frauen in der Armee wirklich um die generelle Gleichstellung der Frau in der Gesellschaft ginge, dann sollten die Herren Politiker und die Politikerinnen mit Männerseelen in der zivilen Realität der Frauen anfangen.
Wenn sie dort endlich mit der Diskriminierung und Unterdrückung der Frauen aufgeräumt haben, dann hat sich vielleicht die Frage nach Gleichstellung der Frauen in der Armee von selbst geklärt: denn dann wird es – hoffentlich! – keine nationalen Armeen mehr geben, weil man endlich auch zu der Einsicht gekommen ist, daß nationale Armeen überflüssig sind.

Demilitarisierung und Demokratisierung der Streitkräfte
Geschlossene Militärstrukturen sind überall auf der Welt Horte des Militarismus.
Von den Streitkräften geht einerseits ein Druck zu immer weiterer Modernisierung der Waffenarsenale aus. Es gehört zur professionalen Deformation von Berufssoldaten, daß sie stets eine Bedrohung ihres Staats wahrnehmen. Gegen diese müssen sie nach eigenem Verständnis optimal gerüstet sein.

Andererseits bieten Armeen gern ihre Dienste an, wenn die Politik bei der Bewältigung politischer Probleme scheitert. Am Ende können sie die Erwartungen der Regierungen, die sie geweckt haben, doch nicht erfüllen, wie im Krieg auf dem Balkan. In den Streitkräften wird die Anwendung militärischer Gewalt »gesellschaftsfähig« gemacht. Die Staatsführungen und mächtige Institutionen, wie die großen Kirchen z. B., die sich der Streitkräfte gern bedienen (siehe Militärseelsorge), attestieren den Armeen samt ihren Waffen immer wieder die ethisch-moralische Unbedenklichkeit.

Damit muß jetzt Schluß sein.

Hitler, Auschwitz und die unbeschreiblichen Verbrechen durch Kriege und in Kriegen waren nur möglich mit Hilfe eines willfährigen Militärs. Auch Soldaten unverdächtiger demokratischer Staaten begingen und begehen systematisch – und systemimmanent – schreckliche Verbrechen. Sie werden zu Vergewaltigern und Mördern. Das liegt einfach in der Natur der Sache Krieg. Und Krieg bricht nicht aus. Er wird von Menschen gewollt, begonnen und geführt. Krieg wird nicht geführt, weil Soldaten da sind. Aber ohne Soldaten gibt es keinen Krieg. Die Menschen müssen daher, jeder an seiner Stelle, dazu beitragen, daß nationale Streitkräfte und das Berufssoldatentum geächtet werden.

Dem Militär muß die gesellschaftliche Anerkennung versagt werden.

Alle das Soldatentum verklärenden und verherrlichenden Elemente, wie schmückende Uniformen, Orden und Ehrenzeichen, müssen abgeschafft werden.

Öffentliche Militärfeiern, gar mit pseudo-religiösem Charakter, und Militärparaden müssen untersagt werden.

Die Militärmusik ist aufzulösen.

In den Streitkräften des Übergangs, die nach dem Prinzip der »Gemeinsamen Sicherheit« strukturiert und bewaffnet sind, müssen schließlich dieselben demokratischen Spielregeln gelten wie in der zivilen Arbeitswelt.

Interessengemeinschaft zur Verteidigung der Rechte von Soldaten

Die derzeitige innere und äußere Lage der Bundeswehr ist schlecht. Sie ist gekennzeichnet durch Frust und Mißmut. Die Rekordzahlen der Anträge auf Anerkennung als Kriegsdienstverweigerer und ausbleibende Bewerbungen für den freiwilligen Dienst in den Streitkräften sprechen für sich.

Die einen sehen in den Streitkräften keine sichere und berechenbare Berufsperspektive mehr, die anderen wollen kein »Kanonenfutter« für eine historisch und politisch rückwärtsgerichtete »Kanonenbootpolitik« sein.

Also bleiben besonders die jungen Männer der Bundeswehr fern, die eine stärkere staatsbürgerlich bewußte Haltung haben.

Der Versuch, Soldaten des »Darmstädter Signals«* für politische Meinungsäußerung besonders hart zu bestrafen, ist ein sicheres Indiz für die innere Wende der Bundeswehr weg vom »Staatsbürger in Uniform«. Soldaten, die künftig irgendwo in der Welt irgendwelche Menschen aus nicht ohne weiteres nachvollziehbaren Gründen töten und deren Lebensgrundlagen zerstören sollen, sollen es sich künftig nicht mehr leisten können, kritische Fragen zu stellen.

Unter diesen Umständen sinkt die fachliche Qualifikation und persönliche Integrität derer, die jetzt noch zur Bundeswehr kommen, immer weiter ab. So setzt sich der Teufelskreis des fachlichen und moralischen Niedergangs der Bundeswehr fort.

Auch die jüngsten Berichte des Wehrbeauftragten des Deutschen Bundestages, obwohl aus parteipolitischer Rücksichtnahme – wie üblich – geschönt, geben einige Hinweise auf den desolaten Zustand der Armee.

Diese neue Bundeswehr, sollte sie entstehen, braucht öffentliche Kontrolle noch viel dringender als die alte.

Ungezählte Soldaten oder ehemalige Soldaten erfahren und haben erfahren, wie wenig das »Standesrecht« der Bundeswehr einen wirklichen Rechtsschutz gewährt.

---

* Das »Darmstädter Signal« ist eine Gruppe tapferer kritischer Soldaten, die 1983 gegründet wurde.

Was »Recht« ist, entscheiden die Disziplinarvorgesetzten sowie die haupt- und nebenamtlichen Richter der »Spezialgerichte« (Truppendienstgerichte und Wehrdienstsenate des BVG), indem sie u. a. die »weichen« Bestimmungen des Soldatengesetzes (wie z. B. »Pflicht zum treuen Dienen« oder »Schädigung des Ansehens der Bundeswehr in der Öffentlichkeit«) zu Ungunsten der Soldaten interpretieren.

Ihre Interpretation folgt regelmäßig einem Soldaten- und Menschenbild, das aus vergangener (überwunden geglaubter) Zeit stammt.

Eine wirkliche »Dritte Gewalt«, die im Streit zwischen dem einsamen Soldaten, der sich allein mit seinem Widerspruch einer geistigen »unerlaubten Entfernung« von der Geschlossenheit der Truppe schuldig gemacht hat, und dem mächtigen Dienstherrn unabhängig entscheidet, gibt es in der Praxis nicht. Dazu ist die personelle und ideologische Verquickung der »Bundeswehrgerichte« mit der Bundeswehrführung viel zu stark ausgeprägt.

Weder Parteien noch einzelne Politiker noch Verbände haben sich bisher (abgesehen von der Gewährung von Rechtsschutz unter bestimmten Voraussetzungen) mit dem Grundproblem befaßt.

Der einzelne Soldat bleibt machtlos gegenüber einem Rechtssystem, dem er geradezu schicksalhaft ausgeliefert ist.

Der Arbeitskreis »Darmstädter Signal« schlägt sich seit seiner Gründung mit diesem Problem herum. Im Erstreiten ihrer Rechte blieben auch die Soldaten dieser Gruppe bisher durchweg Einzelkämpfer.

Um dem Problem endlich an die Wurzeln zu gehen, schlage ich folgendes vor:

Soldaten aller Dienstgrade und ehemalige Soldaten bilden eine Interessengemeinschaft, die sich die folgenden Ziele setzt:

1. Gegenseitige Unterstützung der Soldaten im Rechtsstreit mit dem Dienstherrn.
2. Öffentlichkeitsarbeit und politische Lobbyarbeit mit dem Ziel der Verwirklichung der Grundrechte und eines Rechtsschutzes, der den Namen verdient, für alle Soldaten.
3. Erfassung und Veröffentlichung aller Streitfälle, in denen nach gemeinsam erarbeiteten Maßstäben rechtsstaatliche Grundsätze verletzt worden sind (Monitoring).

4. Veröffentlichung der Namen von Vorgesetzten, die ihr Disziplinarrecht mißbrauchen. Ausschöpfen aller rechtlichen Möglichkeiten zur Belangung von Soldaten, die vorsätzlich oder grob fahrlässig in die Rechte von Untergebenen eingegriffen haben. Schadensersatzforderungen usw.
5. Herbeiführen von höchstrichterlichen Entscheidungen und Anrufung des Europäischen Gerichtshofs oder der Europäischen Menschenrechtskommission, wenn der nationale Rechtsweg ausgeschöpft ist.
6. Politikbeeinflussung mit dem Ziel, die Rechtstellung der Soldaten dort gesetzlich zu verbessern, wo wiederkehrend Gesetzesmängel, -lücken oder Gesetzesauslegungen zu Lasten der Soldaten gehen.

Wo es um die Verteidigung der Grundrechte von Soldaten geht, funktioniert die parlamentarische, gesellschaftliche, politische (durch Parteien) und in Verbänden organisierte (Bundeswehrverband, ÖTV) Kontrolle der Streitkräfte nicht.

Warum erscheint es nicht möglich, die originär für die Interessenvertretung der Soldaten zuständigen Stellen und die Öffentlichkeit dazu zu bringen, diese Aufgabe wahrzunehmen? Ist das Problem dort überhaupt in seiner Tragweite erkannt und verstanden?

Die Antwort liegt auf der Hand. Die Kontrolleure stehen außerhalb des geschlossenen Kontrollbereichs. Sie kennen die vielfältigen Eingriffsmöglichkeiten in die Rechte von Soldaten nicht aus eigenem Erleben. Sie stehen dem Staatsapparat Bundeswehr gewöhnlich viel näher als dem einzelnen Soldaten. Sie sind im doppelten Wortsinn nicht wirklich betroffen, wenn ein Soldat Opfer seiner Vorgesetzten oder der Militärbürokratie wird.

Daher müssen die Betroffenen selbst ihre Interessenvertretung wahrnehmen.

Das sind
– betroffene (disziplinar gemaßregelte, bestrafte) Soldaten
– andere problembewußte Soldaten, Reservisten, Wehrpflichtige
– kritische Bürgerinnen und Bürger
– kritische Juristenvereinigungen
– einzelne politische Parteien.

Die Zusammenbindung der Interessierten und Betroffenen sollte am besten in einem eingetragenen Verein erfolgen (falls es keine andere geeignetere Rechtsform gibt).

Der Verein muß bekannt und gut erreichbar sein, für betroffene Soldaten, Bürgerinnen/Bürger und Medien.

Die Beurteilung, ob es sich bei einem Vorkommnis um »Rechtsmißbrauch« handelt, sollte einem Rechtsausschuß obliegen, der aus Juristen der Verbände bestehen könnte, die Mitglied in dieser Interessengemeinschaft sind.

Der Arbeitskreis »Darmstädter Signal« und der dahinterstehende Förderkreis, zusammengesetzt aus kritischen Bürgerinnen und Bürgern, sind geradezu prädestiniert, die Interessengemeinschaft zu tragen. Der Arbeitskreis »Darmstädter Signal« könnte als Kerntruppe die Organisation leiten. Der Förderkreis könnte korporatives Mitglied werden.

Rüstungschaos bei der Bundeswehr

»Stoltenberg hält am Jäger 90 fest« war der überraschende Aufmacher der F.A.Z. vom 10. Januar 1991.

Da rieb sich der Zeitungsleser verwundert die Augen, denn wie paßte dies zu der Meldung der Süddeutschen Zeitung vom 7. Januar 1991, wo es doch hieß: »Nach Informationen aus dem Verteidigungsministerium: Bundeswehr wird auf Jäger 90 verzichten«?

Mußte nun vielleicht doch noch das verbreitete Urteil über Stoltenberg revidiert werden, er ließe die politischen Zügel schleifen, er werde von seinen Generälen und deren Rüstungsbegehrlichkeiten gesteuert?

War Stoltenberg doch ein standfester Politiker, der sich nicht vor den Karren der Streitkräfteegoismen spannen ließ?

Immerhin hatte er am 11. Oktober 1990 die dringende Forderung seines Beraters für Militärpolitik ignoriert, eine politische Entscheidung des Bundessicherheitsrats herbeizuführen in der Frage, wie mit den – politisch hochbrisanten – unersättlichen Waffenwünschen der Israelis umgegangen werden solle. Als dann die »Panzerverschiebung« aufgeflogen war, jammerte er allerdings, die »handelnden Personen« hätten eine politische Entscheidung herbeiführen müssen.

Danach schien er sich erneut über den Rat seiner Generäle hinwegzusetzen. Nicht, daß nicht auch sie den Wundervogel sehnlichst wünschten. Aber, gemessen an den vielen anderen Wünschen und Forderungen, war der Jäger 90 einfach unbezahlbar.

Die Auflösung des scheinbaren Widerspruchs der Meldungen vom 7. und 10. Januar fand schließlich, wer auch den Wirtschaftsteil las. Am 8. Januar wurde in der Süddeutschen Zeitung dort nämlich der Sprecher des zum Daimler-Benz-Konzern gehörenden Luft-, Raumfahrt- und Wehrtechnikunternehmens DASA zitiert, daß er eine »positive Produktionsentscheidung« erwarte und daß die DASA »unverändert fest von einem Serienbau des Jägers 90 ausgeht«. Anders als Politiker und Militärs wußte offenbar wenigstens die Rüstungswirtschaft, was sie will.

Admiral Wellershoff sprach von der Notwendigkeit einer Umstrukturierung der Bundeswehr, die einem Neuanfang gleichkomme. Sein Nachfolger im Amt, Generalinspekteur Naumann, forderte, die Truppenreduzierung müsse für einen »völligen Neubau der Armee« genutzt werden.

Der Verteidigungspolitiker der CDU, Hauser, verlangte von Stoltenberg einen »radikalen Schwenk in der Militärpolitik«.

In der Tat stimmt seit dem Ende des Kalten Krieges in der Verteidigungspolitik nichts mehr, weil alle früheren Prämissen für Planung und Einsatz der Bundeswehr restlos weggefallen sind. Zwischen der einhelligen Einschätzung der Militärfachleute, daß es eine militärische Bedrohung der Bundesrepublik Deutschland nicht mehr gibt, und dem militärischen Weiterwursteln ohne klare politische Vorgaben, klaffen Welten.

Gegen welche Macht soll künftig die »Panzerschlacht« geführt oder doch wenigstens geplant werden? Auf ihre schönen Panzer wollen die Heeresgeneräle aber nicht verzichten.

Gegen welche Ziele sollen deutsche Bombenangriffe geflogen werden? Innerhalb der Reichweite deutscher Bomber leben nur noch Menschen befreundeter Staaten! Aber auf ihre schönen »Flugsport-Geräte« wollen die Luftwaffengeneräle (die selbst noch gern am Steuerknüppel reißen) nicht verzichten. Also hält Bonn auf Anraten dieser Generäle an Panzern und Bombern unbeirrt fest. Die Admiräle wollen wenigstens ihre neuen U-Boote. Wofür, wissen sie selbst nicht.

Irgendwie erinnert das Chaos auf der Hardthöhe an den Zerfall der UdSSR. Jede Teilstreitkraft sucht für sich zu retten, was zu retten ist. Nicht der Wille zur vorausschauenden Führung prägt die Verteidigungspolitik, sondern das hinter der Entwicklung Herhecheln bestimmt die Tageshektik. Kein mutiges Aufgreifen der Chancen zur Planung einer der Lage angepaßten Bundeswehr ist in Sicht. Planung verkümmert zum Kassensturz, zum eifersüchtigen Aufteilen des kleiner werdenden Verteidigungskuchens. Streitkräftekonzeption ist – soweit wegen der Verfassungsrestriktion nicht ungedeckter Scheck, wie die unverfrorene Begründung für neue U-Boote mit zukünftigen »out-of-area«-Einsätzen der Marine – nur noch Taktieren und Finessieren gegenüber dem Parlament.

Dazwischen kämpfte ein hoffnungslos überforderter Minister Stoltenberg (vergebens) um das eigene politische Überleben.

Wer in Deutschland noch Zweifel hatte, von wem in unserem Land die Rüstungspolitik bestimmt wird, der hat mit der Tragikkommödie um den Jäger 90 ein Extra-Lehrstück erhalten. Da ließ sich der Nachfolger von Stoltenberg, kaum im Amt, dafür feiern, daß er nicht bereit sei, die Bedrohung von gestern zur Grundlage seiner Rüstungsentscheidungen zu machen. Außerdem sei er nicht der Industrieminister.

Wird die Verteidigungspolitik doch in Bonn gemacht?, fragten sich die BürgerInnen verdutzt.

Nach dem, was sich dann aber als Kompromiß im Jäger-Streit abzeichnete, waren die Verhältnisse allerdings wieder klar, die Welt der Deutschen Bank, von Daimler und der Rüstungspartei CSU wieder heil.

Der »Jäger light« soll es richten.

Mit dem Zugeständnis an die Jäger-Lobby, eine abgespeckte Version des bereits auf der Blaupause zu feist gewordenen Vogels bei der Lieblingsindustrie der Bayern bauen zu lassen, konnte Minister Rühe politisch überleben. Oder war auch das nur Politshow gewesen, daß er sich so weit aus dem Fenster gelehnt hatte?

Aber eines ist so sicher wie das bayerische Lamento, wenn es um Rüstungspfründe geht: Auch der neue Jäger wird in weitere wundersame Kostenhöhenflüge aufsteigen, noch ehe er am Himmel auftaucht.

Das liegt nun einmal in der Natur einer Rüstungspolitik, die schon lange keinen realen Bezug zur sicherheitspolitischen Wirklichkeit mehr hat, schon gar nicht zu einer seriös beurteilten militärischen Bedrohung. Die Herren Piloten, auch die mit goldenen Sternen, wollen sich die Welt nicht ohne ihr Lieblingsspielzeug vorstellen. Und die Industrie bedient diese Wünsche gern. Sie nimmt dafür, was dem Parlament an Rüstungsmilliarden abgepreßt werden kann. Deswegen sind beide, Militär und Manager, so flexibel, was Art und Kosten des Flugzeugs anbetrifft.

Leider plappern auch die Sicherheitsexperten der SPD die Behauptung nach, die deutsche Luftwaffe brauche auf jeden Fall zur Jahrtausendwende ein Jagdflugzeug. Wozu eigentlich? Wo ist die Bedrohung und wo die ehrliche Beurteilung, welche nationalen Waffensysteme (in einer Welt größerer Kooperation und verbesserter kollektiver Sicherheitssysteme, vor allem in Europa) überhaupt noch notwendig werden?

Es ist ein Trauerspiel, wie der deutsche Finanzminister angesichts zahlreicher ungelöster nationaler und internationaler Sozialprobleme und leerer öffentlicher Kassen einen schamlosen Spagat zwischen Staats- und Parteiräson macht.

Seine Partei, in unappetitlicher Weise mit privaten Wirtschaftsinteressen verquickt, versucht weiter Steuergelder in die Taschen der Rüstungskonzerneigner zu schanzen, anstatt staatliche Mittel für einen sozial verträglichen Übergang von der überzogenen Rüstungsorientierung zu einer tragfähigen Zukunftsperspektive der Industrie bereitzustellen.

Bequemlichkeit und Phantasielosigkeit der Rüstungsmanager, die sich an den hohen Gewinnspannen bei Rüstungsprojekten festklammern, und die Abhängigkeit einiger Parteien vom Wohlwollen der Spenden- und Pöstchengeber sind wie eine schwere Suchtkrankheit.

Unser Gemeinwesen davon zu befreien, wird nur mit einer Radikalkur gehen: Verbot der Rüstungsproduktion in der Privatwirtschaft und totales Verbot von Rüstungsexport. Letzteres wäre angesichts des skandalösen 3. Platzes, den Deutschland 1991 beim Waffenexport erklommen hat, das Gebot der Stunde.

Die neuen Konflikte und die Deutschen

Kopflos ins Militärabenteuer auf dem Balkan?

Die Entscheidung der Bundesregierung, ein deutsches Kriegsschiff an den Operationen der WEU und NATO gegen Restjugoslawien zu beteiligen und damit indirekt militärisch in den Balkankonflikt einzugreifen, war unüberlegt, verfassungswidrig und eskalierend. Seit dem zweiten Golfkrieg 1991 pendelt die deutsche Außen- und Militärpolitik gegenüber Krisen und Konflikten in und um Europa zwischen Verbalradikalismus nach außen und Entschlußlosigkeit im Innern.

Der Gefolgschaft der Bürger für eine aggressive deutsche Militärrolle gar nicht sicher, verfolgt die Bundesregierung die Zielsetzung ihrer militärischen Interventionspolitik immer stärker im hektischen Aufspringen auf europäische Aktivitäten.

Aber kollektive Konzept- und Kopflosigkeit ist nicht besser als nationaler Aktionismus, der die Regierung nur kurzfristig und scheinbar entlastet. Schließlich wird für die Öffentlichkeit bald sichtbar, daß nichts erreicht wurde. Also folgt der nächste Akt politischer Hilflosigkeit: eine Spirale des Hineinschlitterns in eine Entwicklung, die so nicht gewollt war.

Die Regierung riskiert viel. Die deutsche Öffentlichkeit soll mit emotionalisierender Berichterstattung über den Krieg im ehemaligen Jugoslawien (sie ist vergleichbar der psychologischen Medienkriegführung der USA vor und während des Golfkriegs) die scheibchenweise Aushöhlung des Grundgesetzes so lange tolerieren, bis ein Zurück nicht mehr möglich ist.

Die Wirkung der lautstark angekündigten und nun seit Monaten laufenden Flottenaktion in der Adria war als Anfang in zweifacher Weise gefährlich:

Innenpolitisch wird in der Grauzone zwischen NATO-Auftrag und Militäroperation jenseits der verfassungsmäßigen Beschränkung der Bundeswehr auf Selbstverteidigung der Versuch unternommen, das Ziel der Ausweitung des Auftrags der Bundeswehr, bis hin zu Kampfeinsätzen ohne öffentliche Diskussion und schließlich ohne Verfassungsänderung zu erreichen. Außenpolitisch wurde der Eindruck zu erwecken versucht, die WEU-Armada könnte durch Überwachung der Einhaltung und Durchsetzung des Wirtschaftsembargos gegen Restjugoslawien zur Beendigung des grausamen Mordens Unschuldiger beitragen. In Wirklichkeit hatten die Schiffsbesatzungen zunächst nicht einmal das Recht, Schiffe zu durchsuchen oder zu stoppen. Statt dessen verschärften sie nur den psychologischen Druck auf die Kriegsparteien, die mit Terror und Gewalt rasch unverrückbare Tatsachen der Landnahme und Gebietskontrolle schaffen wollten. Nach der klaren Absage des amerikanischen Präsidenten an ein militärisches Eingreifen in die Bodenkämpfe konnten diese sich sicher fühlen.

Die Alternative zu den europäischen Gesten der Hilf- und Kopflosigkeit und des blinden Aktionismus war und ist indes nicht die Entscheidung, mit Kampftruppen massiv in den Bürgerkrieg auf dem Balkan einzugreifen. Sie wäre die Garantie für eine räumliche und zeitliche Ausweitung der Kämpfe zu einem Balkankrieg, der noch viel mehr Menschen in Tod und Verzweiflung stürzte und die Lösung der dem Konflikt zugrundeliegenden Probleme – wieder einmal – für Jahrzehnte unmöglich machte.

Militärisches Eingreifen als Machtfrage

Während sich das tägliche Verbrechen von Vertreibung und Mord in Bosnien-Herzegowina wiederholt und das Leiden Unschuldiger immer schmerzlicher sichtbar wird – ganz anders als während des letzten Golfkrieges transportiert und vergrößert durch das Fernsehen frei Haus –, wächst der psychische Druck auf die Politik.

Die unisone Empörung von immer mehr Politikern und Meinungsmachern als Reaktion lautete: Da muß doch etwas geschehen! Die »zivilisierte Welt« kann doch nicht wieder einmal tatenlos danebenstehen, wenn unschuldige Menschen Opfer brutaler Gewalt werden!

Irrtum, die sogenannte zivilisierte Welt kann es. Sie hat es immer gekonnt. Die Liste der Orte und Akte von Völkermord, der geschehen konnte und heute geschieht, ohne daß die »zivilisierte Welt« eingegriffen hätte oder eingreift, ist lang.

Barbarei passiert, weil und solange vitale Interessen der Spieler beim Monopoly um die Verteilung von Einfluß und Macht nicht wirklich berührt sind. Greueltaten oder angebliche Greueltaten in einem Staat sind niemals Anlaß oder Ursache für militärisches

Eingreifen, höchstens der willkommene Verstärker für das Auf-
heizen der Emotionen der eigenen Bevölkerung und der Stärkung ihrer Kriegsbereitschaft. Der zweite Golfkrieg war ein geradezu klassisches Beispiel dafür. Präsident Bush, der am Golf
selbst einen Atomkrieg riskiert hat, um das Saddam-Hussein-
Regime mit geballter Faust zu vernichten, hat erst unter massivem Druck der Weltöffentlichkeit und höchst widerwillig den
kleinen Finger zum Schutz der grausam verfolgten Kurden und
Schiiten gerührt.
Das Risiko einer Ausweitung des Krieges auf ganz Europa oder
eines zweiten Vietnam auf dem Balkan sei viel zu groß, wenn die
USA und die Westeuropäer das grausame Blutvergießen in Bosnien
mit massivem militärischem Eingreifen beenden wollten, heißt es
merkwürdig einhellig in den westlichen Hauptstädten.
Als ob das Risiko, das die westlichen Militärmächte im Golfkrieg
in Kauf genommen haben, nicht beträchtlich größer gewesen wäre.
Daß Saddam Hussein nicht massenweise Giftgas eingesetzt hat
(niemand wußte genau, ob er nicht sogar Atomwaffen besaß) und
Israel nicht mit Atombomben gegen Bagdad geantwortet hat, hat
weder etwas mit berechtigter Erwartung noch mit eigener Tüchtigkeit zu tun.
Es ist also nicht das angebliche zu hohe militärische Risiko, das
noch nie zu hoch war, wenn es um die Machtfrage ging, das jetzt
einem militärischen Eingreifen auf dem Balkan im Wege steht. Eine
militärische Intervention wird allein deshalb strikt abgelehnt, weil
das politische Interesse der Militärmächte dagegen steht. Allein
deshalb und nicht wegen der berechtigten militärfachlichen Ein-
wände gegen die spürbare Unlust führender Politiker, sich durch
mögliche Mißerfolge und Verluste Minuspunkte bei der heimi-
schen Beliebtheitsparade einzuheimsen. Was bleibt, ist die übliche
Augenwischerei, telegener Aktionismus, der Handeln nur vor-
täuscht, und weiterhin leere Drohungen. Daran hat auch das
NATO-Ultimatum vom Februar 1994 prinzipiell nichts geändert.
Bloß keine Geschäftsschädigung. Es reicht, wenn die Einhaltung
des Embargos beschworen oder sein Bruch aus der Ferne beobachtet wird. Wie sonst ist zu erklären, daß der Sicherheitsrat mit
der Resolution 770 zwar den militärischen Schutz von Hilfstrans-
porten erlaubt hat, nicht aber eine strikte Blockade der Grenz-

übergänge, der Donau und der Küste, um die weitere Zufuhr von Waffen, Munition, Betriebsstoff und sonstigem Kriegsmaterial zu unterbinden.

Reflexe der Hilflosigkeit
In Deutschland gewinnen indes »Freizeit-Militärstrategen« die Lufthoheit über den Biertischen. Immer mehr Stimmen empfehlen öffentlich ein begrenztes militärisches Eingreifen, z. B. mit Luftstreitkräften.
So waren sich die ehemaligen Verteidigungs-Staatssekretäre von Bülow, Würzbach und Rühl einig, »gezielte Luftangriffe gegen Feuerstellungen« der Serben zu führen, um diese zur Aufgabe ihrer militärischen Ziele zu bewegen. Lothar Rühl ging sogar noch einen Schritt weiter. Er riet, darüber hinaus auch Depots, Nachschubstraßen, Führungsanlagen und Flugplätze in Serbien in den Luftkrieg mit einzubeziehen. Für Kurt-Peter Würzbach, der es für möglich hielt, die serbischen Artilleriestellungen mit einem Schlag aus der Luft auszuschalten, wäre gar die Teilnahme deutscher Soldaten am Krieg ein »historisches Gebot«.
Unterstützt wurden solche Vorstellungen über einen Luftkrieg gegen die Serben von den SPD-Abgeordneten Steiner und Niggemeyer sowie ihren CDU-Kollegen Lamers, Gerster und Volker Schimpff, die ebenso für eine begrenzte Kriegführung sind wie der bayerische Sozialminister Gebhard Glück und der CSU-Generalsekretär Huber. Die bayerischen Christ-Politiker brachten sogar die Befürwortung von Waffenlieferungen an Kroatien und Bosnien auf, um den nicht-serbischen Kämpfern »Mittel zur Selbstverteidigung« zu geben, eine Haltung, die später auch von Bundeskanzler Kohl und Außenminister Kinkel angenommen wurde.
All diese Vorschläge haben die gemeinsame Schwäche, daß sie zwar ein militärisches Ziel formulieren, nämlich die Schwächung der serbischen Militärpotentiale und Beendigung der Kampfhandlungen, aber kein politisches Ziel danach.
Ob das militärische Ziel mit Luftangriffen erreicht werden kann, ist indes mehr als zweifelhaft, da nach aller Erfahrung aus zurückliegenden Kriegen allein mit Luftkrieg weder der Gegner weit genug militärisch »abgenutzt« (dies insbesondere in für ihn günstiger Topographie, die gute Deckung bietet) noch ein Krieg beendet

werden kann. Oder anders ausgedrückt: Luftkrieg ohne Boden-
kampf bleibt ein kopfloses Konzept der Nadelstiche, bloßes blindes Zuschlagen, eher zur eigenen psychischen Entlastung denn
zum Erreichen konkreter Ziele. Die ehemaligen Rüstungs-Staats-
sekretäre waren offenbar nicht lange genug im Amt, um eine der
wirklichen militärischen Tugenden anzunehmen: die unbe-
stechliche, saubere militärische Lagebeurteilung.
Ihre und des hitzköpfigen parlamentarischen Nachwuchsstars
Stefan Schwarz Empfehlung von Luftangriffen gegen Artilleriestellungen, Flugplätze Serbiens und andere kriegswichtige Einrichtungen kann nur als Versuch eines persönlichen Auswegs aus
dem lähmenden Gefühl der Ohnmacht verstanden werden.
Dabei wissen sie genau (oder könnten wissen), daß mit bloßen
Luftangriffen militärisch so gut wie nichts zu erreichen ist. Was
soll dann ihr politischer Effekt sein?
Solche Vorschläge, genauso wie die verrückte Idee der bayerischen
Politdesperados Glück und Huber, Waffen an Kroatien und Bosnien zu liefern, sind durchsichtige demagogische Befreiungs-
schläge gegen den wachsenden Unmut der veröffentlichten Meinung über die klägliche deutsche Balkanpolitik.

Rückkehr zu militärischer und politischer Nüchternheit
Nach den klassischen Kriterien generalstabsmäßigen Denkens
kommen – unabhängig von ethisch-moralischen Erwägungen –
militärische Einsätze als Mittel einer auf Konfliktbeendigung zie-
lenden Politik nur in Betracht,
– wenn das strategische Ziel vor Beginn militärischer Operationen eindeutig und dauerhaft definiert ist und
– eine hohe Wahrscheinlichkeit besteht, daß das politische Ziel in
  überschaubarer Zeit und zu vertretbaren Kosten (Verlusten)
  erreicht wird.
Streitkräfteeinsatz, der nicht von vornherein auf einen möglichst
geringen »Kolateralschaden«, d. h. auf die geringst mögliche Zahl
ziviler Opfer und möglichst geringe Umweltschäden ausgerichtet
ist, kann selbst von Spitzenmilitärs in der postkonfrontativen Welt
nicht mehr vertreten werden, weder gegenüber der eigenen Gesellschaft noch gegenüber den am Konflikt unschuldigen Menschen des Kriegsgegners.

Nicht mehr maximale Vernichtung des Feindes kann nach diesem Denken die Ratio von militärischer Gewaltanwendung sein, sondern Verhältnismäßigkeit der Mittel ist das Gebot moderner Militäraktionen, um eine politische Lösung des Konflikts nicht zuzuschütten, nachdem die Waffen verstummt sind.

Werden diese allgemein gültigen Kriterien an einen möglichen Kampfeinsatz westlicher Staaten im ehemaligen Jugoslawien angelegt, verbietet er sich.

Ein kaum nachvollziehbarer Frontverlauf in völlig unübersichtlichem Gelände würde das Bekämpfen rein militärischer Ziele nahezu unmöglich machen. Folge: hohe Verluste bei der Truppe *und* bei der Zivilbevölkerung.

Sogenannte »chirurgische Schläge« wären nicht einmal in der Theorie zu planen. Das Eskalationsrisiko wäre besonders groß, weil keine raschen Erfolge zu erwarten wären. Und das wichtigste Argument: Es fehlt an einer klaren politischen Vorgabe für eine Ordnung nach einem militärischen Einsatz.

Unter dem Strich lautet daher eine korrekte militärische Lagebeurteilung: Eine rasche Konfliktbeendigung im ehemaligen Jugoslawien ist durch den Einsatz militärischer Gewalt gegen die kämpfenden Gruppierungen nicht zu erreichen.

Diese Einsicht teilen die führenden Politiker und Militärs. Der britische Außenminister Douglas Hurd hat sich in der Vergangenheit vehement gegen ein militärisches Eingreifen in Bosnien-Herzegowina ausgesprochen; auch gegen sogenannte gezielte Schläge gegen serbische Stellungen aus der Luft. Solche Militäraktionen würden nur vorübergehende Ergebnisse erzielen können, aber keinesfalls die Kämpfe beenden. Dagegen wäre der Tod von noch mehr Zivilpersonen zu erwarten.

Der ehemalige Präsident der Vereinigten Staaten, George Bush, verwies auf hohe Verluste, die ein militärisches Eingreifen fordern würde. Der Westen liefe Gefahr, in einen lang andauernden Guerillakrieg verwickelt zu werden.

Bundeskanzler Helmut Kohl, der sich »gegen politische und militärische Abenteuer« aussprach, verwies wiederholt darauf, daß es keinen Staats- oder Regierungschef gebe, der für einen militärischen Schlag gegen Serbien sei. Verteidigungsminister Volker Rühe unterstützte den deutschen Kanzler bei dessen Argumentation:

»Sie können nicht durch Militärschläge die Probleme lösen« und »insgesamt wird das Blutvergießen noch größer« (bei einer militärischen Intervention).

Der SPD-Politiker Egon Bahr nannte die Vorstellungen militärischer Einsätze zur Konfliktlösung gar einen »kompletten Wahnsinn«. Auch der FDP-Verteidigungsexperte Werner Hoyer wandte sich entschieden gegen eine Militärintervention, da weder das militärische noch das politische Ziel einer solchen Aktion klar sei. Die früheren NATO-Generäle John Galvin und Gerd Schmückle warnten dringend vor einem militärischen Engagement. Die Verhältnisse in den Kampfgebieten seien viel zu kompliziert, um Streitkräfte hineinzuschicken. Schmückle nannte die Befürworter eines militärischen Eingreifens »Lehnstuhlstrategen«, die Übertragung der Golfkriegserfahrung auf den Bürgerkrieg im ehemaligen Jugoslawien »grotesk«. Und mit einem Seitenhieb auf die Bonner Regierung: dort werde »plötzlich rasant umgestellt auf Kriegsführungspolitik«.

Somalia-Einsatz: Wie die Regierung das Volk betrog

»Humanitäre Hilfe« sollten die deutschen Soldaten im friedlichen Norden Somalias leisten, aber bitte nicht zu unauffällig. »Unsere Soldaten sind doch keine Schauerleute«, entrüstete sich Verteidigungsminister Rühe über das Ansinnen, deutsche Soldaten etwa beim Entladen von Hilfsschiffen in Mogadischu anpacken zu lassen. Bestimmt hätten die deutschen Medien diesen zivilen Dienst wenig reizvoll gefunden. Also mußte etwas Großes, Erhabenes, Spektakuläres für die erste Expeditionsmission der Bundeswehr her, etwa ein neuer deutscher »Wüstenfuchs«, wie die Bildzeitung trompetete, und deutsche Landser im militärischen Tropenchic, natürlich mit ihrem für die Wüste aufgemotzten Kampfgerät.

Daß die martialische Rüstung zu den uniformierten Möchte-gern-Samaritern so wenig passen wollte wie die Maschinenpistole zum Unfallretter, störte offenbar wenige.

Erst als angesehene zivile Hilfsorganisationen, die seit langem in der vorgesehenen somalischen Einsatzregion unbewaffnet humanitäre Hilfe leisteten, massiv gegen den beabsichtigten militärischen Mummenschanz protestierten, kam das Bonner Lügengebäude ins Wanken. Zudem wäre das, was die UNO eigentlich von den Deutschen erwartete, nämlich die logistische Unterstützung der UNO-Kampftruppen, wegen der riesigen Entfernung zu diesen überhaupt nicht möglich gewesen.

Auf die Kritik an dem ruchbar gewordenen Nonsens reagierte der Oberbefehlshaber der Bundeswehr im Frieden prompt. Schließlich war der Medienauftritt der neuen deutschen Afrika-Kämpfer gefährdet und damit der Erfolg seiner Salamitaktik: Nach dem verfassungswidrigen Einsatz der Bundesmarine im WEU-Überwachungsverband in der Adria und der ersten illegalen Blauhelmmission deutscher Soldaten in Kambodscha ging es in Somalia darum, die Verfassungsbarrieren endgültig niederzureißen. Jetzt sollte auch schon einmal geschossen werden.

Da öffentlicher Protest ausblieb, legte die Regierung nach. Plötzlich hatte das deutsche Expeditionskorps einen ganz anderen Hauptauftrag: logistische Unterstützung der UNO-Kampftruppen, also einen klassischen militärischen Einsatzauftrag. Die UNO-Streitkräfte sind – Gebot der Logik – dort stationiert, wo Hilfe mit Gewalt geschützt und durchgesetzt werden muß, also keineswegs in einem »befriedeten« Gebiet.

Unerträglich wurde die deutsche Militärposse, als der neue Einsatzort Belet Huen vom UNO-Generalsekretariat mit der Feststellung schmackhaft gemacht werden sollte, daß die Stationierung der Deutschen »im Zentrum der Friedenstruppen letztlich doch am sichersten wäre«. Am sichersten wären die deutschen Soldaten zu Hause, und die UNO-Truppen müßten nicht zusätzlich auch noch auf die Deutschen aufpassen, damit deren Premiere für das heimische Publikum nicht verpatzt wird.

Das Feigenblatt »Humanitäre Hilfe«, das diesen Verfassungsbruch notdürftig bedeckte, war gefallen. »Deutsche Soldaten ziehen in den Krieg«, jubelte die Boulevardpresse, als es endlich losging.

Von »Neuer Hoffnung« zu der »alten Verzweiflung«
Die Entscheidung des Bundesverfassungsgerichts vom 23. 6. 1993 bedeutete im Ergebnis, daß die deutschen Soldaten in Somalia ihren Auftrag, die logistische Unterstützung von Teilen der UN-Mission UNOSOM II sicherzustellen, fortführen durften.

Der Spruch der Karlsruher Richter hat der Regierung zwar geholfen, nach einem hohen Pokereinsatz außenpolitisch wieder einmal, wie bei der AWACS-Entscheidung, das Gesicht zu wahren. Innenpolitisch steckt sie aber nach wie vor in einem gefährlichen Dilemma. Einerseits muß sie weiterhin behaupten, die Mission der Deutschen war ein rein humanitärer Auftrag in einem »befriedeten Gebiet«, also nahezu risikolos. Andererseits war die Aufgabe der mit jedem Tag stärker bewaffneten Deutschen aber die Unterstützung von Blauhelm-Einheiten. Diese hatten unmittelbar den UN-Auftrag der Resolution 794 zu erfüllen, ein »sicheres Umfeld« für humanitäre Hilfe zu schaffen. Dafür durften sie »alle notwendigen Mittel« anwenden, im Klartext: Waffengewalt. Es hätte wenig Sinn, dies in einem bereits befriedeten Gebiet zu tun. Die deutschen Soldaten, die den echten Blauhelmen Versorgungsgüter hätten zuführen und diese auf dem Transportweg schützen müssen, wären demnach zwangsläufig ebenfalls in unsichere Regionen gekommen. Die Wahrscheinlichkeit, dabei in den Krieg, den General Aidid den UN-Soldaten erklärt hatte, verstrickt zu werden, war groß. Was wäre gewesen, wenn ein gütiges Schicksal die Ankunft der zu unterstützenden indischen Brigade nicht verhindert hätte, Herr Kohl? Was, wenn die deutschen Soldaten schließlich in Kämpfe verwickelt worden wären? Hätten Sie dann die deutschen »Wüstenfüchse« nach Hause geholt, weil die Voraussetzungen für ihren Einsatz (»humanitäre Hilfe« in »befriedetem Gebiet«) offenkundig nicht mehr stimmten?

In seiner Beteuerung, daß die deutschen Soldaten in Somalia nicht gefährdet waren, glich Verteidigungsminister Rühe dem Mann, der von einem Wolkenkratzer fallend beim 24. Stockwerk gelassen feststellt, bis jetzt sei ja alles gutgegangen. Die Bundesregierung hat mit ihrem Somalia-Abenteuer wie ein Hasardeur mit leerem Blatt hoch gepokert. Sie hat Glück gehabt, daß das Spiel ohne ihr Verdienst abgebrochen wurde.

Neue Weltordnung oder neue Konfrontation?

Nach dem Willen der einzig verbliebenen Supermacht USA sollte aus den Trümmern einer militärischen Straf- und Vernichtungsaktion gegen die Menschen im Mittleren Osten eine neue Weltordnung entstehen.

Diese Weltordnung erscheint nun wie die alte, mit dem Unterschied, daß mit der 90-Grad-Drehung der Konfrontationsachse von West-Ost auf Nord-Süd der neue Feind im Süden ausgemacht wird und die Südflanke Europas zur Frontzone geworden ist.

Das Mittelmeer, bisher Randgebiet in der Geographie und Logik des Kalten Krieges, wird unversehens zum Frontmeer.

Der gesamte Mittelmeerraum wird zum Grenzgebiet.

»Vorn«, aus der bisherigen NATO-Sicht stets an der Demarkationslinie zum ehemaligen kommunistischen Machtbereich lokalisiert, sind jetzt die Mittelmeeranrainer Spanien, Frankreich, Italien, Jugoslawien, Griechenland und die Türkei.

Keine Chance für KSZE und VN

Über dem Eifer der deutschen Regierung, jetzt so schnell wie möglich mit deutschem Militär international agieren zu können, wird ganz offensichtlich ein anderes Institut vergessen, das einmal für die künftige Organisation von Sicherheit in Europa als zukunftsträchtig angesehen wurde, nämlich die Konferenz für Sicherheit und Zusammenarbeit in Europa (KSZE). Das ist eine der großen Enttäuschungen nach dem Ende des Kalten Krieges. Gewiß war die KSZE, die während des Kalten Krieges als dessen Instrument entstanden war, nicht als wirkliches kollektives Sicherheitssystem gedacht. Die KSZE war der Versuch der westlichen Mächte, die Sowjetunion zu schwächen, und diese war nicht stark genug, sich der KSZE zu entziehen. Nachdem die Sowjetunion auseinandergebrochen war, hatte die KSZE ihre vom Westen zugewiesene Funktion eigentlich erfüllt. Insoweit ist es auch wiederum nicht erstaunlich, daß der KSZE heute kaum noch Bedeutung beigemessen wird. Jetzt brauchen die westeuropäischen und nordamerikanischen Spieler keinen »Runden Tisch« mehr. Jetzt sind sie endlich allen anderen Mächten dieser Erde militärisch haushoch überlegen. Daher wird im nach wie vor überrüsteten Norden und

Westen gar nicht darüber nachgedacht, wie etwa mit einem neuen »Runden Tisch« neuen potentiellen Bedrohungen aus südlichen Regionen entgegengewirkt werden könnte. Mit Regierungen und Menschen, denen man seinen Willen mit militärischer Macht aufzwingen kann, braucht man nicht zu reden, so die unausgesprochene Übereinstimmung.

Die Bundesregierung begründet ihren Drang zu einer neuen Militärrolle Deutschlands gerne damit, daß Deutschland nach Erreichung von Souveränität und nach der Wiedervereinigung eine größere politische Rolle in der Weltgemeinschaft spielen müsse. Es wäre ja schön, wenn die Bundesregierung diesen Anspruch wirklich ernst nähme und wirklich an einer Reform der Vereinten Nationen arbeiten würde, die ja seit ihrer Gründung nie das werden konnten, was sie einmal werden sollten. Die beiden weltpolitischen »Hauptspieler« haben es in ihrer verbissenen Konfrontation nie zugelassen, daß sich die Vereinten Nationen zu einer wirklichen kollektiven Sicherheitsgemeinschaft entwickeln konnten, indem vor allem durch Maßnahmen der »präventiven Diplomatie« Konflikte und Kriege vermieden werden. Das Setzen auf eine westeuropäische Weltpolizeirolle richtet sich eindeutig gegen eine Stärkung und Verbesserung der Vereinten Nationen. In Wirklichkeit belegt die Absicht der Bundesregierung, auch ohne Zustimmung oder Auftrag der Vereinten Nationen Militäreinsätze durchführen zu können, daß die VN abgeschrieben werden. Weil sich die Bundesregierung nicht zutraut, gegen den Willen der Vereinigten Staaten die UNO in ihrem Sinne zu verändern, setzt sie auf westeuropäische Unabhängigkeit von der Völkergemeinschaft. Mit der neuen Anti-VN-Haltung der Bundesregierung erklärt sich teilweise auch der Antiamerikanismus in der westeuropäischen Politik. Schließlich hat die Welt seit dem 2. Golfkrieg begriffen, daß die Vereinten Nationen in Abwesenheit einer Gegenmacht Sowjetunion und China zum Machtinstrument der Vereinigten Staaten verkommen sind.

Wie die Bundesregierung von der UNO wegdriftet, belegt auch die Haltung des außenpolitischen Sprechers der CDU/CSU, Karl Lamers, der in der Vergangenheit wiederholt betont hat, daß eine verfassungsmäßige Festlegung eines künftigen Kampfeinsatzes der Bundeswehr auf ein UNO-Mandat letztlich ein Rückschritt, eine Falle wäre.

Wenn Deutschland »europafähig« werden wolle, müsse die Bundeswehr auch ohne den legalen Rahmen der Vereinten Nationen offensiv eingesetzt werden können. Diese Anti-UNO-Position, die zunächst nur von einigen Unionspolitikern vertreten wurde, ist seit dem Düsseldorfer Parteitag der CDU im Herbst 1992 offizielle Politik der Christdemokraten.

Das Prinzip der Nichteinmischung

Auf der einen Seite erlaubt die starke Vernetzung der modernen Welt nicht mehr, alle sogenannten inneren Angelegenheiten von Staaten deren Regierungen zu überlassen. Längst ist unstrittig, daß z. B. das Betreiben unsicherer Kernkraftwerke (potentielle Tschernobyls), das massenhafte Vernichten von Tropenwäldern, das ungebremste Verbrennen fossiler Brennstoffe und damit der Ausstoß gefährlicher Schadstoffe in die Atmosphäre, der Test von Nuklearwaffen usw., nicht mehr die Privatangelegenheit eines Landes sein können.

Zur »Eine-Welt-Sicht« gibt es keine Alternative, da die Staaten und Menschen auf Gedeih und Verderb voneinander abhängig sind.

Auf der anderen Seite haben die Fälle militärischer Intervention seit dem Zweiten Weltkrieg gezeigt, daß die gewaltsame Einflußnahme auf das politische oder wirtschaftliche Verhalten von Staaten aktuelle Probleme nicht löst, sondern nur verschärft.

Daher ist für die Zukunft das bereits heute in der Charta der VN enthaltene Prinzip durch die Völkergemeinschaft durchzusetzen, daß unter keinen Umständen ein Staat oder eine Gruppe von Staaten in anderen Staaten mit militärischer Gewalt intervenieren darf.

Die VN als Ganzes und die regionalen kollektiven Sicherheitssysteme müssen politische, diplomatische und wirtschaftliche Instrumente schaffen, mit denen das Einhalten von Völker- und Menschenrecht notfalls erzwungen werden kann.

Dies setzt natürlich voraus, daß die Völkergemeinschaft konsequent und solidarisch handelt.

Das Gewaltmonopol der Vereinten Nationen

In jüngster Zeit wird von Politikern gefordert, die Vereinten Nationen müßten das internationale Gewaltmonopol erhalten.

Diese Forderung geht an der Tatsache vorbei, daß dies nach Art. 2 in Verbindung mit Art. 42 und 51 UN-Charta längst der Fall ist. Wie im Innenbereich eines Staates, wo der Bürger nur das Recht auf Abwehr eines gegenwärtigen und rechtswidrigen Angriffs (Notwehr) hat, haben auch die Mitglieder der VN nach Art. 51 lediglich im Falle eines bewaffneten Angriffs das Recht auf individuelle oder kollektive Selbstverteidigung. Und auch das nur eingeschränkt, nämlich nur so lange, bis der Sicherheitsrat eingreift.

Das Recht auf Selbstverteidigung haben die Mitgliedstaaten nur zugestanden bekommen, weil und solange sich die VN außerstande sehen, ihre Verpflichtung einzulösen, Mitgliedstaaten gegen militärische Aggression zu schützen. Dieser Mangel ist Ausgangssowie Dreh- und Angelpunkt dafür, daß die Mitgliedstaaten nationale Streitkräfte und Rüstungen unterhalten mit der Folge, daß diese immer wieder zu völkerrechtswidrigen Zwecken verwendet werden.

Die VN als Weltpolizei

Der Somalia-Einsatz der VN wurde zum Wendepunkt der Politik der bewaffneten »Friedensmissionen« der Weltgemeinschaft. Ein brisanter Bericht über die zahlreichen »Pannen« mit den katastrophalen Folgen für das Leben vieler Menschen sickerte im März 1994 an die Öffentlichkeit.

Schuld an diesem Desaster ist u. a. die notorische Überlagerung der an sich neutralen Ziele der VN mit der Interessenpolitik der USA. Wieder, wie im Golfkrieg, hat sich Amerika vom Sicherheitsrat den militärischen Blankoscheck »all necessary means« ausstellen lassen. Während sich aber am Golf diese bewußt unscharf gehaltene Ermächtigung durch die UNO zum persönlichen Rachefeldzug von Präsident Bush gegen Saddam Hussein entwickelte, war es den Amerikanern im Fall Somalia offenbar recht, möglichst wenig zu tun.

Somalia ist gewiß nicht das erste Land, in das VN-Soldaten ohne einen klaren Auftrag geschickt wurden. So droht die Operation »Neue Hoffnung«, die von den Vereinigten Staaten mit gewohnter Nonchalance und einer Hollywood-reifen Landungsoperation begonnen wurde, zu einer Operation »alte Verzweiflung« zu werden. Am Ende werden nicht nur Hunderte von Soldaten gutmeinender UN-Mitgliedstaaten und somalische Milizionäre zu deren Vertreibung Leben oder Gesundheit geopfert haben. Am Ende, d. h. nach dem Abzug der fremden Soldaten, wird das Land und die dort lebenden Menschen in noch größerer Hoffnungslosigkeit versinken. Wie in Kambodscha, wo durch die gewaltige Dollarkaufkraft der VN-Truppen die Preise für Grundnahrungsmittel in zwei Jahren um das Sechsfache gestiegen sind, gibt es auch in Somalia unübersehbare Anzeichen für einen weiteren Zerfall der ohnehin schwachen und zerbrechlichen Strukturen als Folge rüder Befriedungsaktionen ausländischer Truppen. Von systematischer Bestechung, Förderung von Verbrecher- und Bonzentum einheimischer Absahner wird berichtet. General Aidid warf im Mai 1993 UN-Soldaten vor, sie hätten Somalis »getötet, verstümmelt, vergewaltigt, gefangengenommen, gefoltert, bestohlen und gequält«. Selbst wenn diese Behauptungen nicht oder so nicht wahr wären, sie kennzeichnen die geladene Atmosphäre, aus der heraus fanatischer Widerstand gespeist wird. Waffen dafür sind stets in Hülle und Fülle da.

Sein Auftrag sei nicht, »Somalier zu entwaffnen«, beschied der Kommandant der US-Truppen in Somalia, General Robert Johnston dem UN-Generalsekretär Boutros Ghali, als dieser beklagte, daß Washington eigentlich mehr zugesagt habe. Aber Ghali mußte einräumen, daß der Sicherheitsrat die Interventionsstreitmacht USA eben »nur« ermächtigt hatte, ein »sicheres Umfeld« für die Hilfe zu schaffen.

Warum haben die amerikanischen Soldaten nicht wenigstens die Somalier entwaffnet, die ihre Gewehre an den Kontrollstellen von Mogadischu offen zur Schau getragen haben? Angesichts der zahlreichen Blauhelmsoldaten, die genau von den Waffen getötet wurden, die vorher nicht eingesammelt worden waren, war die amerikanische Weigerung, die Clans und Banden zu entwaffnen, ein verhängnisvoller Fehler.

Nachdem General Aidid seine Landsleute zum bewaffneten Widerstand gegen alle Blauhelmsoldaten aufgerufen hatte, war nicht nur erneut die Sicherstellung der Verteilung von Hilfsgütern ins Stocken geraten. Es verdichtete sich von Tag zu Tag die Befürchtung, daß die in Somalia operierenden Blauhelmsoldaten, auch die deutsche Unterstützungstruppe, bald nur noch einen

Auftrag haben würden, nämlich sich selbst zu schützen und am Ende aus der verfahrenen Situation zu retten.

Ganz offensichtlich hatten die USA und die Vereinten Nationen den Willen der um die Macht in Somalia kämpfenden Parteien und ihrer Führer unterschätzt.

Über die Gefährlichkeit eines militärischen Einsatzes in Somalia hatten sich frühzeitig nicht nur Vertreter von Hilfsorganisationen, die seit langem in diesem Land tätig waren, geäußert. In Anspielung auf das Desaster des amerikanischen Militärabenteuers im Libanon warnte schon Anfang Dezember 1992 der amerikanische Botschafter in Kenia, Smith Hempstone, seine Landsleute mit dem Ausspruch: »Wer Beirut mag, der wird Somalia lieben.«

Notwendige Reform der VN

Unter dem Stichwort der »Vorbeugenden Diplomatie« hat der Generalsekretär der VN, Boutros Ghali, eine Reihe wichtiger Reformvorschläge für eine neue wirksame VN gemacht (An Agenda for Peace, 31. Januar 1992). »Peacemaking«, also »Frieden schaffen«, hat nach seinen Vorstellungen zunächst nichts mit dem zu tun, was hierzulande unter »Frieden schaffen« verstanden wird, nämlich teutonisches Dreinschlagen.

Diese positiven Reformansätze gilt es nun zu verstärken. Auf diesem Feld muß Deutschland seine gewachsene Verantwortung mit politischen, diplomatischen und wirtschaftlichen Aktivitäten wahrnehmen.

Die erste Voraussetzung für eine neue Weltordnung ist ein einheitlicher, von allen Staaten anerkannter und beim Internationalen Gerichtshof mit wirklicher Autorität einklagbarer Maßstab für Völker- und Menschenrecht. Auch die Einrichtung eines Internationalen Strafgerichts, vor dem Einzelpersonen für Verbrechen gegen Menschen- und Völkerrecht angeklagt und verurteilt werden können, ist ein wichtiger Beitrag. Dazu gehört allerdings eine demokratisch legitimierte und kontrollierte Macht der Völkergemeinschaft, die Recht auch durchsetzen will.

Es gibt keinen anderen Weg als den Versuch, die Vereinten Nationen als ein wirkliches kollektives Sicherheitssystem auszubauen, in dem die Mitglieder ihre Sicherheit nach dem Prinzip der »gemeinsamen Sicherheit« demokratisch organisieren und das am Ende nationale Streitkräfte der Mitgliedstaaten überflüssig macht.

Dafür sind folgende Reformen der Weltgemeinschaft notwendig:

1. Umsetzen des Aggressionsverbots durch das Verbot des Besitzes von Waffen, die geeignet sind, weiträumig in das Territorium eines anderen Staates zu wirken und dabei die Verteidigung zu überwinden (z. B. durch Panzerung). Zu diesen Waffen gehören auf jeden Fall weitreichende Flugkörper (etwa mit einer Reichweite von mehr als 40 km), Angriffsflugzeuge, Hauptkampfpanzer, gepanzerte Artillerie, U-Boote, Flugzeugträger und Landungsfahrzeuge.

2. Verbot von Militärstützpunkten in anderen Ländern und einer ständigen Flottenpräsenz in Küstennähe anderer Staaten.

3. Begrenzung der Staatsausgaben für Militär und Rüstung. Der jedem Staat als Höchstsatz zustehende Betrag könnte nach dem Bruttosozialprodukt, der Einwohnerzahl, der Fläche des Staatsgebiets oder einer Kombination dieser Parameter festgelegt werden.

4. Verhängung eines generellen Verbots der Herstellung und des Besitzes von Massenvernichtungsmitteln. Dazu gehören selbstverständlich auch die Nuklearwaffen. Während der »Abwicklung«, d. h. der Vernichtung aller A-Waffen und bis zur Einrichtung eines Überwachungssystems (vielleicht auch darüber hinaus) unterhalten die Vereinten Nationen eine Spezialeinheit mit einigen Hundert strategischen Nuklearwaffen. Einzelne Staaten geben ihre Verfügung über A-Waffen auf.

5. Verbot einer privatwirtschaftlich organisierten Rüstungswirtschaft.

6. Aufstellung eines Registers, welche »Verteidigungswaffen« unter Staatsregie (noch) produziert und demnach auch exportiert werden dürfen. Die Forschung ist völlig uneingeschränkt und offen. Ob neue Prinzipien für die Entwicklung und Produktion neuer Waffen verwendet werden dürfen, entscheidet eine Kommission der UNO.

7. Verbot von Spionage- und Spionageabwehrorganisationen, da das Prinzip der »gemeinsamen Sicherheit« militärische Geheimnisse nicht mehr verträgt.

8. Aufstellung einer permanenten UNO-Truppe (mit Land-, Luft- und Seestreitkräften), die sich aus Soldaten der Mitgliedsländer aufgrund persönlicher und freiwilliger Verpflichtung zusammensetzt. Die zu besetzenden Dienstposten werden ausgeschrieben.

9. Reform des Sicherheitsrats mit dem Ziel, eine gerechte Beteiligung aller Regionen an sicherheitsrelevanten Entscheidungen zu gewährleisten.

10. Setzen der ersten Priorität der Völkergemeinschaft auf den Abbau sozialer Ungerechtigkeit zwischen den Völkern und Regionen, den ökologischen Umbau der Weltwirtschaft und die Einführung eines gerechteren Systems der Teilhabe an den natürlichen Ressourcen.

Das Bewußtsein, daß die Menschen in »einer Welt« leben, muß endlich auch auf die sogenannte »äußere Sicherheit« der Staaten übertragen werden. Weder Staaten noch Regionen können ihre Sicherheit allein oder gar auf Kosten anderer bewahren.

Die Umsetzung des Prinzips der »Gemeinsamen Sicherheit« mit Vorsorge gegen den Rückfall in militärische Konfrontation und ein neues umfassendes Verständnis von Sicherheit als der Gesamtheit von Maßnahmen zur Vorbeugung und Abwehr der Gefahren für die Existenz aller Menschen und ihrer Lebensgrundlagen sind jetzt vordringlich.

Die Verschwendung von weiteren menschlichen und materiellen Ressourcen für Militär und Rüstung, die gegen die realen Gefahren machtlos sind, darf nicht mehr hingenommen werden.

Waffenmodernisierung

Die militärische Nutzlosigkeit von Nuklearwaffen hat zuletzt der Golfkrieg augenfällig gemacht.

Hochpräzise konventionelle Abstandswaffen, weitreichende, auf wenige Meter treffgenaue Flugkörper und Flugkörper-Abwehr-Raketen mit dem neuesten Gütesiegel »battle proved« halten ihren Siegeszug auf den internationalen Waffenmärkten.

Die Reaktion der amerikanischen Rüstungswirtschaft auf die Bush-Initiative zum Abbau der taktischen Atomwaffen war auch deshalb positiv, weil die Modernisierung der herkömmlichen Kriegsmaschinerie nahezu ungebremst weitergeht. Die Friedensdividende, so Bush, könne nicht in Dollars ausgezahlt werden, sondern nur in größerer Sicherheit.

Wie in der Vergangenheit wird der Sog der in den Industriestaaten mächtigen Rüstungslobby auch weiterhin Milliardenbeträge in die Laboratorien und Forschungsabteilungen der Rüstungsfirmen lenken. Dort entwickelte neue Waffen mit »wunderbarer« Treffgenauigkeit und nicht gekannter Zerstörungskraft werden ihren Reiz auf die Generäle auch künftig nicht verfehlen.

So schließt sich auch dieser Kreis.

Eine Art freiwilliger Selbstkontrolle der Staatengemeinschaft, angesiedelt bei den VN, muß künftig gefährliche Technologien auf einen Rüstungsindex setzen. D. h. bestimmte neuartige technische Prinzipien dürfen nicht mehr für die Entwicklung neuer Waffen verwendet werden. Die Einhaltung solcher Verbote wird durch die VN überwacht.

Dieses Verfahren erlaubt eine völlig auflagenfreie Forschung, deren Charakter ohnehin kaum eindeutig als militärisch oder nichtmilitärisch unterschieden werden kann.

Alle wissenschaftlichen Forschungsergebnisse sind frei zugänglich. Neu entwickelte Waffen, die von den VN zur Einführung in Streitkräfte freigegeben werden, dürfen von jedem Staat unter staatlicher Regie gefertigt und nach VN-Regeln und unter VN-Kontrolle an jeden Staat verkauft werden. Einen privatwirtschaftlichen Rüstungsmarkt darf es nicht mehr geben. Da künftig alle Staaten ihre Streitkräfte, Forschungsstätten und Rüstungsbetriebe einer uneingeschränkten Kontrolle durch die VN öffnen müssen, kann festgestellt werden, ob sich ein Staat an die Vereinbarungen nicht hält.

In einem solchen Fall werden entsprechende politische oder wirtschaftliche Sanktionen verhängt.

Bestimmte Waffensysteme sind in besonderer Weise geeignet, großräumige Angriffsoperationen zu erlauben.

Deren Besitz und Herstellung muß künftig verboten werden.

Dazu gehören z. B.
- Weitreichende Flugkörper (Reichweite über 40 km),
- Angriffs- und Großraumtransportflugzeuge,
- Hauptkampfpanzer, gepanzerte Brückenlegefahrzeuge und Artillerie,

- Flugzeugträger,
- Landungsfahrzeuge und
- U-Boote.

Streitkräfte auf fremdem Territorium oder in fremden Gewässern

Die »Vorne«-Stationierung von Streitkräften gehört bis heute zu einer aggressiven Politik der Einschüchterung durch »Machtprojektion«. Militärstützpunkte und ständige Flotten in der Nähe potentieller Kriegsschauplätze sind Teil der Vorbereitung militärischer Gewaltanwendung, damit ein Relikt des Denkens in Kriegführung.

Die Fortsetzung der Machtdemonstration mit der Stationierung von Streitkräften auf fremdem Territorium, in den Randmeeren oder in Küstengewässern ist eine Zumutung für die betroffenen Staaten.

Deshalb müssen alle Staaten in Europa dem Beispiel der Philippinen folgen, die eine Weiterbenutzung des wichtigsten Flottenstützpunktes der USA im Pazifik, Subic Bay, nicht mehr zulassen. Alle Truppen, Dienststellen (insbesondere die zur weltweiten Spionage auch gegen Freunde) und sonstige Einrichtungen von Streitkräften auf fremdem Boden müssen in absehbarer Zeit in das eigene Land zurückgebracht oder aufgelöst werden.

Flottenverbände, wie die sechste Flotte der USA und die sowjetische Eskadra im Mittelmeer, dürfen nicht mehr auf Dauer in Randmeeren oder Küstengewässern anderer Staaten operieren.

Das Prinzip der »Gemeinsamen Sicherheit« und das militärische Geheimnis

Die Organisation äußerer Sicherheit geschieht in den meisten Staaten bis zum heutigen Tag nach dem Prinzip der einseitigen Rüstung gegen das militärische Potential eines möglichen Gegners. Das militärische Geheimnis hat dabei die Funktion, anderen Staaten einen Einblick in die eigenen militärischen Fähigkeiten zu verwehren. Mit der Geheimhaltung der eigenen militärischen Stärke sowie der Zahl und Leistungsfähigkeit der eigenen Waffen soll beim möglichen Gegner Unsicherheit und Angst erzeugt werden. Ihm soll natürlich auch die Möglichkeit genommen werden, sich auf die Fähigkeiten seines Gegenübers einzustellen oder gleiche oder gar bessere Fähigkeiten zu erwerben.

Wechselseitige Geheimhaltung und gegenseitige Spionage sind aber der Nährboden, auf dem Mißtrauen und Bedrohungsängste gedeihen. Die Unterstellung, der andere sei im Zweifelsfalle besser als man selbst (»Worst-case-Prinzip«) heizt immer wieder den Rüstungswettlauf an.

Das Prinzip der »gemeinsamen Sicherheit«, wonach kein Staat mehr etwas zu seiner Sicherheit tut, was aus der Perspektive eines anderen bedrohlich aussieht, erlaubt die Beibehaltung des militärischen Geheimnisses nicht. Dies würde nur neues Mißtrauen und neue Gegenrüstung schüren.

Endlich können die geheimen Nachrichtendienste abgeschafft werden, die in der Vergangenheit tatsächlich so wenig genutzt und so viel geschadet haben.

In einem System der »Gemeinsamen Sicherheit«, zu dem eine Europäische Sicherheitsordnung oder eine eigene regionale Sicherheitsordnung des Mittelmeerraums auf jeden Fall gestaltet werden muß, dient der eigenen Sicherheit, was andere nicht bedroht. Daher kann jeder Teilnehmerstaat die erlaubten Waffen frei erwerben.

Das Ende der Geheimdienste?
Vieles spricht dafür, daß Spionage den Charakter und den Geist der Agenten und ihrer Auftraggeber deformiert. Am Ende trübt sie offenbar auch das Denkvermögen der Agentenjäger. Anders läßt sich das Vorgehen der Bundesanwaltschaft, zuständig für Staatsschutzdelikte, gegen Angehörige des DDR-Gegenstücks zum Bundesnachrichtendienst nicht erklären. Hier erfolgt eine Art von Neuauflage des Hornberger Schießens. Die Rede ist u. a. vom Gerichtsverfahren gegen den früheren Spionagechef der Ex-DDR, Markus Wolf, wegen geheimdienstlicher Agententätigkeit, während Wolfs ehemalige »Kollegen«, der frühere CIA-Chef George Bush und der frühere Präsident des BND Klaus Kinkel – um nur zwei zu nennen –, von der deutschen Justiz unbehelligt blieben und bleiben. Beide haben nämlich ebenfalls für eine fremde Macht – so der einschlägige Straftatbestand – spähen lassen. Bush hat u. a. Geheimagenten im ehemaligen verbündeten Frontstaat BRD und

im Feindstaat DDR, Kinkel u. a. in der völkerrechtlich aner-
kannten Deutschen Demokratischen Republik eingesetzt. Bush
wurde jedoch in Deutschland als hochangesehener Staatsgast
empfangen, Kinkel war als Justizminister sogar der Vorgesetzte des
Chefanklägers aus Karlsruhe.

Dies ist aber nur eine der Verrücktheiten eines dubiosen Gewerbes,
dessen Sumpfblüten zwischen den Extremen Verdienstorden und
Handschellen, Staatspension und Staatsgefängnis gedeihen.

Neben den Zweifeln an Sinn und Zweck dieser Form von »Siegerjustiz«, die ärgerlich ist, weil nichts herauskommt, am Ende
aber das deutsche Rechtssystem beschädigt und Steuermillionen
sinnlos verschwendet, gewinnt aber eine andere Frage an Brisanz:
Wozu taugen eigentlich die Geheimen Nachrichtendienste?

Ungewohnte Töne waren nach dem Fall der Mauer aus Bayern zu
hören. Der Generalsekretär der CSU, Erwin Huber, stellte die
überraschende Forderung auf, nun die Verfassungsschutzbehörden
aufzulösen oder doch zumindest ihren Personalbestand drastisch
zu reduzieren.

Auch der Bundesnachrichtendienst (BND), zuständig für die sogenannte Auslandsaufklärung, vulgo: Spionage, kam unter Legiti-
mationsdruck.

Inzwischen sind die guten Ideen, die deutschen Aktivitäten einzustellen auf dem Sektor der Geheimdienste, Angriff und Abwehr
von Spionage, ebenso in der Versenkung verschwunden, wie die
Ankündigung, den Wasserkopf des Bundesministeriums der Verteidigung auf ein vertretbares Maß zu verkleinern.

Da nach wie vor unser Staat jährlich einige 100 Millionen DM für
die Geheimdienste ausgibt, lohnt es sich doch, der Frage nachzugehen, was die Existenz dieser Dienste bisher rechtfertigte und
welche Aufgaben sie in Zukunft sinnvoll ausführen könnten.

Bekanntlich streiten sich die geheimen Nachrichtendienste mit
einem anderen Traditionsgewerbe, der kommerziellen Liebes-
dienstleistung, um den Anspruch, welches nun eigentlich das
älteste Gewerbe der Welt sei. Nun, diese Frage mag offen bleiben.

Aber für die Frage, welches der beiden Geschäfte die besten Zu-
kunftsaussichten hat, weil es offenbar einem menschlichen
Grundbedürfnis entspricht, scheint mir die Antwort klar.

Denn das geheime Ausforschen und das indiskrete Eindringen in die Geheimnisse anderer Staaten hatte und hat unauflöslich mit Konfrontation zu tun. Spionage zielt auf die Entdeckung geheimer Absichten eines anderen, der, wenn er diese verwirklicht, den eigenen Interessen schaden könnte. Spionage ist daher ein Ausdruck von Mißtrauen und Angst, die Absicht, sich zu Lasten eines anderen Vorteile zu verschaffen.

Die Spionage lebt vom skrupellosen Ausnutzen menschlicher Schwächen und Notlagen. Lug, Trug, Vertrauensbruch, Nötigung, Erpressung und Bestechung sind nur einige der Ingredienzien des nach der Prostitution zweitältesten Berufsfelds. Während Geheimdienstler (meistens sind es Männer) im Sumpf menschlicher Unzulänglichkeiten der »Objekte« wühlen, überschreiten sie immer wieder die Grenzen menschlichen Anstands und der Legalität. Täter und Opfer verstricken sich gleichermaßen, bleiben am Ende als menschliche Wracks auf der Strecke, wenn sie enttarnt sind oder ihre Dienste nicht mehr gebraucht werden. Der Verrat wird geliebt, nicht der Verräter.

Umgekehrt ist Spionageabwehr der Versuch, die eigenen für einen anderen schädlichen (oder: gefährlichen) Absichten oder die eigenen militärischen Fähigkeiten, mit denen andere Staaten bedroht werden könnten, zu verbergen, um diese Vorteile gegebenenfalls zum Nachteil des anderen einzusetzen, zumindest aber ihm damit Angst zu machen.

In einer Welt, in der die Satzungen der Völkergemeinschaft »Vereinte Nationen« endlich realisiert werden, darf es weder nationale Streitkräfte noch militärische Geheimnisse geben. In der heutigen Welt der Unordnung, in der noch immer – entgegen den Zielsetzungen der VN – einzelne Staaten oder Gruppen von Staaten in sog. Verteidigungsbündnissen versuchen, andere Staaten mit überlegener Militärmacht einzuschüchtern oder gegebenenfalls gegen diese Interessenkriege zu führen, sind Spionage und Spionageabwehr geradezu systemnotwendige Teilkomponenten. Wenn also künftig das Prinzip der »gemeinsamen Sicherheit«, wonach kein Staat mehr zu seiner eigenen Sicherheit etwas tut, was aus dem legitimen Sicherheitsbedürfnis eines anderen Staates heraus als bedrohlich empfunden werden könnte, in einem funktionierenden kollektiven Sicherheitssystem oder einem Netzwerk von regiona-

len Abmachungen (regionale Untergruppierungen der VN) angewendet wird, wenn also kein Staat mehr versucht, seine eigenen
nationalen oder regionalen Sicherheitsinteressen auf Kosten eines
anderen Staates zu organisieren, dann darf es Spionage und Spionageabwehr nicht mehr geben. Dazu gehörende Organisationen
müssen dauerhaft verboten werden.

Auch der Versuch von Staaten oder Wirtschaftsunternehmen
durch sog. Wirtschaftsspionage, d. h. das geheime Beschaffen von
Know-how über die Fertigung von attraktiven Erzeugnissen,
Vorteile zu gewinnen, muß als illegitim verpönt werden. Wie die
Privatperson muß ein Wirtschaftsunternehmen aber selbst dafür
Sorge tragen, daß die Information, die im Besitz eines anderen
Unternehmens Nachteile bedeuten würde, geschützt wird. Dafür
gibt es personelle und materielle Sicherheitsvorkehrungen, die in
der Verantwortung des einzelnen Unternehmens liegen. Staatliche
Organisationen dafür zu unterhalten und Steuergeld dafür auf-
zuwenden, ist nicht akzeptabel.

Im übrigen ist in einer Welt der Kommunikation (im Kom-
munikationszeitalter) Information und Informationsverbreitung
lebenswichtig für das Funktionieren einer interdependenten Welt.

Der Verfassungsschutz im Wortsinn ist eine typisch deutsche Erfindung. In keiner der traditionellen und stabilen westlichen Demokratien gibt es etwas Vergleichbares. Daher existiert auch kein
Synonym in der englischen oder französischen Sprache für »Verfassungsschutz«. Auch die Vorstellung, Verfassung ließe sich durch
Gesetz und eine Aufpasserbehörde schützen, kann nur in einem
deutschen Untertanen- und Bürokratengehirn reifen.

Kein Brite, Amerikaner oder Franzose käme auf die Idee, die Verfassung, für die es in Großbritannien nicht einmal einen geschrie-
benen Text gibt, von einer geheimdienstlich arbeitenden Organisation schützen zu lassen.

Die jeweilige Verfassung eines Staates ist der Ausdruck des Volks-
willens, der selbstverständlich auch Wandlungen unterliegt.

Die Verfassung in den Rang des Dekalogs zu erheben, also als etwas Unumstößliches (Ehernes) zu betrachten, ist etwas typisch
Deutsches. Kurzum, die Verfassung, die sich ein Volk gibt, kann
selbstverständlich wie jedes andere gesetzliche Regelwerk, geändert werden, wenn auch dafür hohe Hürden gesetzt werden. Und

ebenso selbstverständlich kann natürlich jede Bürgerin und jeder Bürger eine politische Meinung dazu äußern und für diese in der Öffentlichkeit werben, auch mit dem Ziel, die Verfassung in dieser Richtung zu ändern. Insofern benötigt die Verfassung keinen Schutz. Allenfalls muß sie immer wieder vor dem Versuch geschützt werden, von Politikern gebrochen zu werden, wie dies derzeit mit dem von der Regierung angestrebten Einsatz der Bundeswehr für Kriegführung versucht wird.

Wie erklärt sich also die Existenz eines deutschen Verfassungsschutzes, einer Behörde, die im Grunde genommen inzwischen aus 18 selbständigen Behörden besteht, nämlich eine für den Bund, eine für jedes Bundesland und eine für das Militär, den MAD.

Acht- bis zehntausend Männer und Frauen (letztere üblicherweise in untergeordneten Hilfsfunktionen) verbrauchen dort Jahr für Jahr mehrere hundert Millionen DM.

Der Auftrag an die Verfassungsschutzbehörden, meistens in Gesetzen für den Verfassungsschutz des Bundes und der Länder bzw. dem MAD-Gesetz festgelegt, beinhaltet im Bereich der sogenannten politischen Sicherheitsgefährdung das Sammeln und Auswerten von Nachrichten und sonstigen Informationen mit dem Ziel, sogenannte sicherheitsgefährdende Absichten und Kräfte (also Bürgerinnen und Bürger) zu erkennen. Das Sammeln geschieht entweder durch die Auswertung offener Quellen, d. h. das Mithören des öffentlich gesprochenen Wortes oder die Auswertung von Druckerzeugnissen, oder aber es werden Nachrichten, Informationen oder sonstige Unterlagen mit Hilfe und dem Einsatz sog. nachrichtendienstlicher Mittel und Methoden »beschafft«. Solche nachrichtendienstliche Mittel sind gewöhnlich geheimes Mithören oder Mitsehen, das konspirative Beobachten (Observieren) oder Beschatten von Personen, kurz: der Einbruch in die grundgesetzlich geschützte Privatsphäre von Menschen. Es ist bemerkenswert, daß der angeblich notwendige Schutz der Verfassung von den Gesetzgebern offenbar so hochrangig eingestuft wird, daß den Verfassungsschützern sogar der systematische Bruch von Verfassungsrecht erlaubt wird. Der Verfassungsschutz greift bei seiner Auftragsdurchführung gewöhnlich massiv in mehrere Grundrechte von Bürgerinnen und Bürgern ein. Er verletzt die Würde der Menschen (Art. 1 GG), er behindert das Recht auf freie

Entfaltung der Persönlichkeit (Art 2 GG) und schränkt das Recht auf freie Meinungsäußerung ein (Art. 5), um nur die wichtigsten Eingriffe zu erwähnen.

Das angebliche Allgemeininteresse am Schnüffeln und am Erfahren, wer in unserem Staat in welcher Weise anders denkt als von den Normgebern erlaubt, wird mit dem deutschen Verfassungsschutz somit über die Individualrechte gestellt, die ansonsten in Demokratien unantastbar sind.

Wohlgemerkt: Bei der Kritik am staatlich organisierten Mißtrauen gegenüber den eigenen Bürgern und am systematischen staatlichen Einbruch in die geschützte Privatsphäre der Menschen geht es nicht etwa darum, die legale und legitime Vorbeugung gegenüber Straftaten zu behindern. Ebenso wie es Wirtschaftskriminalität gibt, gibt es natürlich auch Kriminalität, die von Personen ausgeht, die tatsächlich oder angeblich politische Motive dafür haben, z. B. den politischen Terrorismus.

Straftaten vorbeugend zu verhindern und gegebenenfalls aufzuklären, um Tatverdächtige der Justiz zuzuführen, ist aber Sache der Polizei. Tatsächlich existieren in den Kriminalpolizeibehörden' längst sog. politische Kommissariate, in denen Polizeibeamte tätig sind, die auf politisch motivierte Kriminalität spezialisiert sind.

Diese wirksam zu erhalten, oder – wo nötig – effektiver zu machen, sie aber klar im Rahmen des Polizeirechts zu belassen, das in seiner korrekten Anwendung überprüft und angegriffen werden kann, ist zwingend notwendig.

Was spricht also für das Beibehalten von Verfassungsschutz und BND, der anfängt, sein Überleben zu sichern, u. a. durch die Übernahme klassischer Polizeiaufgaben, wie die Bekämpfung von Drogenkriminalität oder Bandenkriminalität? Die Rechtsstaatlichkeit ist wirklich gefährdet, wenn der Staat sich auf das Niveau der Verbrecher begibt und mit denselben Mitteln kämpft.

Geheimdienste bieten die Gelegenheit, im Sumpf menschlicher Unzulänglichkeiten zu wühlen, sprechen also eher negative Seiten des Charakters an (Geheimdienst ist eine so schmutzige Sache, daß er nur von Gentlemen ausgeübt werden kann, sagt ein geflügeltes Wort).

Die Folgen seines Tun für die politische Kultur, die Freiheit der

Meinung und der persönlichen Entfaltung (das Wachsen von Demokratie mit selbstbewußten, aufrechten BürgerInnen), sind ver-
heerend.

Diese Organisationen entziehen sich wegen ihres geheimdienst-
lichen Anspruchs jeder wirksamen staatlichen oder öffentlichen
Kontrolle.

Abschottung und Geheimhaltung, ursprünglich begrenzt auf die
Arbeitsinhalte der Dienste, werden gern als Schamwand benutzt,
um dahinter ohne jede Berechtigung auch allgemeine Fragen der
Organisation, ihrer Effektivität und der von ihr verbrauchten
Steuergelder zu verstecken. Welches Geld konkret für welche
Zwecke im Nachrichtendienst verwendet wird, wird selbst der
parlamentarischen Kontrolle entzogen. Es gibt zwar eine kleine
Gruppe von Parlamentariern, die in einem Unterausschuß des
Haushaltsausschusses die Haushaltsanforderungen der Ge-
heimdienste prüfen. Aber auch diesen gegenüber wird keine volle
Offenheit praktiziert.

Und es gibt auch eine parlamentarische Kontrollkommission, die
aufgrund eines Gesetzes über die Kontrolle der Geheimdienste
formell, d. h. auf dem Papier, den Anspruch und das Recht, auch
die Pflicht hat, die Tätigkeit der Geheimdienste zu überwachen.
Dies ist bis heute bloße Theorie geblieben. Kontrolle konnte
nicht gelingen, weil die jeweilige Regierung alle Mittel einsetzt,
um volle Information des Kontrollgremiums zu verhindern. Wie
im Verteidigungsausschuß, wo Parlamentarier der Regierungskoalition immer wieder unzureichende Offenlegung von Vor-
gängen oder gar bewußte Falschinformation zum Schutz der
Regierung zulassen, unterstützen selbst Staatssekretäre das
plumpe Belügen der Kommissionsmitglieder. Parlamentarische
Kontrolle wird durch die Regierung systematisch unterlaufen
oder sabotiert.

So sind regelmäßig Skandale, die von den Geheimdiensten produziert werden, nur dann an das Tageslicht gekommen, wenn aus den
Diensten gesickerte Informationen durch die Medien in die Öffentlichkeit gelangt sind. Politiker hecheln dann mit dem Blinden-
stock hoffnungslos der Wahrheit hinterher, die im undurchdring-
lichen Dschungel der Dienste letztlich auch der Regierung
verborgen bleiben. Und auch Untersuchungsausschüsse schaffen

es nicht, mehr als einen Zipfel des Teppichs anzulüften, unter dem der ganze Unrat der Geheimdienste liegt.

Geheimdienste führen die Kalten Kriege. Wie die Streitkräfte begründen sie ihre Existenz wechselseitig. Die gegenseitige Überschätzung ist notwendiges Wesensmerkmal, weil sie beiden Seiten dient. Die angebliche Tüchtigkeit des Gegners ist der Beweis für die eigene Notwendigkeit (gleichzeitig Entschuldigung für die eigene Erfolglosigkeit). Streitkräfte und Geheimdienste fördern und stabilisieren sich auf diese Weise gegenseitig.

Als Konsequenz dieser Zusammenhänge gibt es nur eine sinnvolle Maßnahme: die ersatzlose Auflösung der geheimen Nachrichtendienste. Die innere Sicherheit der Bundesrepublik Deutschland war seit ihrer Gründung zu keinem Zeitpunkt durch verfassungsfeindliche Kräfte oder verfassungswidrige Zielsetzungen bedroht. Die Dienste haben dazu keinen Beitrag geleistet. Was sie an Erkenntnissen lieferten, wußte auch jeder interessierte Zeitungsleser.

Kein Amtsträger der Regierung würde einen Mangel an Information verspüren, kein Bürger würde es überhaupt merken, wenn es die Dienste nicht mehr gäbe.

Die vielen tausend Planstellen für Mitarbeiter in den Diensten könnten zum Gewinn im Bereich der Sicherheitsvorsorge durch Polizei und Justiz sowie im Sozialwesen und der Gesundheitsvorsorge angesiedelt werden.

Der legitime und legale Informationsbedarf, den die Regierung über andere Staaten hat, kann durch Auswertung offen zugänglicher Quellen, d. h. Medienberichterstattung, durch die personell ziemlich aufgeblähten diplomatischen Vertretungen im Ausland befriedigt werden.

Auf dem Weg zur Nord-Süd-Konfrontation
Die Beteuerungen von Regierungspolitikern und hohen Militärs, daß die angestrebten Einsatzmöglichkeiten der Bundeswehr ja nur das allerletzte Mittel wären, sind wenig tröstlich. Schließlich beweist die Geschichte, daß sich Entwicklungen in Krisen und in unübersichtlicher Lage häufig verselbständigt haben. Wenn ein Instrument der Gewaltanwendung da ist, kann es auch benutzt werden. Deshalb ist es so wichtig, die Hürde gegen einen Inter-

ventionseinsatz deutschen Militärs durch eine entsprechende verfassungsmäßige Verankerung möglichst hoch zu bauen. Es ist auch noch gar nicht ausgemacht, daß die europäischen Nachbarstaaten der Deutschen eine neue unbeschränkte Militärrolle der Bundesrepublik Deutschland als begrüßenswert ansehen werden.

Mit ihrer Vorreiterrolle in der Schaffung einer westeuropäischen Interventionsmacht versucht die deutsche Regierung ihre Außen- und Sicherheitspolitik neu zu definieren. Indem versucht wird, die Bundeswehr in den Dienst der Verteidigung des europäischen Wohlstands zu stellen, soll deren Existenzsicherung betrieben werden. Seit den Verträgen von Maastricht und seit dem Bemühen der deutschen Regierung in einer eigenständigen westeuropäischen Interventionsmacht eine maßgebliche Rolle zu spielen, ist das künftige politische Europa auf dem Weg zum zweiten Weltpolizisten. Die NATO wird früher oder später, wie jede Organisation, die keinen glaubhaften Auftrag mehr hat, verschwinden.

Die Aufstellung von starken, hoch mobilen, hoch flexiblen und hoch offensiven Interventionsstreitkräften unter dem Dach der NATO, der WEU und innerhalb der Bundeswehr wird natürlich kritisch und mit Sorge aus den Staaten der sogenannten Krisenregionen Nordafrikas und des Mittleren Ostens beobachtet. Schließlich reichen diese Streitkräfte nicht nur dorthin, sondern diese südlichen Regionen sind bereits als potentielle Bedrohung ausgemacht und bezeichnet worden. Eine Welle der Gegenrüstung der Staaten in diesen Regionen wird die unausweichliche Konsequenz sein. Die für eine Gegenrüstung benötigten Waffen, auch hochmoderne Waffentechnologie, wird gerne von den Industriestaaten geliefert. Deutschland zum Beispiel ist 1991 auf den dritten Platz der Waffenexporteure in der Welt gelangt. Die USA haben 1991 140 von 180 Staaten mit Militärmaterial oder -hilfe bedacht, unter diesen ungefähr 60 Diktaturen. Angesichts der Wirtschaftsrezession in den Industriestaaten und der wachsenden Konkurrenz ist der Druck groß, das Rüstungsgeschäft eher noch auszuweiten. So schaffen wir es, in einer Art sich selbst erfüllender Prophezeiung, die Staaten des »Südens«, von denen wir heute fälschlich behaupten, daß sie bereits eine Bedrohung wären, durch massive

Aufrüstung wirklich zu einer potentiellen militärischen Bedrohung werden zu lassen. Ohne Zweifel tragen wir durch unser heutiges Tun zur Bildung einer neuen Nord-Süd-Konfrontation bei. Wir fallen zurück in die alte Untugend des einseitigen Rüstens gegen eine angebliche militärische Bedrohung mit der Folge eines neuerlichen ruinösen Rüstungswettlaufs. Die Tugend der letzten Jahre des Kalten Krieges, wo der Westen versucht hat, die bedrohlichen Militärpotentiale des Ostens wegzuverhandeln statt gegen sie anzurüsten, ist vergessen. Damit ist der Weg frei für eine neue Militarisierung und für das Hochhalten der Rüstungsausgaben in den Industriestaaten. Und in dem Maße, wie dadurch die Verminderung der Ursachen für Instabilität, Krisen und Konflikte in der sogenannten Dritten Welt nicht mehr möglich ist, tragen wir durch fortgesetzte weitere Überrüstung zur Verschärfung der Krisenpotentiale bei. Wir errichten neue Mauern, diesmal um die »Insel der Seligen Westeuropa«, und schicken unsere Militärmacht vor die Tore, wenn das Treiben der Draußengebliebenen uns zu bunt wird. So nähren wir den Teufelskreis, indem am Ende immer neue und schärfere Konflikte mit immer neuer und mehr Gegengewalt eingedämmt werden müssen. Und dies alles im Namen der »Friedensbewahrung« und des »Friedenschaffens«. In unserem Egoismus, die Welt nach unseren eigenen Interessen in gut und böse, nützlich und schädlich einteilen zu wollen, und in unserer Anmaßung, unsere Militärmacht zur Verteidigung unserer Macht- und Wirtschaftsinteressen auch einzusetzen, vergrößern wir nur die Unordnung auf der Welt.

Gegen eine solche Politik gilt es jetzt zu mobilisieren. Es darf nicht wahr werden, daß von Deutschland ausgehend eine Art Neokolonialismus Platz greift. Die zu erwartende Gegenreaktion der betroffenen Menschen in den unterprivilegierten Regionen des Globus werden wir nicht aufhalten können, auch nicht mit unserer überlegenen Wirtschaftskraft und Militärtechnik.

Wie soll auf Gewaltanwendung reagiert werden?

Gewalt darf kein Mittel der Politik sein. Aber: Wer für die Zukunft Gewalt als Mittel der Politik ablehnt, muß eine Antwort auf die Frage finden, wie die Weltgemeinschaft künftig mit Völker- und Menschenrechtsverletzungen umgehen soll. Wie soll die Welt auf massive Gewaltanwendungen gegen unschuldige Menschen reagieren?

Wie kann das Leiden von Menschen, die Opfer von grausamen Kriegen werden, wie können geschundene und gequälte Menschen in Vernichtungslagern gerettet werden?

Gleichzeitig auf zwei Ebenen muß pragmatisch politisch gehandelt werden.

1. Ausbau kollektiver Sicherheitssysteme mit einem gemeinsam funktionierenden Netzwerk von friedlichen Konfliktvermeidungs-, Konflikteindämmungs- und Konfliktverhinderungsstrategien sowie einem gemeinsamen Gewaltmonopol.

2. Solange diese Systeme noch nicht wirksam sind, muß kollektiv und solidarisch auf Völker- und Menschenrechtsverletzung reagiert werden.

Solche Reaktionen schließen auch die Anwendung von Gewalt ein. Allerdings ist dabei im Unterschied zu militärischen Interventionen großen Stils, die gewöhnlich unverhältnismäßig sind, das Gebot der Verhältnismäßigkeit (wie beim Polizeieinsatz) strikt zu beachten.

Das heißt, es darf jeweils nur das geringst nötige Mittel an Gewalt angewendet werden. Es muß streng darauf geachtet werden, daß nicht weitere unschuldige Opfer die Folge sind. Bei Hilfe zum Schutz bedrohter Menschen dürfen keine nationalen oder regionalen Interessen eine Rolle spielen. Das heißt, daß alle Staaten, die Interessen in einem betroffenen Staat haben, in dem Hilfe geleistet werden muß, an solchen Aktionen nicht teilnehmen dürfen. Wichtig ist, daß solche Hilfsaktionen nicht auf das militärische Besiegen von bewaffneten Kräften, nicht auf deren Bestrafung, nicht auf »Konfliktlösung«, nicht auf das zwangsweise Installieren einer neuen politischen Ordnung gerichtet sind, sondern ausschließlich auf das humanitäre Ziel der Rettung von Menschen.

In dem Maße, wie eine Politik der ersten Ebene erfolgreich ist, das heißt zunehmend nationales Gewaltpotential zugunsten einer funktionierenden Völkergemeinschaft aufgegeben wird, wird die zweite Ebene der begrenzten Hilfsaktionen auch mit Gewaltmitteln an Bedeutung verlieren.

Schluß

Demilitarisierung beginnt in den Köpfen

Die Menschheitsgeschichte ist eine Geschichte der militärischen Gewaltanwendung. Viele Menschen glauben einer von interessierter Seite verbreiteten Zweckpropaganda, daß Aggressivität und Unfriedlichkeit zum Wesen der Menschen und Völker gehört. In Westeuropa ist nach dem Zweiten Weltkrieg ein Modell Wirklichkeit geworden, das solche Behauptungen Lügen straft. Friedlicher Interessenausgleich ist möglich geworden, weil die Ursachen für Gewaltanwendung überwunden wurden.

Es gilt nun, diese gute Erfahrung auf immer größere Regionen auszudehnen.

Damit dies gelingt, muß der Militarismus aus den Herzen und Hirnen der Menschen und aus den Gesellschaften verschwinden.

Es ist nämlich der verinnerlichte Militarismus, der die Kräfte und Ressourcen verbraucht, die so dringend für die Milderung oder Beseitigung der eigentlichen Ursachen für Konflikte und Kriege benötigt werden.

Wo ist ein Ausweg?

In der Zwischenzeit darf die Welt, die sich vor lauter Rüstung kaum bewegen kann, nicht zusehen, wie Menschen vertrieben und zu Tode gequält werden. Die Alternative zu falschem, weil wirkungslosem und mörderischem militärischen Zuschlagen – das an die Adresse der neubellizistischen Pazifisten – ist ja nicht absolutes Nichtstun.

Die Völkergemeinschaft muß und kann sich schützend, praktisch in Anwendung legaler und legitimer internationaler Notwehr, vor die bedrohten Menschen stellen. Dafür ist es noch nicht zu spät.

Gleichzeitig muß Europa mit viel größerem Einsatz als bisher politische Lösungen zwischen den Betroffenen unterstützen. Für den Schutz der Menschen in Bosnien-Herzegowina, egal gegen wen, wird weder eine umfassende Militärintervention noch ein begrenzter Luftschlag benötigt. Schutz läßt sich durch die geographisch und zeitlich begrenzte Sicherung von Hilfsgüterlieferungen und Ortschaften realisieren, in denen bedrängte Menschen Zuflucht suchen.

Dieses militärisch begrenzte und politisch klar begrenzbare Ziel, bei dem eine sehr viel größere Zahl von Blauhelmen benötigt wird und auch militärische Zwangsmittel gegen Angreifer erlaubt sind, ist natürlich nicht ohne Risiko für Leib und Leben der Beteiligten zu erreichen. Wer aber einen solchen Akt der Menschlichkeit in völliger Übertreibung als Gefahr für einen ausgedehnten Balkankrieg oder gar einen europäischen Flächenbrand an die Wand malt, sucht wohl eine Entschuldigung für heuchlerisches Nichtstun.

Wer daraus eine neue Legitimierung von Militärgewalt als Mittel der Politik ableiten will, betreibt offenbar die durchsichtigen Geschäfte der Militär- und Rüstungslobby, die auf einen neuen Interventionismus setzen.

Die Ursachen für Konflikte zwischen Menschen sind viel zu komplex und viel zu kompliziert, als daß sie Generälen überlassen und mit brutaler militärischer Gewalt »gelöst« werden könnten.

Der Krieg im ehemaligen Jugoslawien lehrt: Das Militär hat ausgedient. Die Welt braucht dringend neue »zivile« Konzepte zur Verhinderung und friedlichen Beendigung gewaltförmiger Konflikte.

Jetzt ist eine einfühlsame Politik des Helfens und der klugen politischen und wirtschaftlichen Einflußnahme gefragt, vor allem aber der sofortige Stopp aller Waffenexporte, weil der Endverbleib dieser Waffen unsicher ist und sie daher eben auch weiter – wie bisher schon –, diesen Krieg auf dem Balkan und andere verbrecherische Kriege in den Krisenregionen dieser Welt nähren.

International muß Deutschland seine gewachsene Verantwortung mit politischen, diplomatischen und wirtschaftlichen Aktivitäten wahrnehmen.

Wenn die deutsche Regierung wirklich ihre Verantwortung bei der Friedenssicherung in der Welt und bei der Hilfe von in Not und Bedrängnis geratenen Menschen wahrnehmen wollte, würde sie zuletzt an die Bundeswehr denken. Sie würde, statt weiter Waffen in die Krisenregionen zu liefern und Soldaten zum Töten und Sterben zu entsenden, Ärzte, Ingenieure und Lehrer ausschicken und junge Männer und Frauen, Freiwillige eines Friedenskorps, dazu gewinnen, die Ursachen für Probleme und gewaltsame Konflikte lindern oder beseitigen zu helfen.

Anhang

Elmar Schmähling
Flottillenadmiral

5000 Köln 41,
Paul-Schallück-Str. 5
Tel. 02 21/44 86 48
Fax 02 21/42 47 89

Elmar Schmähling, Paul-Schallück-Str. 5, 5000 Köln 41

Generalinspekteur
General Klaus Naumann
– persönlich –
Postfach 1328

5300 BONN

Sehr geehrter Herr Naumann,

in den letzten Tagen sind Sie mit Vorstellungen und Plänen über die Zukunft der Bundeswehr an die Öffentlichkeit getreten, die mich als Soldat erschrecken. Wir sind gemeinsam als deutsche Soldaten im Bündnis mit den Streitkräften der NATO-Partner angetreten, die territoriale Unversehrtheit der Mitgliedstaaten sowie Recht und Freiheit der Völker in der Allianz gegen jede militärische Aggression zu verteidigen. Das und nichts anderes war und ist die »Geschäftsgrundlage« für Soldatsein in der Bundesrepublik Deutschland. Was Sie als erster Soldat und Berater der Bundesregierung jetzt vorschlagen, würde – sofern es Recht wird – nicht nur eben diese »Geschäftsgrundlage« den Bundeswehrsoldaten entziehen. Was Sie wollen, ist eine andere Bundeswehr, eine andere Militärpolitik und ein anderes Deutschland.
»Den Wandel gestalten« war das Motto, mit dem Sie vor wenigen Monaten die Nachfolge des erzkonservativen Admirals Dieter Wellershoff im Amt des Generalinspekteurs der Bundeswehr angetreten sind.
Für viele, die einen moderaten, im zivilen Plauderton selbst mit Leuten der Friedensbewegung diskutierenden Naumann in Erinnerung hatten, klang dieser Wahlspruch nicht übel. Erhofften sie doch, die neue Bw-Führung würde das Ende der Ost-West-Konfrontation und den Wegfall jeglicher militärischen Bedrohung der NATO-Staaten nutzen, um den Abbau der während des kalten Kriegs aufgetürmten Rüstungsberge zu unterstützen, die Bewohner des Heerlagers Westeuropa von den Militärlasten (einschließlich Tiefflug) zu befreien und die lange versprochene Friedensdividende möglich zu machen.
In Ihrer Berliner Grundsatzrede vom 29. Januar dieses Jahres haben Sie vor geladenen Gästen über die Herausforderungen der deutschen Militärpolitik und die Zukunft der Bundeswehr Ihre Vorstellungen des »Wandels« dargelegt – schneller, allerdings auch anders als erhofft.
Fazit: Unter Ihrer Inspektion soll sich die Bundeswehr von einer Bündnis-Verteidigungsarmee zur globalen »Krisenreaktionstruppe« wandeln.
Dies ist auch die zentrale Botschaft des Anfang Februar an die Öffentlichkeit gelangten Bundeswehr-Dokuments »Militärpolitische und militärstrategische Grundlagen und konzeptionelle Grundrichtung der Neugestaltung der Bundeswehr«.

Zwar trägt formal der Verteidigungsminister die volle politische Verantwortung für dessen Inhalt. Doch lohnt sich nicht, ihn dazu zu befragen, da er gewöhnlich – wie bei der chaotischen und z. T. illegalen Weitergabe von NVA-Waffen – über maßgebliche Vorgänge in seinem Geschäftsbereich nicht informiert ist (oder absichtlich nicht informiert wird, damit er die politische »Unschuld« spielen kann?).

Die in Ihrer Rede und dem von Ihnen zu verantwortenden Papier enthaltenen sicherheitpolitischen Analysen, die Risikoeinschätzung und die daraus indirekt abgeleiteten staatsstreichartigen militärpolitischen Folgerungen, mit denen die Führungsspitze des Verteidigungsministeriums offenbar den »Wandel« nun herbeizwingen will, sind zum Teil unklar, fadenscheinig, irreleitend, widersprüchlich und unredlich.

Als erster Soldat der Bundeswehr sind Sie in dem, was Sie öffentlich vertreten, nicht nur der Bundesregierung und dem Parlament verantwortlich, sondern auch den Bürgerinnen und Bürgern, auch denen in Uniform.

Als »Staatsbürger in Uniform«, der von Ihren Plänen im doppelten Wortsinn »betroffen« ist, erlaube ich mir daher einige Fragen an Sie zu stellen. Ich tue dies öffentlich, weil die Öffentlichkeit ein Recht hat, nicht nur die Zukunftspläne der Bundeswehr, sondern auch kritische Fragen dazu zu erfahren. Daher ist beabsichtigt, meine Fragen an Sie als offenen Brief am Freitag, dem 6. März 92, in der Frankfurter Rundschau abzudrucken.

1. Sie stellten fest, daß mit dem Ende der Teilung auch das beharrliche Nischendasein westdeutscher Sicherheitspolitik ein Ende habe, in dem die Deutschen gut beraten waren, im Geleitzug des NATO-Bündnisses ein verläßlicher Partner zu sein.

   Ich frage Sie: Welche Schlußfolgerung ziehen Sie denn aus dieser Feststellung? Sollen die Deutschen nun den Geleitzug verlassen? Sollen sie sich an dessen Spitze setzen? Oder sollen sie zwar im Geleitzug bleiben, aber die Verläßlichkeit als Partner ablegen?

   Nach Art der Bonner Sprechblasen-Politik werfen Sie den Zuhörern ein paar Schlagworte, wie z. B. »Nischendasein«, hin. Was Sie damit eigentlich meinen, lassen Sie bewußt offen, damit sich jeder – von politisch halb links bis rechts außen – die gewünschte Antwort selber geben kann.

2. Sie sagen, der Auftrag der Bundeswehr müsse sich an den Regierungszielen »der Verwirklichung der Menschenrechte, dem Aufbau rechtsstaatlicher Demokratien und dem Ausgleich der wirtschaftlichen und sozialen Entwicklung in einer geschützten Umwelt« und an den Interessen Deutschlands orientieren, nicht an Bedrohungen oder Risiken. Gefahren und Risiken begründeten nicht die Existenz der Bundeswehr, sondern nur wie diese Bundeswehr zu gestalten sei.

   Mit dieser Aussage stellen Sie die verfassungsmäßige Existenzgrundlage der Bundeswehr (Artikel 87 a GG: »Der Bund stellt Streitkräfte zur Verteidigung auf«) auf den Kopf. Wenn also, wie Sie meinen, die äußere Sicherheit unseres Landes nicht mehr von militärischen Gefahren und Risiken bedroht ist, andere Aufgaben als »Verteidigung« aber für die Streitkräfte im Grundgesetz nicht vorgesehen sind, was ist dann ohne eine Verfassungsänderung (für die die erforderliche Zweidrittelmehrheit nicht in Sicht ist) die künftige Existenzberechtigung für die Bundeswehr? Wie ein Spieler setzen Sie alles auf die Karte »klarstellende Ergänzung« des Grundgesetzes und werfen die alten Grundlagen weg, ohne eine neue zu haben. Ist Ihnen eigentlich nicht klar, daß Sie damit die Bundeswehr insgesamt zur Disposition stellen?

3. Unter der Überschrift »Risiken für Europa« bezeichnen Sie es als »sicherheitspolitische Langzeitaufgabe von globaler Dimension«, jetzt die GUS, vor allem
aber Rußland in eine Sicherheitsarchitektur in Europa einzubinden, die eine
Rückkehr zur Konfrontation ausschließt. Dies sei nur im engen Schulterschluß
mit den USA und nur gestützt auf die Fähigkeit zu bewältigen, die im Osten
existierende Militärmacht jederzeit durch die Verteidigungsfähigkeit unseres
Bündnisses ausbalancieren zu können. Diesen Prozeß könne nur die NATO
schaffen.
Merken Sie eigentlich nicht den Widerspruch, wenn Sie die GUS gleichzeitig
»einbinden« und »ausbalancieren« wollen?
Offenkundig sind Sie wie der NATO-Generalsekretär Wörner Gefangener der
längst überholten Übergangsformel vom letzten NATO-Gipfel in Rom, als es
die Sowjetunion noch gab. Im Spagat zwischen den beiden unvereinbaren
Positionen »politische Vernunft des Einbindens« und »NATO-Existenzangst des
Ausbalancierens« verspielen Sie leichtfertig Ihre Glaubwürdigkeit. Sie verstricken sich in Widersprüche, weil die NATO-Militärs keinen glaubhaften
Auftrag mehr vorweisen können, und deshalb so lange am Popanz »Sowjetbedrohung« glauben festhalten zu müssen, bis sie ein neues gesichertes,
d. h. von den Gesellschaften der NATO-Staaten angenommenes Feindbild
aufgebaut haben.
4. Die Gefährdungen außerhalb Europas reichen vom »Einwanderungsdruck
verelendeter Massen« bis hin zum Staatsterrorismus als Mittel politischer Pression«. Allein mit militärischen Machtmitteln sei dies nicht beherrschbar, aber
ohne sie werde es wohl auch nicht möglich sein, dort (also außerhalb Europas)
Frieden für Europa zu erhalten. Militärische Macht könne zur Konfliktverhinderung, -eindämmung oder -beseitigung eingesetzt werden. Solche Aufgaben
sollten Streitkräfte immer nur im kollektiven Einsatz, vorzugsweise im Rahmen
der UNO erfüllen.
Auch bei dieser Aussage überlassen Sie es dem Zuhörer, sich vorzustellen, wie
etwa die »verelendeten Massen« mit Militär abgehalten werden könnten.
Warum erklären Sie als Militärexperte nicht klipp und klar, wo Sie persönlich
den Zusammenhang zwischen den genannten, durchaus realistischen Entwicklungen und dem Auftrag der Bundeswehr sehen?
Mit welchen deutschen militärischen Machtmitteln, d. h. mit welchen Waffen
und welchen Operationskonzepten soll denn die Bundeswehr gegen den
»Einwanderungsdruck« oder »Staatsterrorismus« vorgehen? Sollen die »verelendeten Massen«, die gegen ihre (z. T. von uns unterstützten) Machthaber
aufbegehren, fliehen, vertrieben werden, oder aus Hunger und Verzweiflung
das »europäische Paradies« erstürmen wollen, etwa an Ort und Stelle von Bundeswehrsoldaten liquidiert werden? Ist es das, was Sie unter »Konfliktbeseiti-
gung« verstehen? Oder sollen Staaten künftig vorbeugend ausradiert werden,
die sich außer der Rüstung, die wir ihnen bereitwillig verkaufen, dieselben
Massenvernichtungswaffen anschaffen wollen, auf die wir auch künftig zur
»Erhaltung des nuklearen Schutzes« nicht verzichten? Schwebt Ihnen diese Art
der »Konfliktverhinderung« vor?
Heißt die von Ihnen gewiß mit Bedacht gewählte Formulierung, »solche Aufgaben *sollten* im kollektiven Einsatz« ausgeführt werden, nicht, daß sie notfalls
auch *allein*, d. h. im nationalen Alleingang erledigt werden können? Kollektiver
Einsatz ist demnach nur eine Zielvorstellung, keineswegs aber zwingende Voraussetzung? Und »vorzugsweise im Rahmen der UNO« bedeutet doch wohl

eindeutig, daß bewaffnete Einsätze der Bundeswehr zur »Krisenbewältigung« außerhalb Europas auch ohne Auftrag der UNO möglich sein sollen?

5. In Ihrem »Grundlagenpapier« heißt es unter »Auftrag der Bundeswehr«, »die Bundeswehr hat den Auftrag . . .

(6) nach klarstellender Ergänzung des Grundgesetzes an kollektiven Einsätzen über die NATO hinaus im Rahmen der CHARTA der Vereinten Nationen (Kapitel VII) teilzunehmen, soweit es deutsche Interessen und deutsche Mitverantwortung für die Wahrung von Frieden, Humanität und internationaler Sicherheit gebieten«.

Warum unterstützen Sie das Nebelwerfen der Regierungspolitiker und erklären nicht offen, was die sogenannte »klarstellende Ergänzung« des Grundgesetzes, die Sie wie eine kosmetische Lappalie schon einmal abhaken, in Wirklichkeit für die Bundeswehr bedeuten würde? Warum verheimlichen Sie, daß die angestrebte Änderung des Grundgesetzes, die einen Einsatz der Bundeswehr im Auftrag der UNO – wie im Golfkrieg – möglich machen soll, automatisch zur Folge hätte, daß nach Regierungsauffassung deutsche Soldaten unter deutschem Kommando auch allein außerhalb der NATO kämpfen dürfen? Versuchen Sie nicht auf plumpe Weise, mit der Betonung »im Rahmen der CHARTA der Vereinten Nationen« (Kapitel VII) die von Ihnen gewollte Möglichkeit künftiger nationaler »out-of-area«-Einsätze hinter der sympathischen UNO zu verstecken? Mit Ihrer Auftragsformulierung für die Bundeswehr täuschen Sie die Öffentlichkeit. Sie sagen »friedenschaffende!« (»friedenstiftende«, »friedenerzwingende«) Missionen im Rahmen der UNO, meinen aber deutsche Kampfeinsätze zur »Vorbeugung, Eindämmung und Beendigung von Konflikten jeglicher Art« und unter allen Bedingungen.

Die deutschen Interessen, zu deren militärischer Sicherung Sie einen künftigen Auftrag der Bundeswehr sehen, wie z. B. »Aufrechterhaltung des freien Welthandels und Zugang zu strategischen Rohstoffen« sind – wie Sie wissen – kein Fall für die Vereinten Nationen. Gemäß Kapitel VII darf der Sicherheitsrat nur gewaltfreie oder gewaltsame »Maßnahmen bei Bedrohung oder Bruch des Friedens und bei Angriffshandlungen« beschließen.

Deshalb und weil die Deutschen ihre Interessenwahrung auch in die eigenen Hände nehmen können wollen, dürfen »Kollektivität« des Vorgehens und Erlaubnis der UNO zum militärischen Zuschlagen nicht zwingende grundgesetzliche Voraussetzungen für den Interventionseinsatz der Bundeswehr sein. So schließt sich der Kreis zwischen dem harmlos lautenden »UNO-Auftrag« unter (6) und den aggressiven Zielsetzungen zur Wahrung angeblicher deutscher Sicherheitsinteressen.

Schließlich verschweigen Sie gegenüber der Öffentlichkeit, daß jede Anwendung militärischer Zwangsmaßnahmen durch einzelne oder mehrere Staaten außerhalb eines von der UNO beschlossenen Militärkommandos und außer einer ausdrücklichen Beauftragung völkerrechtswidrig wäre. Die Vereinten Nationen erlauben gem. Art. 51 der UN-Charta allein die individuelle oder kollektive Selbstverteidigung im Falle eines bewaffneten Angriffs. Indem Sie die Wahrung oder Durchsetzung deutscher Sicherheitsinteressen mit der Aufstellung von »Krisenreaktionskräften« und dem künftigen Kampfeinsatz von Bundeswehreinheiten verknüpfen, bewegen Sie sich außerhalb des Völkerrechts. Wollen Sie, daß die BRD künftig die wiederholten Völkerrechtsverletzungen unserer Freunde und ehemaligen Gegner beim Einsatz bewaffneter Macht zur Durchsetzung nationaler Interessen imitiert? Ist das die gewünschte Normalität der Deutschen?

6. In Berlin erhielten Sie stehenden Beifall für Ihre »Blut, Schweiß und Tränen«-Abwandlung, »der künftige Auftrag der Bundeswehr bedeute für die Soldaten Risiko für Leib und Leben«. Ist Ihnen eigentlich nicht bewußt, daß Sie damit indirekt zum Ausdruck bringen, daß es während der Ost-West-Konfrontation weder für die Soldaten, noch für die Zivilbevölkerung ein Risiko gegeben hat?

War also die BRD in den letzten 40 Jahren gar nicht militärisch bedroht? War demnach auch der Slogan vom »kämpfen können, um nicht kämpfen zu müssen« eine bloße Floskel? Wird jetzt die gefährliche und ruinöse nukleare Abschreckungsdoktrin als bloßer Bluff entlarvt?

Hieß es doch immer, daß die Glaubwürdigkeit der Abschreckung und damit der Erhalt des Friedens unauflöslich an unserer militärischen Fähigkeit und der Entschlossenheit unserer Soldaten hing zu kämpfen, notfalls mit Atomwaffen, und dabei ihr Leben zu opfern?

Sie waren früher auch verantwortlich für die militärpolitische Beratung des Verteidigungsministers und damit für die kontinuierliche Aufrüstung aufgrund dramatisierender Bedrohungsanalysen. Jetzt sagen Sie den Leuten mit Ihrer »Leib-und-Leben-Parole«, daß auch in der Vergangenheit schon nicht die geringste Kriegsgefahr bestand. Wozu wurden dann eigentlich unseren Menschen immer neue Rüstungsausgaben abgepreßt und immer neue Belastungen und Gesundheitsgefährdungen, z. B. durch militärischen Tiefflug, zugemutet?

Wo sollen die Menschen denn eigentlich das Vertrauen in Ihre neuen Behauptungen hernehmen?

Sind das die Fehler der Vergangenheit, die jetzt – wie Sie sagen – korrigiert werden müßten?

Warum nennen Sie diese Fehler nicht beim Namen? Vielleicht könnte damit verhindert werden, daß Ihre verschleierten Pläne und Entscheidungen von heute nicht fatale Neuauflagen der alten Fehler werden.

Noch nie haben so viele junge Männer den Kriegsdienst verweigert wie im vergangenen Jahr. Die Bewerbungen für den freiwilligen Dienst in der Bundeswehr gehen drastisch zurück. Neben der quantitativen Bedarfsdeckung wird längst auch die Mindestqualität des Führer- und Unterführernachwuchses nicht mehr erreicht. Schlechteres fachliches Können und autoritärer Führungsstil schrecken ab. So schließt sich der Negativ-Zirkel. Dazu paßt, daß die nervös gewordene »Knobelbecher-Justiz« der Truppendienstgerichte dabei ist, das ohnehin kümmerliche Pflänzlein »Innere Führung« plattzuwalzen. Die schöne Idee vom »Staatsbürger in Uniform«, wonach der Soldat seine Grundrechte behält, paßt ganz offenbar nicht in Ihre neue Bundeswehr. Mit den jüngsten Degradierungen von Soldaten des »DARMSTÄDTER SIGNALS«, die von ihrem Recht auf Meinungsfreiheit Gebrauch machen wollten, wird der neue Geist bereits sichtbar.

Können Sie eigentlich einem jungen Mann noch klarmachen, warum er unter diesen Umständen und für Ihre militärpolitischen Zielsetzungen noch Soldat werden sollte?

Verteidigen des eigenen Landes und der Menschen, die einem nahestehen, gegen eine militärische Aggression, dafür konnten junge Deutsche mit ihrer Gewissensnot des »Du-sollst-nicht-töten« fertig werden. Aber töten und sterben für »die Aufrechterhaltung des freien Welthandels« oder den »Zugang zu strategischen Rohstoffen«?

Ich hoffe für die jungen Deutschen und ihre Eltern sehr, daß es niemals zur Realisierung einer neuen deutschen Militärrolle kommt, mit der die Bundesrepublik nahtlos an frühere Militärtraditionen anknüpfen würde.

Mit freundlichen Grüßen
Ihr
Elmar Schmähling

Elmar Schmähling
Flottillenadmiral

5000 Köln 41,
Paul-Schallück-Str. 5
Tel. 02 21/44 86 48
Fax 02 21/42 47 89

Elmar Schmähling, Paul-Schallück-Str. 5, 5000 Köln 41

Bundesminister der Verteidigung
Herrn
Volker Rühe – persönlich –
Postfach 1328
D-5300 Bonn 1

Offener Brief

Sehr geehrter Herr Rühe,

ein Marschbefehl für Bundeswehrsoldaten nach Somalia – wie vom Bundeskanzler öffentlich angekündigt – wäre rechtswidrig.
Soldaten dürfen als Vorgesetzte einen solchen Befehl nicht erteilen, als Befehlsempfänger nicht ausführen.
Wenn sie dies dennoch tun, machen sie sich vor dem Soldatengesetz strafbar.
Haben Sie das bedacht, Herr Minister Rühe?
Sie behaupten, die bestehende Rechtslage für den Einsatz der Bundeswehr lasse den anvisierten Somalia-Einsatz ebenso zu, wie vorher die Adria- und Kambodscha-Missionen.
Wieso sollten sich Soldaten auf diese Ihre derzeitige (endgültige oder vorläufig endgültige) Auffassung eigentlich verlassen?
Was soll denn ein Soldat von seinem Minister halten, der seine Haltung zu der wichtigsten Frage seiner Existenz von Tag zu Tag wechselt?
Welche neuen Fakten und Einsichten haben Sie eigentlich bewegt, Ihre Meinung über die Notwendigkeit einer Ergänzung des Grundgesetzes zu ändern? Erst

»klarstellende Ergänzung« des Grundgesetzes (Zweidrittelmehrheit), dann »Entsendungsgesetz« (Regierungsmehrheit) und nun »Augen zu und durch« (Verfassungsgerichtsbeschluß als Ersatz für Politik)?
Was Verfassungsrecht ist, wird auch Soldaten nicht per Befehl vermittelt.
Welche verfassungsrechtliche Lage für den Einsatz der Bundeswehr gilt, erfahren Soldaten nicht von ihren Vorgesetzten, sondern ergibt sich aus der verfassungspolitischen Realität.
Diese wiederum wird durch zahlreiche offizielle Aussagen der Regierung eindeutig beschrieben. Hier einige Beispiele:
- Am 3. 11. 1982 hat der Bundessicherheitsrat u. a. beschlossen:
  »... Eine Beteiligung der Bundeswehr an einer internationalen Streitmacht im Persischen Golf wäre daher, wenn überhaupt, jedenfalls zum gegenwärtigen Zeitpunkt verfassungsrechtlich nicht gedeckt«.
  Damit hat nicht – wie einige Politiker und Journalisten heute meinen – ein Regierungsorgan seine (unmaßgebliche) Meinung geäußert oder unzuständigerweise eine anderslautende Rechtslage verändert (weil es ein Gutachten gab, das den Bundeswehreinsatz damals für rechtens gehalten hat). Die Regierung hatte mit diesem Beschluß lediglich die herrschende Rechtsauffassung zu dieser Frage klargestellt, die bislang noch von keinem Verfassungsorgan in Frage gestellt wurde. Anderslautende Gutachten sind politisch so lange irrelevant, solange ihr Inhalt nicht durch die zuständigen Verfassungsorgane zu legaler Politik gemacht werden.
- Am 25. 9. 1991 hat der damalige Bundesaußenminister Hans-Dietrich Genscher für die Bundesregierung vor der Vollversammlung der VN über die Verpflichtung des Vereinten Deutschlands, einschließlich der Teilnahme an Maßnahmen der kollektiven Sicherheit ausgeführt: »Auch mit unseren Streitkräften. Wir wollen dazu unsere Verfassung ändern«.
- Im Januar 1992 formulierte der damalige Verteidigungsminister Gerhard Stoltenberg in einem Papier »Militärpolitische und militärstrategische Grundlagen der Neugestaltung der Bundeswehr« an Abgeordnete des Deutschen Bundestages:
  »Die Bundeswehr hat den Auftrag ...
  (6) nach klarstellender Ergänzung des Grundgesetzes an kollektiven Einsätzen über die NATO hinaus im Rahmen der Vereinten Nationen teilzunehmen.«
- Am 15. 3. 1992 hat der Generalinspekteur Klaus Naumann in einem Interview mit der »Welt am Sonntag« betont, »jeder Einsatz von Soldaten setzt jedoch politische Legitimation voraus. Die aber haben wir gegenwärtig nicht, weil die ausstehende Ergänzung der Verfassung fehlt«.
  (Drastischer könnte Kritik an der Unfähigkeit einer Regierung nicht ausfallen.)
- Am 9. 9. 1992 forderte der Bundeskanzler in einem ZDF-Interview u. a. »jetzt« eine Grundgesetzänderung, die auch Militäreinsätze der Bundeswehr außerhalb des NATO-Gebietes erlaube.
- Am 23. 12. 1992 hat sich eine Koalitionsrunde bei Bundeskanzler Helmut Kohl darauf geeinigt, daß für Bundeswehreinsätze bei friedenerhaltenden und friedenschaffenden Maßnahmen eine »verfassungsrechtliche Grundlage« geschaffen wird, um die »notwendige Klarstellung« zu erreichen. Beabsichtigt sei eine »Verfassungsergänzung«.
Aber schon kurz darauf sorgte der Sophismus Ihrer Parteifreunde wieder für die alte Konfusion. Aus der »klarstellenden Ergänzung« des Grundgesetzes, aus

der zwischenzeitlich eine »ergänzende Klarstellung« geworden war, machte Karl Lamers nun eine »politische Klarstellung«. D. h. die Verfassungsänderung werde seiner Meinung nach keinen »materiellen Charakter« haben.
Zwar gilt allgemein, daß Recht, auch Verfassungsrecht, auslegungsfähig ist. Zur Rechtsauslegung gehört allerdings zwingend ein entsprechendes Mandat. D. h., nicht jeder Rechtsprofessor oder Politiker kann nach seinem Gutdünken bestehendes Recht neu interpretieren und verlangen, daß andere seiner Meinung folgen.
Der Gesetzgeber allein hat das Recht, ein bestehendes Gesetz neu zu interpretieren. Soweit Verfassungsrecht betroffen ist, könnte somit eine Zweidrittelmehrheit des Deutschen Bundestages durchaus eine Neuinterpretation aufgrund geänderter Rahmenbedingungen beschließen.
Daraus folgert aber im Umkehrschluß, daß die Bundesregierung, so wenig wie sie mit ihrer parlamentarischen Mehrheit das Grundgesetz ändern kann, nach ihrer eigenen Auffassung geltendes Verfassungsrecht einfach mit einem neuen Inhalt ausfüllen darf.
Die »allgemeine Auffassung« über die verfassungsrechtlichen Möglichkeiten und Grenzen des Einsatzes der Bundeswehr hat sich über viele Dekaden gefestigt, sie hat wechselnde Regierungsmehrheiten überdauert und wurde seit Beginn der Golfkrise durch die derzeitige Regierung wiederholt bekräftigt.
Sie lautet: Die Bundeswehr darf außer zur Verteidigung der Bundesrepublik Deutschland und der Staatsgebiete der Bündnisstaaten der NATO und der WEU gegen einen bewaffneten Angriff nur im Rahmen der Notstandsgesetze, d. h. im Inneren der Republik eingesetzt werden. Für die rechtmäßige Verwendung deutscher Streitkräfte kommt es entscheidend auf die beiden Begriffe »Verteidigung« und »Einsatz« an: »Verteidigung« ist durch die Charta der Vereinten Nationen auf den Begriffsinhalt der »Selbstverteidigung« festgelegt, weil Mitgliedstaaten gem. Art. 51 nur im Falle eines **bewaffneten Angriffes** einzeln oder kollektiv die Verwendung militärischer Gewalt zugestanden wird. »Verteidigung« setzt also stets einen bewaffneten Angriff voraus. Jede weitergehende Auslegung verbietet sich nach dem Völkerrecht.
»Einsatz« von Streitkräften ist die bestimmungsgemäße Verwendung von Militär, das heißt »Einsatz« ist die rechtmäßige Verwendung von Soldaten zur Durchführung eines militärischen Auftrags.
Da humanitäre Hilfeleistung nicht zum originären Auftragsspektrum der Bundeswehr gehört, wurde bisher mit einigem Recht – über die Parteigrenzen hinweg – davon ausgegangen, daß zu humanitärer Hilfe abgestellte Soldaten der Bundeswehr keinen »Einsatz« leisten. Somit waren humanitäre Hilfsaktionen durch Bundeswehrsoldaten – eine Art Amtshilfe für andere Organisationen – von Art. 87 a gar nicht berührt und damit auch nicht ausdrücklich untersagt.
Dagegen handelt es sich aber beim Einsatz der deutschen Sanitätstruppe in Kambodscha und von Schiffen und Flugzeugen der Bundesmarine zur Überwachung der Einhaltung der Sanktionen gegen Staaten des ehemaligen Jugoslawien im Mittelmeer um einen klassischen militärischen Einsatz. Der Einsatz von Nachschub-, Pionier- und Infanterieeinheiten zur Ausübung ihres normalen militärischen Auftrags in Somalia ist selbstredend ebenfalls ein militärischer Einsatz (anders, als Sie in Ihrem Spiegel-Interview vor Weihnachten behauptet haben, kommt es bei der Frage, was ein **Einsatz** ist, auf das »bewaffnet«, also Einsatz im Sinne von »Kampfeinsatz«, überhaupt nicht an).
Dieser »Einsatz«, da eindeutig nicht zur »Verteidigung«, ist durch das geltende Verfassungsrecht nicht gedeckt.

Wenn Sie Soldaten der Bundeswehr den von Bundeskanzler Kohl vor der Presse angekündigten Somalia-Einsatz befehlen, verstoßen Sie daher nicht nur selbst gegen Ihre Amtspflichten. Sie verlangen von deutschen Soldaten eine offenkundige Dienstpflichtverletzung.

Die Begründung ist einfach:

Die einseitige Erklärung der Bundesregierung, ihre Verfassungsauslegung gehe schon in Ordnung, da im übrigen renommierte Juristen diese stützten, schafft für Soldaten aus den oben genannten Gründen kein neues Recht.

Der Vorgesetzte, vom General bis zum jüngsten Unteroffizier, darf Befehle nur zu dienstlichen Zwecken und nur unter Beachtung der Regeln des Völkerrechts, der Gesetze und der Dienstvorschriften erteilen (§ 10 Soldatengesetz).

Befehle für den Einsatz deutscher Soldaten in Somalia wären zwar Befehle zu dienstlichen Zwecken, stünden aber nicht im Einklang mit dem Grundgesetz. Sie wären daher offensichtlich rechtswidrig.

Daraus folgt, daß sich ein Soldat, der an solchen Befehlen mitwirkt, strafbar macht. Er kann sich auch nicht auf einen höheren Befehl berufen, den er schließlich nur weitergebe, weil jeder Soldat für sein Verhalten persönlich verantwortlich ist und schließlich für sein Verhalten zur Rechenschaft gezogen wird (schon zweimal in diesem Jahrhundert wollten sich deutsche Soldaten, die rechtswidrige oder verbrecherische Befehle weitergegeben oder ausgeführt hatten, vor Gericht auf »Befehlsnotstand« berufen; zu Recht ohne Erfolg).

Soldaten sind zwar gegenüber ihren Vorgesetzten zum Gehorsam verpflichtet, aber nur in den engen Grenzen des § 11 Soldatengesetz, wonach ein offensichtlich rechtswidriger Befehl nicht ausgeführt werden darf.

Ein Soldat, der auf Veranlassung der Bundesregierung seine Dienstpflichten verletzt, darf gewiß damit rechnen, dafür so lange nicht zur Rechenschaft gezogen zu werden, solange diese amtiert. Was schützt ihn aber vor Strafe, wenn eine andere Regierung wieder Gesetzestreue und die Erfüllung der Dienstpflichten verlangt?

Bei der Aufklärung und Verfolgung von Dienstpflichtverletzungen gibt es kein »Opportunitätsprinzip«. Disziplinarvorgesetzte **müssen** jedem Verdacht auf eine Dienstpflichtverletzung nachgehen (§ 28.1 Wehrdisziplinarordnung).

Angesichts dieser eindeutigen Lage stellt sich doch die Frage, warum Sie Ihre Soldaten dieser unverantwortlichen Vorgehensweise aussetzen? Ihr Koalitionspartner FDP hat bereits Anfang des Jahres einen Entwurf für eine Verfassungsänderung vorgelegt. Auch die SPD hat vor Monaten einen Änderungsvorschlag für das Grundgesetz eingebracht, womit der jetzt beabsichtigte Bundeswehreinsatz auf eine rechtlich einwandfreie Basis gestellt werden könnte.

Die Soldaten fragen zu Recht, wo eigentlich die Gesetzesinitiative Ihrer Partei bleibt, die von Kanzler Kohl bereits vor der letzten Bundestagswahl angekündigt worden war.

Die ehrliche Antwort darauf ist für Sie und die CDU/CSU wenig schmeichelhaft.

Deutsche Soldaten sollen ohne rechtliche Basis und infolgedessen ohne gesetzlich abgesicherten Anspruch auf Versorgung, auch Ihrer Familien, in Militärabenteuer geschickt werden, weil Sie mehr wollen, als Sie offen einzugestehen bereit sind.

Ihnen geht die von der FDP vorgeschlagene Änderung der Verfassung für einen künftigen Bundeswehreinsatz »unter dem Dach der UNO« (Bundeswehreinsatz in einem UNO-Kommando oder im Auftrag des Sicherheitsrats der UNO, wie im letzten Golfkrieg) nicht weit genug. Sie wollen mit Ihrer Partei (gem. Beschluß des letzten Parteitags in Düsseldorf) künftig deutsche Kampfeinsätze ohne Auftrag und ohne Zustimmung der Vereinten Nationen befehlen können.

Weil Sie diese völkerrechtswidrige Zielsetzung weder mit der FDP, noch mit der SPD auf legale Weise durchsetzen können, haben Sie jetzt – nach der Androhung des offenen Verfassungsbruchs durch ein »Entsendungsgesetz« – den Weg des schleichenden Verfassungsbruchs gewählt.

Es läßt Sie ungerührt, daß Sie dabei Ihre politischen Machtkämpfe auf dem Rücken der Soldaten austragen.

Sie interessieren offenbar weder die dienstrechtlichen noch die versorgungsrechtlichen, noch die persönlichen und moralischen Auswirkungen dieses »Spiels« auf Ihre Soldaten.

Im Eifer, künftigen deutschen Militäreinsatz auch unter deutschem Kommando nicht von der UNO abhängig machen zu müssen, scheut Ihre Partei nicht einmal vor Völkerrechtsbruch zurück. Im Falle der »Nothilfe«, so heißt es in Ihrer Partei, soll die Bundeswehr auch ohne ausdrückliche Zustimmung der UNO einsetzbar sein. Offenbar ist die Erfindung der »Nothilfe«, ein Begriff, den es weder in der Charta der VN, noch sonst im Völkerrecht gibt, ein weiterer Versuch, bestehendes Recht durch eigenwillige Interpretation zu unterlaufen.

Die einzige Rechtsgrundlage für den Einsatz militärischer Gewalt ohne ausdrückliche Legitimation durch die UNO ist Art. 51 UN-Charta. Dort wird den Mitgliedstaaten aber eindeutig und ausschließlich nur das Recht der »individuellen oder kollektiven Selbstverteidigung« im Falle eines bewaffneten Angriffs eingeräumt. »Nothilfe« in einem anderen Land, die nicht als kollektive Verteidigung wie im Rahmen des NATO- oder WEU-Vertrags durchgeführt würde, wäre Völkerrechtsbruch.

Was Sie und Ihre Parteifreunde derzeit den deutschen Bürgern und Soldaten zumuten, um letztlich ohne Änderung des Grundgesetzes und ohne politischen und gesellschaftlichen Konsens eine »normale« deutsche Militärmacht durchzuboxen, ist ohne Beispiel.

Mit Ihrer Salamitaktik immer neuer rechtswidriger Bundeswehr-Einsätze, dem Austricksen des Bundestages und dem Reiten auf der Welle des Mitgefühls unserer Menschen mit notleidenden und gequälten Opfern von Kriegen soll das deutsche Militär durch Gewöhnung Zug um Zug von seiner verfassungsmäßigen Beschränkung befreit werden.

Sie stellen die (sympathischen) humanitären Zielsetzungen der künftige Bundeswehreinsätze in den Vordergrund. Damit wollen Sie vernebeln, daß es bei der Reform der deutschen Streitkräfte, wie im Januar 1992 durch Ihren Vorgänger veröffentlicht, in erster Linie darum geht, sogenannte deutsche Sicherheitsinteressen zu wahren: ».. .die Förderung und Absicherung weltweiter politischer, wirtschaftlicher, militärischer und ökologischer Stabilität« und die »Aufrechterhaltung des freien Welthandels und des Zugangs zu strategischen Rohstoffen«.

Diese Rechnung kann aber nicht aufgehen, weil Sie eine neue aggressive, auf zahllose künftige Interessenkriege unter deutscher Beteiligung hinauslaufende deutsche Außenpolitik nicht auf die schmale Mehrheit des derzeitigen Regierungsbündnisses gründen können.

Sie wollen, daß Deutschland mit Gewalt künftig dort eingreifen kann, wo deutsche Interessen gewalttätig gestört werden.

Gleichzeitig sind Sie im Bundessicherheitsrat beteiligt, wenn neue Waffenlieferungen Deutschlands, des global Drittplazierten unter den staatlichen Händlern des Todes, selbst in Spannungs- und Krisengebiete genehmigt werden.

In Ihrem Tagesbefehl zum Jahreswechsel bezeichnen Sie Bundeswehreinsätze in fernen Ländern als »Ausdruck unserer Solidarität, die wir der Völkergemeinschaft nicht verwehren können, wenn Frieden gebrochen und Völkerrecht verletzt wird«.

Wie wollen Sie eigentlich Ihren Soldaten erklären, daß sie künftig ihr Leben auch dort einsetzen müssen, wo vorher mit Ihrer Zustimmung deutsche Waffen, Munition oder Anlagen zu deren Herstellung direkt oder indirekt hingeliefert wurden?

Mit der Rüstungsexportpolitik der Regierung, der Sie angehören, werden deutsche Soldaten zu Helfern und Opfern einer zynischen Doppelmoral. Erst schicken Sie Waffen, die in den Krisenregionen ungelöste Probleme zu bewaffneten Konflikten eskalieren helfen, zu Gewalt, Unterdrückung, Hunger und Vertreibung beitragen. Dann schicken sie, angeblich zur Konfliktbewältigung oder gar -lösung, unsere jungen Männer zum Töten und Sterben, vielleicht durch deutsche Waffen.

In Somalia werden unsere Soldaten auf Waffen unserer Freunde, auf zigtausende von Landminen treffen, die auch wir immer wieder bereitwillig in alle Welt verkaufen.

Solange mit Billigung der Regierung auch nur eine einzige Waffe aus deutscher Produktion oder über unsere Freunde direkt oder indirekt in Krisenregionen gelangt, ist es verbrecherisch, deutsche junge Männer dorthin zu schicken.

Mit unserem gewissenlosen Waffenexport handeln wir wie ein Staat, der an seine potentiell kriminellen Bürger Waffen verkauft und dann von seiner Polizei verlangt, gegen staatlich bewaffnete Rechtsbrecher vorzugehen.

Die »Geschäftsgrundlage« für Soldatsein in Deutschland war bisher eindeutig: Zu kämpfen, auch unter Einsatz seines Lebens, hatte der deutsche Soldat ausschließlich, wenn sein Land oder das eines Verbündeten militärisch angegriffen wurde. Soldatsein in Deutschland hatte somit eine nachvollziehbare, rechtlich und moralisch einwandfreie Grundlage für die Anwendung von Waffengewalt.

Nach Ihrem Willen soll der deutsche Soldat künftig auch für das »Frieden schaffen« (stört Sie eigentlich der darin liegende Euphemismus nicht?) irgendwo auf der Welt und zur Verteidigung sogenannter deutscher Interessen zum Töten und Sterben bereit sein.

Dies ist eine neue »Geschäftsgrundlage« für Soldatsein in Deutschland. Die Absicht des Generalinspekteurs, diese künftig gravierend neue Rolle für deutsche Soldaten sang- und klanglos der bestehenden Pflicht zum treuen Dienen unterzuordnen, ist völlig unsensibel. Schließlich verpflichtet sich der deutsche Soldat, »der BRD treu zu dienen und das Recht und die Freiheit des deutschen Volkes tapfer zu verteidigen«. Wo beim Kämpfen in Somalia »das Recht und die Freiheit des deutschen Volkes« verteidigt wird, müßten Sie schon erklären.

Sie und Ihr Generalinspekteur gehen in dieser Frage rücksichtslos über das gewachsene Bewußtsein, das Gewissen und die Gefühle Ihrer Soldaten hinweg.

Sie reden nur davon, daß Sie einen breiten gesellschaftlichen und parlamentarischen Konsens wollen. In Wirklichkeit setzen Sie auf hemdsärmelige Überrumpelung.

Aus durchsichtigen Gründen, d. h. wegen der medienwirksamen Vermarktung der Bundeswehr – der General zu Weihnachten »bei den Männern im Felde« – drängen Sie die Bw zunächst in die Rolle einer humanitären Hilfsorganisation, um daraus auch ohne GG-Änderung dem deutschen Militär weitergehende Aufgaben und damit eine Zukunft zu sichern.

Dabei wissen Sie genau, daß die Bundeswehr zur humanitären Hilfeleistung so tauglich ist, wie ein Kampfpanzer zum Ackerpflügen. Diese fernsehwirksamen Bundeswehr-Auftritte bei der Hilfeleistung sind, wie jeder Eingeweihte weiß, um ein Vielfaches teurer und weniger effektiv als Hilfsaktionen durch dafür vorgesehene und vorbereitete Organisationen. Diesen werden aber Geld- und Sachmittel versagt, damit sich die um ihren eigentlichen Auftrag und damit ihre Legitimation beraubte Bundeswehr in Szene setzen kann.

Sie haben zu verantworten, daß die Bw-Führung, anders als in den zurückliegenden Jahrzehnten des Kalten Krieges, keinerlei militärische Bedrohungsanalyse mehr erarbeitet.

Die verhängnisvolle Wirkung: Die Bundesrepublik Deutschland unterhält gemeinsam mit ihren Bündnispartnern ein völlig überzogenes Militärpotential. Dies zu Lasten anderer dringender innerstaatlicher und internationaler Aufgaben.

Das renommierte Londoner Forschungsinstitut IISS hat kürzlich vorgerechnet, daß die NATO-Staaten 1991 mit ca. 459 Milliarden Dollar 120 Milliarden mehr für Verteidigung ausgegeben haben als alle anderen Staaten Ost- und Mitteleuropas (einschließlich der hochgerüsteten russischen Föderation), Nordafrikas und des Mittleren Ostens zusammen. Vergleicht man die Militärausgaben der NATO und befreundeter Staaten mit den Ausgaben der politisch nicht eindeutig als freundlich einschätzbaren Staaten, ist die Überlegenheit 2:1. Gegenüber den Staaten Nordafrikas und des Mittleren Osten beträgt die Überlegenheit der NATO sogar 27:1 (Quelle: The Military Balance 1991–1992, IISS).

Es ist Ihre eigene Formulierung, daß die Bundeswehr wie keine andere Armee im Bündnis auf die Bedrohung im Osten, die Risiken eines Ost-West-Konfliktes ausgerichtet war. Diese Bedrohung war nach Ihrer Überzeugung »der alleinige Ausgangspunkt für Ihre Aufstellung«. In Europa, so Ihre Worte, gebe es keine »existentielle Bedrohung unseres Vaterlandes« mehr.

Der Generalinspekteur Klaus Naumann hat die neue Lage vor den Kommandeuren der Bw so charakerisiert:

»Deutschland ist militärisch nicht mehr in der strategischen Reichweite eines zur strategischen Offensive und zur Landnahme befähigten Staates. Damit hat sich die geostrategische Situation unseres Landes entscheidend verbessert, und damit dürfte sich die strategische Rolle Mitteleuropas fundamental verändern, es könnte Drehscheibe der westlichen Verteidigungsgemeinschaft, aber nicht mehr Schauplatz der Konfrontation werden«.

Für das zivile Volk, das Jahr für Jahr mehr als 50 Milliarden DM für Rüstung und Militär aufbringen muß, klingt die Lagebeschreibung ganz anders.

Weil Sie keine glaubhafte militärische Bedrohung Deutschlands und seiner Bündnispartner in Westeuropa vorweisen können, flüchten Sie und Ihre Generale in wolkige Phrasen: Sie schwadronieren von neuen Risiken, Instabilitäten und Konflikten, in und außerhalb Europas, vom »Einwanderungsdruck verelendeter Massen«, vom »islamischen Fundamentalismus«, vom »Staatsterrorismus« und vom gefährlichen Krisenbogen von Marokko bis Afghanistan.

In welcher Weise daraus aber eine militärische Bedrohung für uns und unsere Partner werden könnte, darüber schweigen sie sich aus. Warum wohl?

Am 9. 9. 92 haben Sie während der Haushaltsdebatte des Deutschen Bundestages unter der Überschrift »Neue Risiken« u. a. ausgeführt: »In vielen Regionen der Dritten Welt wird die Entwicklung doppelt behindert – wirtschaftlich durch begrenzte Ressourcen, Verschuldung, Bevölkerungsexplosion und desolate ökologische Bedingungen, militärisch durch Überbewaffnung, eskalierende Gegensätze, religiöse und Stammes-Konflikte, die der Wirtschaft schaden, die Umwelt zerstören und die Menschen zusätzlich existentiell bedrohen.«

Sie haben aber wieder versäumt zu erklären, was die Bundeswehr, deren Haupt-auftrag nach wie vor die Landesverteidigung sein soll, gegen diese »neuen Risiken« ausrichten kann oder soll.

Sie haben es zu verantworten, daß eine grundlegende Neubestimmung der künfti-gen deutschen Sicherheits- und Verteidigungspolitik unterbleibt, daß aufgrund einer fehlenden militärischen Bedrohungsanalyse Jahr für Jahr viele Milliarden DM für Überrüstung verschwendet werden, nicht nur für gigantische politische, wirtschaft-liche und militärische Fehlinvestitionen wie den neuen alten Jäger 90.

Sie haben es zu vertreten, daß der Bundeswehr damit zum ersten Mal in der deut-schen Nachkriegsgeschichte ein politischer Blankoscheck für den Unterhalt von Streitkräften ausgestellt wird, die so, wie geplant, weder politisch noch militärisch-fachlich begründet werden können. Auf welcher nachvollziehbaren Grundlage halten Sie an einem Friedensumfang von 370 000 Mann fest, einer politischen Phantomzahl am Ende des Kalten Krieges?

Zigtausende junger Männer werden in den kommenden Jahren sinnlos und frustriert in den Kasernen herumsitzen, während Personal und Geld für Planstellen z. B. im Bereich der inneren Sicherheit, der Justiz, des Gesundheits- und Sozialwesens feh-len.

Die NATO, heißt es, sei das einzig heute noch funktionierende Militärbündnis. Tat-sächlich sind die NATO-Staaten mit ihrer militärischen Überlegenheit durch nie-mand bedroht.

Deshalb hat die Aufstellung der »Rapid Reaction Force«, die Planung einer WEU-Interventionstruppe von 50 000 Mann und die Gründung des Euro-Korps wenig mit Reaktion auf einen möglichen Angriff gegen ein NATO-Land, aber sehr viel mit »Krisenbewältigung« »out-of-area«, also außerhalb der NATO-Grenzen, zu tun.

Und dies gilt auch für die deutschen »Krisenreaktionskräfte« (KRK), die an den in-ternationalen Eingreifverbänden teilnehmen. Sie sollen künftig im Rahmen »euro-päischer Optionen« die deutschen »out-of-area«-Truppen sein. Die deutschen Sol-daten der KRK im Rahmen des Euro-Korps haben z. B., wie Sie es am 14. 5. 92 in Leipzig betont haben, neben dem Einsatz im Rahmen der gemeinsamen Verteidi-gung in der NATO und der WEU nach Art. 5 der jeweiligen Verträge »den Einsatz zur Aufrechterhaltung und Wiederherstellung des Friedens« zu leisten.

Auch innerhalb der NATO ist der Einsatz deutscher Soldaten schon nicht mehr auf reine Verteidigung beschränkt. Längst haben Sie mit den Regierungen der anderen NATO-Länder beschlossen, NATO-Verbände künftig auch außerhalb des Vertrags-zwecks des NATO-Vertrags (gemeinsame Verteidigung gegen einen Angriff) ein-zusetzen.

Die Planung und Vorbereitung der NATO auf einen Einsatz auf dem Balkan als Bei-spiel verstößt eindeutig gegen den NATO-Vertrag, der nicht zur Disposition der Re-gierungen steht. Schließlich müßte jede Vertragsänderung durch die Parlamente der Mitgliedstaaten ratifiziert werden.

Mit dem möglicherweise bevorstehenden Einsatz des NATO AWACS-Verbands zur Durchsetzung des Flugverbots über Bosnien wird drastisch demonstriert, worauf »erweiterte Landesverteidigung« im Rahmen der NATO in Wahrheit hinausläuft: Einsatz deutscher Soldaten außerhalb von Verteidigung und damit – ohne vorherige Änderung des Grundgesetzes – ist Verfassungsbruch.

Weil die Bundesregierung sich nicht traut, der Bundeswehr klare und saubere poli-tische Richtlinien (Primat der Politik) für die wahre Zielsetzung der KRK, nämlich künftige Einsätze außerhalb des NATO-Gebiets, zu geben, verheddern Sie und Ihre Generale sich in einem Gespinst aus Widersprüchen, Halbwahrheiten und Lügen.

Sie schaffen damit eine Atmosphäre der Komplizenschaft zwischen Regierung und Bundeswehrführung, die mit Ihrer stillschweigenden Billigung bereits Strukturen, Ausbildung und die Beschaffung von Ausrüstung für verfassungswidrige Einsätze anordnet. Wird diese Art des vorauseilenden Gehorsams öffentlich ruchbar, wie die Weisung Nr. 1, in der General Hansen u. a. Befehle für die Vorbereitung des Heeres auf »out-of-area-Einsätze« erteilt hat, kassieren Sie ganz einfach den Befehl und erklären ihn zum »Planungsdokument«. Das Dienstvergehen des Generals bleibt unbeachtlich, weil er ja nur (ungeschickt) umgesetzt hat, was im Sinne der Regierung ist.

In feierlichen Reden und in Interviews beschwören Sie den »dringend benötigten Konsens« für die neuen Aufgaben der Bundeswehr. Nur so könnten die Soldaten den von ihnen erwarteten Beitrag leisten und von ihnen verlangt werden, für unsere Sicherheit notfalls mit ihrem Leben einzustehen.

In der täglichen Politik verhindern Sie aber genau das. Bundeskanzler Helmut Kohl hat in seiner Rede am 12. 5. 92 vor den Kommandeuren der Bundeswehr den Soldaten versprochen, daß die Regierung das ihrige dazu beitragen werde, daß die Sicherheits- und Verteidigungspolitik sowie der Auftrag der Bundeswehr von einem breiten politischen und gesellschaftlichen Grundkonsens getragen wird. Die einsame Entscheidung zum Einsatz von Bw-Einheiten in Somalia ist genau das Gegenteil dieses Versprechens.

Ihr Ausspruch »Wer verhungert, kann nicht aufs deutsche Verfassungsgericht warten« ist nichts als billige Demagogie. Die Alternative zu einem verfassungswidrigen deutschen Militäreinsatz, um das Verhungern von Menschen zu verhindern, ist ja nicht Nichtstun oder Abwarten, bis das Verfassungsgericht einen solchen Einsatz erlaubt (oder auch nicht, was dann?).

Die verantwortliche Alternative wäre, das Grundgesetz jetzt rasch zu ändern und damit eine rechtlich abgesicherte Basis für den Somalia-Einsatz und die besoldungs- und versorgungsrechtliche Absicherung der beteiligten Soldaten zu schaffen. Dafür bekämen Sie sofort eine Zweidrittelmehrheit im Deutschen Bundestag.

Dann müßten Sie weder »viel Geld bezahlen«, noch die »kalte Verachtung der anderen« (Spiegel-Interview) fürchten, was für Sie offenbar wichtigere Argumente sind, als die Fürsorge für Ihre Soldaten.

Sie persönlich und Ihre Regierung tragen die volle Verantwortung dafür, daß gegenwärtig Ihre eigenen parteipolitischen Ambitionen und die spätpubertären Machtgelüste Ihrer Parteifreunde auf dem Rücken deutscher junger Männer und deren Angehörigen ausgetragen werden. Daß Ihre Generale und Admirale dazu schweigen, entlastet Sie nicht.

Mit freundlichen Grüßen
Ihr Elmar Schmähling

Elmar Schmähling
Flotillenadmiral

5000 Köln 41, 14.1.92
Paul-Schallück-Str.5
Tel. 0221 448648

Aufruf
an die Soldaten und Reservisten der Bundeswehr sowie alle wehrpflichtigen Bürger

Nach dem erklärten Willen der Bundesregierung sollen Soldaten der Bundeswehr künftig nicht mehr Waffen nur zur Verteidigung einsetzen dürfen. Die Bundeswehr stellt bereits eine "schnelle Eingreiftruppe" für bewaffnete Interventionen jenseits der NATO-Grenzen auf. Lediglich eine Ergänzung des Grundgesetzes sei notwendig, damit deutsche Soldaten künftig an sogenannten "Friedensmissionen" der Vereinten Nationen - wie im Golfkrieg - teilnehmen können, heißt es im Verteidigungsministerium verharmlosend. In Wirklichkeit bedeutet diese anvisierte "Ergänzung" der Verfassung die Legalisierung jedes denkbaren Kriegseinsatzes deutscher Soldaten. Von solchen Änderungen wären Sie ganz persönlich betroffen: mit ihrem Gewissen, Ihrer Verantwortung und ihrem Leben.

Denken Sie einmal darüber nach!

Die Anwendung militärischer Gewalt bedeutet wegen der Wirkung moderner Waffentechnik und der Verwundbarkeit moderner Gesellschaften den unvermeidbaren vieltausendfachen Tod von Menschen, die unter dem ausdrücklichen Schutz des Kriegsvölkerrechts stehen. Daher ist Krieg außer zur reinen Selbstverteidigung, d.h. der Verteidigung des natürlichen Rechts auf Leben und Selbstbestimmung auch rechtlich nicht vertretbar. Wer sich daran beteiligt, macht sich schuldig.

Einer UNO, der die ständigen Mitglieder im Weltsicherheitsrat mit ihrem Vetorecht ihre rein nationalen Interessen aufzwingen können, dürfen deutsche Soldaten selbst zur legalen Ausübung militärischen Zwangs nicht anvertraut werden. Außerhalb eines Mandats des Sicherheitsrates der Vereinten Nationen ist jeder Kampfeinsatz außer zur Selbstverteidigung (gem. Art.51 VN-Charta) - wie die Militäraktionen der USA in Vietnam und der UdSSR in Afghanistan - völkerrechtswidrig. Die Vereinten Nationen haben die friedlichen Mittel zur Verhinderung von Krisen und zur Lösung von Konflikten noch garnicht geschaffen.

Sollen wir Deutschen uns unter diesen Umständen jetzt jener völkerrechtswidrigen - "Normalität" der westlichen Atommächte anschließen, bei der militärische Gewalt immer noch als Mittel der Politik gilt?

Unter der Bedingung der reinen Selbstverteidigung im Sinne überstaatlicher Notwehr gegen eine militärische Aggression, d.h. Verteidigung des eigenen Lebens und des Lebens nahestehender Menschen war es für viele Deutsche noch möglich, Soldat zu sein, d.h. mit ihrer Gewissensnot des "Du-sollst-nicht-töten" fertig zu werden.Aber töten für machtpolitische oder wirtschaftliche Interessen? Die Bundesrepublik hat mit ihrer ausdrücklichen Beschränkung auf Selbstverteidigung im Sinne Art.51 der VN-Charta die modernste, d.h. gemessen an moralischen und rechtlichen Ansprüchen, fortschrittlichste Verfassung in der Welt.

Lassen Sie nicht zu, daß Deutschland durch eine Grundgesetzänderung oder - schlimmer noch - eine sogenannte "Neuinterpretation" der bisherigen Verfassung dahinter zurückfällt.

Fordern Sie als "Staatsbürger in Uniform" mit dem Recht des besonders Betroffenen von den Verantwortlichen in der Politik, daß sich an der bisherigen Rechtsgrundlage für den Kampfeinsatz deutscher Soldaten nichts ändern darf.

Der Autor

Flottillenadmiral *Elmar Schmähling,* geboren 1937, war 32 Jahre Berufssoldat, davon die letzten acht Jahre Chef des Militärischen Abschirmdienstes und des Amtes für Studien und Übungen der Bundeswehr, bevor er im Januar 1990 wegen Kritik an der Sicherheits- und Verteidigungspolitik von NATO und Bundesrepublik in den einstweiligen Ruhestand versetzt wurde. Seitdem arbeitet er als freier sicherheitspolitischer Analytiker und Publizist in Köln.

Veröffentlichungen:
Der unmögliche Krieg, Sicherheit und Verteidigung vor der Jahrtausendwende, 1990; *Ohne Glanz und Gloria,* Die Bundeswehr – Bilanz einer neurotischen Armee, 1991.